HAMBURGER STUDIEN ZUR KRIMINOLOGIE

Herausgegeben von
Lieselotte Pongratz, Fritz Sack, Sebastian Scheerer,
Klaus Sessar und Bernhard Villmow

Band 25

Aldo Legnaro / Astrid Aengenheister

Schuld und Strafe

Das soziale Geschlecht von Angeklagten
und die Aburteilung von Tötungsdelikten

Centaurus Verlag &
Media UG 1999

Der Druck erfolgte mit freundlicher Unterstützung
der Johanna und Fritz Buch-Gedächtnisstiftung.

Die Deutsche Bibliothek – CIP-Einheitsaufnahme

Legnaro, Aldo:
Schuld und Strafe : das soziale Geschlecht von Angeklagten und die
Aburteilung von Tötungsdelikten / Aldo Legnaro/Astrid
Aengenheister. – Pfaffenweiler : Centaurus-Verl.-Ges., 1999
  (Hamburger Studien zur Kriminologie ; Bd. 25)
  ISBN 978-3-8255-0224-9   ISBN 978-3-86226-460-5 (eBook)
  DOI 10.1007/978-3-86226-460-5

ISSN 0930-9454

© *CENTAURUS-Verlagsgesellschaft mit beschränkter Haftung, Pfaffenweiler 1999*

Satz: Vorlage der Autoren

INHALTSVERZEICHNIS

EINLEITUNG : SCHULD ALS OPERATIONALES KONSTRUKT

'Schuld' als die Zuschreibung von persönlicher Verantwortung für eine strafrechtlich relevante Handlung ist der zentrale Begriff eines Strafrechts, das die individualisierende Einzelfallbetrachtung in den Mittelpunkt seines Urteilens und Entscheidens stellt. In ihrem Rollenverständnis und für ihr alltägliches professionelles Handeln gehen Juristinnen und Juristen mehr oder weniger selbstverständlich davon aus, daß diese Zuschreibungsleistung praktikabel zu erbringen ist; auch wenn Variabilitäten etwa der Strafzumessung eingeräumt werden, so erscheinen diese nicht als ein grundlegender Kritikpunkt des Schuldstrafrechts überhaupt, sondern als der Preis der richterlichen Unabhängigkeit, als der Preis der Freiheit, ließe sich geradezu sagen, den allerdings Angeklagte zu begleichen haben. Auf welche Weise aber dieser kognitive und soziale Prozeß des Zuschreibens und Urteilens geschieht, ist uns empirisch weitgehend unbekannt. Das gilt sowohl aus rechtssoziologischer wie auch aus juristischer Sicht; wenn in der letzteren die jeweilige Strafzumessung zum "schöpferischen Akt" (Dreher 1977) stilisiert wird, so scheint das eher geeignet, das richterliche Handeln zu verklären, als eine Erklärung zu bieten.

Das also ist die empirische Frage: auf welche Weise wird diese Leistung der Bestimmung und Zuschreibung von Schuld erbracht ? Dazu haben wir *Schuld* als ein *operationales Konstrukt* aufgefaßt, also nicht als eine definierbare Entität, sondern als ein Zusammengesetztes aus definitorischen Operationen. Damit stehen weder rechtsphilosophische Fragen nach der Begründbarkeit von Schuld, der prinzipiellen Schuldfähigkeit des Menschen und seiner prinzipiellen Möglichkeit zum Handeln aus freiem Willen im Vordergrund noch auch psychologische Fragen nach der Art und Weise der psychosozialen Konstruktion von Schuld (vgl. hierzu Böllinger 1993), und wir untersuchen weder die rechtsphilosophischen noch die historischen Voraussetzungen des heutigen Schuldstrafrechts. Ohne deren Bedeutung leugnen zu wollen, steht hier nicht die Soziogenese im Mittelpunkt, sondern das Funktionieren dieses Strafrechts, die Frage also, wie 'Schuld' als eine letztendlich metaphysische und moralische Kategorie im Alltagshandeln der Gerichte entscheidungsrelevant wird. Wir stellen dabei nicht erfragbare Einstellungsmuster, die soziale Herkunft oder strafrechtstheoretische Überzeugungen von Richterinnen und Richtern in den Mittelpunkt,[1] sondern fassen

---

[1]   Diesen Weg ist die sozialwissenschaftliche justitielle Entscheidungsforschung meistens gegangen; vgl. etwa Beradt (1930/1979); Bohne (1948); Bendix (1968); Kaupen und Rasehorn (1971); Streng (1983, 1984); Oswald und Bilsky (1991); Löschper (1993); Drew-

Schuld auf als eine rekonstruktive Bewertung der Handlungen einzelner Personen und ihrer - dies im Sinne des Wortes - Be-Urteilung. Es geht also zuerst um die Beschreibung des professionellen juristischen Handelns: Auf welche Weise und mit welchen Begründungen rekonstruiert ein Gericht ein konkretes Tatereignis, und auf welche Weise und mit welchen Begründungen schreibt ein Gericht aufgrund dieser konkreten Rekonstruktion Schuld zu ?

Das ist der Ausgangspunkt. Daneben noch die in diesem Forschungsdesign zentrale Frage zu stellen, ob die Zuschreibung von Schuld sich auch am sozialen Geschlecht von Angeklagten bemisst, ob überhaupt dieses Geschlecht eine Bedeutung hat für Entscheidungsfindung und Entscheidungsausprägung, könnte sich angesichts des Gleichheitsgrundsatzes aus juristischer Sicht als problematisch erweisen. Es ist jedoch im gleichen Sinne einer Veralltäglichung und Entmystifizierung dessen zu sehen, was die Regelhaftigkeiten des prozessualen Entscheidens ausmacht.

Tatsächlich ist 'Schuld' ein eher diffuses Konzept mit höchst unscharfen und ausgefranst-verwischten Rändern. Diffusität und der strafrechtliche Kontext dieses Begriffs konstituieren somit das Spannungsfeld: jede Gerichtsverhandlung unterliegt dem Entscheidungszwang, individuell Schuld zuzuschreiben, und in jeder Gerichtsverhandlung muß Schuld in ihrer Begrifflichkeit von neuem bestimmt werden. Das Strafgesetzbuch erwähnt den Begriff zwar mehrfach, vor allem aber bezogen auf die Strafzumessung: "Die Schuld des Täters ist Grundlage für die Zumessung der Strafe." (§ 46 I StGB). Das ist knapp und bündig, und die Strafzumessungsregeln des § 46 II StGB lassen daneben große Ermessensräume der Bewertung innerhalb der weiten Strafrahmen, die das Gesetz vorsieht. Wenn Horstkotte (1992, S. 152), selbst Richter am BGH, anmerkt: "Der Bundesgerichtshof besitzt keine Instrumente zur exakten Bestimmung dessen, was schuldangemessen ist", so gilt dies selbstredend auch für die Tatgerichte, und die Versuche, mithilfe der 'Spielraumtheorie' (vgl. zum Begriff Kapitel 5.1) eine solche Bestimmung vorzunehmen, täuschen Exaktheiten vor, die es nicht geben kann. So stellt Horstkotte auch weiter fest, es gebe "keine mitteilbaren Kriterien für die Beurteilung der Schuldangemessenheit im Einzelfall" (S. 154), und was mit dieser Formulierung schon fast wie ein esoterisches Geheimwissen anmutet, ergänzt er weiter durch die Mitteilung revisionsrichterlicher Praxis, daß Pate der Aufhebung von Strafaussprüchen als 'in sich rechtsfehlerhaft' "vielfach nur die allgemeine, durch [die] Übersicht über die sonstige Praxis verstärkte Empfindung" (S. 154) sei, eine Strafe für zu streng oder auch zu milde zu halten. *Empfindung* erscheint hier als das Schlüsselwort: das beschreibt extreme Subjektivität, für die es allerdings, nicht zuletzt durch die Revisionsinstanz, intersubjektive Maßstäbe oder Zielkorridore gibt. Die empirische Beschreibung, läßt sich vorab vermuten, wird Analogien zur ökonometrischen Bestim-

niak (1994).

2

mung 'angemessener' Preise aufweisen: eine 'tat- und schuldangemessene' Strafe läßt sich ja ebenfalls als ein (Negativ-)Preis betrachten. Die empirische Aufgabe wird dann darin bestehen, Bestimmung und Begründung dieses Preises nachzuzeichnen und in den jeweiligen Angemessenheiten die (mehr oder weniger verborgene) Regelhaftigkeit sichtbar zu machen, mit der Beurteilungsspielräume der Entscheidung, also ihre rechtlich gebundenen Freiheitsgrade, unter Entscheidungszwang interpretativ ausgefüllt werden.

Auf welche Weise diese Interpretationen vorgenommen werden, was die Gerichte rekonstruieren, wie sie es rekonstruieren, auf welche Weise sie die verhängte Strafe begründen, das steht im Folgenden im Mittelpunkt.[2] Wir versuchen dabei, das System der gerichtlichen Anwendungsregeln zu rekonstruieren, die, manchmal ganz implizit bleibend, die Entscheidung tragen, und fragen gleichzeitig, ob und auf welche Weise das soziale Geschlecht von Angeklagten in diesem Zusammenhang eine interpretative Bedeutung hat. Insgesamt unternehmen wir damit den - interdisziplinär sozialwissenschaftlich-juristisch angelegten - Versuch, gerichtliche Begründungsroutinen und forensisches Fingerspitzengefühl als ein Regelwerk in seinen Bedeutungen zu entschlüsseln und seine auf den ersten Blick verborgen bleibenden Implikationen zu erhellen. Wesentlich ist uns dabei das Bewußtsein, daß wir, um einen von Gerhard Mauz (1990) oft wiederholten Ausdruck aufzugreifen, Gerechtigkeit nur *üben*. Dieses *Üben* als ein sozialer Prozeß steht hier im Mittelpunkt.[3]

2   Auf wesentliche, hier nicht behandelte Aspekte des subsumtiven Entscheidens sind wir an anderer Stelle eingegangen; vgl. Legnaro und Aengenheister (1995a, 1995b).

3   Der gesamte Text dieses Buches geht zurück auf ein von 1992 bis 1994 am Aufbau- und Kontaktstudium Kriminologie der Universität Hamburg durchgeführtes Forschungsprojekt mit dem Titel "Schuld im Strafprozeß als operationales Konstrukt - Aspekte geschlechtsspezifisch differentieller Entscheidungsfindung bei Tötungsdelikten". Wir danken der Deutschen Forschungsgemeinschaft für die Finanzierung des gesamten Vorhabens und vor allem Fritz Sack, der den Antrag gegenüber der DFG vertreten und das Projekt mit großer Geduld in allen seinen Phasen begleitet hat, gerade auch dann, wenn es gelegentlich ratlos vor der Komplexität seines Gegenstandes stand.

1. Auf der Suche nach Regeln :
Zum Stand der empirischen Strafzumessungsforschung und zur Bedeutung der Variable 'Geschlecht' in diesem Zusammenhang

Der Forschungsstand zur Frage geschlechtsspezifisch differentieller Strafzumessung ist kompliziert-vielfältig und empirisch eher uneindeutig. Im folgenden geben wir einen knapp gefaßten Abriß dieses Standes, vor dessen Hintergrund unser Forschungsdesign zu sehen ist.

1.1 Ein allgemeiner Überblick

Die Frage geschlechtsspezifisch differentieller Strafzumessung bei weiblichen und männlichen Angeklagten ist in der deutschsprachigen Forschung vergleichsweise selten erörtert worden. So wird etwa in einem relativ umfassenden Band zum Thema mit dem Titel "Strafzumessung" (Pfeiffer und Oswald 1989) diese Frage eher marginal abgehandelt und ist weder theoretisch angesprochen noch einen eigenständigen empirischen Beitrag wert. Es drängt sich der Eindruck auf, daß in strafrechtlicher Perspektive die empirische Erkenntnis faktischer Ungleichbehandlungen regionaler Art (wofür der Band zahlreiche Beispiele liefert; neuere Überblicke hierzu auch bei Heinz 1992; Langer 1994) schon Mühe genug bereitet, so daß die Frage, ob sich solche Ungleichbehandlung etwa auch noch am Geschlecht von Angeklagten ausrichten könnte, als entschieden zu weitgehend verdrängt werden muß.

Stattdessen stellt die deutschsprachige Strafzumessungsforschung eher die Gleichförmigkeit von Entscheidungen und ihre Orientierung an ausschließlich legalen Merkmalen heraus. So ermittelt Albrecht (1983) in einer Untersuchung mithilfe der Methode der fiktiven Fälle für den Bereich der leichten bis mittelschweren Kriminalität "erstaunlich gleichförmige Entscheidungen" (S. 1326), auf die sich Beruf, Sozialstatus und familiärer Hintergrund der Angeklagten nicht auswirken; in einem Vergleich der Strafzumessung zwischen der BRD und Österreich (Albrecht 1989) kommt er zu dem Schluß, daß eine "starke Betonung von Merkmalen aus der Legalbiographie und der Straftat selbst" (S. 69) die Strafzumessung weitgehend erkläre. Die Dominanz der Orientierung an Rechtsnormen und einen lediglich geringen Einfluß alltagstheoretisch bedingter Anwendungsregeln betont ebenfalls Boy (1983), der insoweit allen etikettierungstheoretischen Überlegungen eine eher marginale Bedeutung beimisst. Allerdings

4

beziehen Albrecht wie Boy das Geschlecht von Angeklagten nicht in die Anlage der Untersuchung ein. Dies gilt auch für Streng (1983), dessen Befund, die richterliche Betonung des Sicherungszwecks von Strafe führe zu härteren Sanktionen, während die Betonung des Resozialisierungszwecks mildere Strafen im Gefolge habe, immerhin noch mit geschlechtsspezifischen Hypothesen verknüpfbar wäre.

Angesichts der komplexen Vielfalt der die Strafzumessung beeinflussenden Faktoren läßt sich die Frage nach einer geschlechtsspezifisch differentiellen Strafzumessung durch die oben skizzierten Befunde kaum als beantwortet betrachten. Zwar finden sich vor 1970 hierzu kaum empirische Untersuchungen (vgl. die Übersicht bei Hagan 1974), die Fragestellung ist in der US-amerikanischen Forschung jedoch relativ alt. Ihre kontroverse Erörterung begann mit der Behauptung, Frauen, die im überschaubaren historischen Zeitraum dieses Jahrhunderts als Täterinnen in allen Kriminalstatistiken unterrepräsentiert sind, genössen eine Vorzugsbehandlung, die sich sowohl in dieser Unterrepräsentation wie auch in milderen Urteilen dann, wenn sie tatsächlich vor Gericht stehen, ausdrücke. Als Erklärung bot Pollak (1950) in diesem Zusammenhang männliche "chivalry" an; damit wird die Galanterie-Tradition des europäischen Mittelalters bis heute als unmittelbar verhaltenssteuernd begriffen. Selbst wenn man solche Vorzugsbehandlung von Frauen als empirisch gegeben annimmt, wirkt diese Begründung nicht sonderlich befriedigend; zwar zeigt das männliche Alltagsverhalten noch courteoise Relikte (z.B. in diversen Regeln des Höflichkeitsverhaltens), läßt sich aber in summa doch eher mithilfe der Termini Macht, Konkurrenz und Verteilungskampf begreifen denn als Ritterlichkeit. Sehr viel pointierter hat denn auch Moulds (1980) von Paternalismus gesprochen, der solche Milde von Instanzen der sozialen Kontrolle erkläre: geschlechtsspezifische soziale Ungleichheit und - durch Privilegierung um den Preis der Infantilisierung der betroffenen Frauen - Ausübung von Macht geraten damit in den Blick. Empirisch lassen sich freilich diese durchaus unterschiedlich akzentuierten theoretischen Konstrukte kaum trennen, verlegen sie doch beide die Begründung für Reaktionen der Kontroll-Instanzen auf die motivationale Ebene von Personen und damit in nicht beobachtbare und nur schwer erfragbare Dimensionen. Die konträre Behauptung, Frauen würden - wenn sie denn vor Gericht stehen -härter bestraft als Männer, ist im letzten Jahrzehnt ebenfalls vertreten und mit einer ähnlich globalen Erklärung versehen worden: nun soll die Täterin als "evil woman" gelten, die im Wortsinn aus der Rolle fällt, sich, wie Parisi (1982) es hübsch benennt, nicht "ladylike" verhält und gegen an Frauen gerichtete Konformitätserwartungen vergeht.

Das beiden zumindest vordergründig konkurrierenden Erklärungsmustern zugrundeliegende Männerbild wirkt auf seltsame Weise vor-modern: die Konzeption der "evil woman" unterstellt wie die Vorstellung männlicher "chivalry" einen in traditionalen Gefühlswelten und Zuschreibungen befangenen Mann, der seine Unsicherheiten und

Ängste vor weiblicher Autonomie patriarchal überspielt. Lediglich im Ergebnis des Agierens sehen die beschriebenen Erklärungen Unterschiede, nicht jedoch im Ausgangspunkt, und es erscheint als eine Crux beider Erklärungsversuche, daß sich im Ergebnis die Ausgangsmotivation der Handelnden verwischt. Diese hier nur angedeuteten Überlegungen lassen sich komplementär zum Frauenbild der Kriminologie auffassen (vgl. Andriessen und Japenga 1985). Bezogen auf die Annahme männlicher Ritterlichkeit weist auch Anderson (1976) auf die weitaus eher mythischen denn empirischen Aspekte des implizierten Frauenbildes hin. Des ungeachtet liefern beide Muster die Folie der Interpretation einer Vielzahl empirischer Befunde, die mit ihrer Hilfe auf plakative Begriffe gebracht werden können, was den Verdacht nahelegt, es handele sich um die stereotypisierte Deutung von gleichfalls stereotypisierten gerichtlichen Entscheidungen.

Zudem ist anzumerken, daß diese Annahmen männliche Richter unterstellen und Richterinnen ganz übergehen. Die Unterstellung einer nur von Männern ausgeübten Justiz ist zwar nach wie vor nicht falsch, aber auch nicht mehr ganz richtig, beträgt der Anteil von Richterinnen doch inzwischen in der BRD ca. 20 %. Vollends müßig wird eine Spekulation über 'männliche' und 'weibliche' Entscheidungskriterien und -motivationen bei Kollegialgremien, die im Rahmen der hier vorgelegten Untersuchung im Mittelpunkt stehen. In unserer Stichprobe ist keine Kammer ausschließlich mit Frauen besetzt, nur selten finden sich Kammern, die ausschließlich mit Männern besetzt sind, und die Modal-Kammer besteht aus dem Vorsitzenden, einer Beisitzerin, einem Beisitzer, einer Schöffin und einem Schöffen, hat also ein Männer-Frauen-Verhältnis von 3:2.[1] Da diese fünf Mitglieder der Kammer rechtlich gleichberechtigt sind, läßt sich von der feministisch-sprichwörtlichen 'Männer-Justiz' kaum je reden, und angesichts des Beratungsgeheimnisses bleiben die jeweiligen Anteile von Argumentation und Durchsetzung verborgen. Allgemein anzunehmen ist, daß sich die professionellen Mitglieder der Kammer nur selten dreistimmig gegen die Schöffen durchsetzen, sondern Einstimmigkeit herbeizuführen suchen. Aber einem Urteil 'männliche' oder 'weibliche' Anteile ablesen zu wollen, ginge angesichts dieser Bedingungen in der Regel zu weit. Jenseits einer solchen individuell-geschlechtsspezifischen Zurechnung jedoch entstehen Urteile in einem gesellschaftlichen Kontext, verwenden sozial vorgeprägte Argumentationsfiguren, entfalten symbolische Bedeutungen: unter diesem Gesichtspunkt liegt die Annahme nahe, daß geschlechtsspezifische Machthierarchie sich in Urteilen auch unabhängig von der Geschlechtszugehörigkeit ihrer Verfasserinnen und

---

1   Anzumerken wäre in diesem Zusammenhang aber, daß die Position des Vorsitzenden Richters, der in der Hauptverhandlung nach den Bestimmungen der Strafprozeßordnung eine dominierende Stellung einnimmt, meistens mit einem Mann besetzt ist. In dieser Stichprobe ergibt sich ein Gruppenbild mit Dame: bei 32 beobachteten Kammern saß lediglich einer Kammer eine Frau vor.

Verfasser äußert.[2]

Für die dritte ins Auge zu fassende Möglichkeit - fehlende differentielle Strafzumessung, also Gleichbehandlung von Frauen und Männern vor Gericht - findet sich in der Literatur merkwürdigerweise keine Erklärung; dies scheint eine Selbstverständlichkeit darzustellen und wird von strafrechtlich Tätigen wohl auch so wahrgenommen. Betrachtet man jedoch die in dem eingangs erwähnten Band von Pfeiffer und Oswald (1989) vorgeführten tatsächlich feststellbaren regionalen Unterschiede von Strafzumessung, so ist immerhin vorstellbar, daß sich solche Unterschiede auch am Geschlecht von Angeklagten festmachen.

Es scheint nahezu müßig, seitenlang einen Forschungsstand zu referieren, dessen Resümee schließlich doch lauten müßte: wir wissen nicht genau, ob es geschlechtsspezifisch ausgeprägte Unterschiede der Strafzumessung gibt oder nicht. Eine jahrelange Diskussion ist aber letztlich nur so bündig zusammenzufassen, so daß wir uns an dieser Stelle mit einem kursorischen Überblick der Literatur begnügen.[3] Die Vielfalt der Befunde, die jede der angeführten Hypothesen und Erklärungen bestätigt, läßt aber nur einen uneindeutigen Eindruck zu. Es scheint nahezu beliebig, ob man an Formen der Ritterlichkeit und des Paternalismus glauben will oder mit Feinman (1980) schließt: "If chivalry does operate, it does so in ways that have been impossible to document conclusively, and without the consistency one would expect." (S. 25). Die Widersprüchlichkeit klärt sich jedoch zumindest zum Teil auf, berücksichtigt man die unterschiedlichen methodischen Vorgehensweisen: Untersuchungen, die lediglich bivariat die eine oder andere Kontrollvariable einbeziehen, müssen zu anderen Ergebnissen kommen als solche, die neben dem Geschlecht von Angeklagten noch eine Fülle anderer potentiell relevanter Variablen in multivariate methodische Verfahren, vorzugsweise Regressionsanalysen, aufnehmen und in ihrer Bedeutung für die Sanktionsentscheidung überprüfen. Diese völlig unterschiedliche methodische Reichweite wird plausibel für die Vielfalt der vorliegenden Ergebnisse verantwortlich gemacht (vgl. die ausführliche Darstellung bei Nagel und Hagan 1983). Neben dem methodischen Argument steht der Hinweis auf mögliche Unvergleichbarkeiten, die durch Variation der Erhebungszeitpunkte, Gerichtstypen und jeweiligen Entscheidungsstufen hervor-

---

2   Zudem unterscheiden sich Richterinnen und Richter in für die Strafzumessung relevanten Einstellungsmustern offenbar nicht. Drewniak (1994) findet - zu ihrer merklichen Verwunderung - bei Richterinnen jedenfalls keine höhere Bereitschaft als bei Richtern, die Belange von Täterinnen und Tätern bei der Strafzumessung zu berücksichtigen.

3   Weitere vor allem US-amerikanische Literatur bei Legnaro und Aengenheister (1995a). - Auf die lebhafte Diskussion, die vor Jahren zwischen Geißler und Marißen (1988, 1990, 1992) einerseits und Oberlies (1990a) bzw. Ludwig-Mayerhofer und Rzepka (1991, 1992) andererseits geführt wurde, sei in diesem Zusammenhang nur verwiesen.

gerufen werden (vgl. Thomson und Zingraff 1981).

Zusammenfassend läßt sich sagen, daß schnell der Eindruck einer Vorzugsbehandlung von Frauen und damit die Vermutung von 'chivalry' des Justizpersonals entsteht, vergleicht man lediglich die gegenüber Männern und Frauen ausgesprochenen Strafen oder Sanktionstypen. Es heißt dies aber das Funktionieren der Strafjustiz rigide auf eine Dimension zu verengen. Zumindest sind soziale, als extra-legale oder außerrechtliche bezeichnete Merkmale (etwa Alter, Familienstand, ethnische Zugehörigkeit, berufliche Position) und legale Merkmale (etwa Vorstrafen, die Art der Tatausführung, das Motiv der Tat, die rechtliche Natur des Opfers und die Beziehungen zwischen Täter/in und Opfer) von Tätern und Täterinnen in der Analyse zu berücksichtigen und neben dem angeklagten Delikt und dem Geschlecht der Angeklagten konstant zu halten, um zu Ergebnissen zu kommen, bei denen wenigstens näherungsweise jene Faktoren einbezogen werden, die für die gerichtliche Entscheidung mutmaßlich von Belang sind. Es ist dies eine weitgehende Entfaltung der von Hagan (1989, S. 148) "individuell-prozessualer Ansatz" genannten Vorgehensweise. Es läßt sich annehmen, daß die schon früher geäusserte Vermutung (Nagel und Hagan 1983, S. 135), paternalistische oder ritterliche Verhaltensweisen zum einen und härtere Bestrafung von Frauen zum anderen seien komplementär und nicht ausschließlich zu sehen, erst bei solchen Untersuchungsbedingungen in ihrer Relevanz erkannt werden kann.

Daneben lassen verschiedene Untersuchungen den Schluß zu, daß mit dem Geschlecht von Angeklagten verbundene Sozialvariablen ein assoziatives Muster bilden, dem durchaus eine Bedeutung für die gerichtliche Sanktionsentscheidung zukommt. So scheint die Tatsache, kleinere Kinder versorgen zu müssen, mildere Strafen im Gefolge zu haben, und zwar gilt dies typischerweise eher für Frauen als für Männer (vgl. Kruttschnitt 1984; Daly 1987, 1989). Nicht für die Sanktionsschwere, aber für die Entscheidung über eine Haftentlassung auf Kaution beschreibt Eaton (1987) mit qualitativem Material sehr bildhaft Ähnliches. Ausschlaggebend scheint hier ein 'reproduktiver Faktor', der primär als Frauenbonus auf traditionell definierte Rollenverpflichtungen Rücksicht nimmt und sie strafmildernd in Rechnung stellt. Für männliche Angeklagte spielt das Faktum, verheiratet zu sein, bei der Sanktionsentscheidung eine weitaus geringere Rolle als für weibliche Angeklagte (Daly 1987). Zudem findet sich vergleichbares kaum für die traditionale männliche Rolle als Erwerbstätiger; jedenfalls haben die Verpflichtungen beruflicher Tätigkeit samt ihren Schwierigkeiten keinen feststellbaren strafmildernden Effekt.

Darüberhinaus legen einige Untersuchungen den Schluß nahe, daß nicht nur geschlechtsspezifische Statuslagen, sondern auch geschlechtsspezifische Verhaltenserwartungen die Sanktionsbereitschaft beeinflussen. Damit ist an dieser Stelle nicht gemeint, daß das Strafrecht in der Art und Weise seiner Konstitution bereits ge-

8

schlechtsspezifisch konstruiert ist (weiter ausgeführt und empirisch abgestützt wird diese These schon früh bei Hoffman-Bustamante 1973, zuletzt bei Smaus 1990). Gemeint ist vielmehr der Zusammenhang zwischen Delikt und Geschlecht. Vergleicht man etwa, wie es Nagel Bernstein et al. (1979) getan haben, die Sanktionen gegenüber Männern und Frauen bei Eigentums- und Körperverletzungsdelikten, so zeigt sich, daß Frauen für Delikte gegen Personen vergleichsweise härter bestraft werden als für Eigentumsdelikte, während die Sanktionierung von Männern solche Unterschiede nicht aufweist. Dies weist zumindest auf einen diskriminatorischen Effekt innerhalb der Population der angeklagten Frauen hin. Die bei Stein-Hilbers (1978) noch tentativ geäusserte Vermutung, daß Frauen bei Verstößen gegen die an sie gerichteten Erwartungen von Mütterlichkeit und kontrollierter Friedfertigkeit härter bestraft werden als Männer, gewinnt damit empirisch vorläufige Plausibilität; Nagel und Hagan (1983) und ähnlich auch Chesney-Lind (1987) knüpfen an ihre Gesamtschauen empirischer Befunde die Hypothese, daß Frauen um so härter bestraft werden, je gravierender die an sie gerichteten Verhaltenserwartungen verletzt sind. So zeigt sich etwa bei einem Gesamtvergleich der Länge der in Minnesota verhängten Gefängnisstrafen, daß insgesamt und auch bei diversen Delikten Frauen niedrigere Gefängnisstrafen erhalten, bei tödlichen Angriffen jedoch die Länge ihrer Strafen 105 % der bei Männern verhängten Strafen beträgt (Blumstein et al. 1983). Auch Nagel Bernstein et al. (1977) vermuten anhand ihrer Daten, daß "females may be less favorably responded to not because of their powerlessness, but rather because expectations for them are higher. That is, unlike their male counterparts, females are presumed to be less likely to engage in law violating behavior." (S. 379). Zumindest läßt sich diese Vermutung als eine Ausgangshypothese bei der Untersuchung von Tötungskriminalität betrachten.

Ergänzend können diesen Vermutungen Gedanken von Steffensmeier (1980) an die Seite gestellt werden, der in der milderen Behandlung von Frauen mit Kindern weniger Ritterlichkeit als 'practicality' in Hinsicht auf die Versorgung der Kinder am Werk sieht und insgesamt folgert, entscheidend für differentielle Sanktionierungen seien wohl die wahrgenommene Gefährlichkeit und Zuschreibungen an das künftige Verhalten. Beides werde bei Männern höher bzw. ungünstiger eingeschätzt, so daß solche geschlechtsspezifische Stereotypisierung als Erklärung unterstellt werden müsse.

1.2   Strafzumessung und Tötungsdelikte

Die oben erörterten Befunde zur differentiellen Strafzumessung sind an einer vielfältigen Palette von Delikten gewonnen worden. Prinzipiell sind die Fragen nach 'Schuld' und etwaiger geschlechtsspezifischer Subsumtion und Strafzumessung natürlich an jedem Delikt zu untersuchen. Wir haben jedoch entschieden, Tötungsdelikte zum

Ausgangspunkt zu machen, und dies aus mehreren Gründen: einmal schien es sinnvoll, Deliktvorwürfe mit einer länger andauernden Hauptverhandlung zu wählen, in der erst sich Zuschreibungsmuster und Variabilität entfalten. Diese Vorbedingung wird zwar auch von vielen Delikten erfüllt; daneben aber läßt sich annehmen, daß die Aktualisierungswahrscheinlichkeit geschlechtsspezifisch geprägter Betrachtungen und Bewertungen dann am größten ist, wenn es tatsächlich um geschlechtsspezifisch geprägte Delikte geht, in denen Macht und Emotionen wie Liebe, Eifersucht, Haß amalgamiert eine Rolle spielen. Und schließlich ging es darum, Delikte auszuwählen, die eine gewisse subsumtive Vieldeutigkeit aufweisen. Aus diesem Grunde stehen hier ausschließlich Tötungsdelikte nach §§ 211-213 StGB im Vordergrund.

Abschließend seien deswegen die wenigen deutschsprachigen Versuche erwähnt, ausschließlich bei Tötungsdelikten diesen Fragen nachzugehen. Dabei muß als erste Voraussetzung berücksichtigt werden, daß die motivationale und lebensweltliche Kontextuierung der Tötungstaten von Frauen und Männern höchst unterschiedlich ist.

Solche Unterschiede lassen sich exemplarisch der Untersuchung von Rode und Scheld (1986) entnehmen. Sie vergleichen 674 Täter mit 76 Täterinnen; konsistent mit anderen Ergebnissen ergibt sich, daß Täterinnen eher verheiratet, ein wenig älter und wesentlich seltener vorbestraft sind als Täter und zum Tatzeitpunkt erheblich seltener unter Alkohol oder anderen Drogen stehen. Auch in der weiteren Konstellation der Tat lassen sich wesentliche Unterschiede ausmachen: Frauen töten eher als Männer Angehörige des nächsten Familienkreises (in dieser Untersuchung zu 50 % Kinder unter sechs Jahren, zu 30 % den Intimpartner und zu 5 % weitere Familienangehörige) und wesentlich seltener unbekannte Dritte. Es passt in diese Konstellation, daß Frauen weitaus eher Männer töten, während das Geschlecht des Opfers bei Tätern nahezu gleich verteilt ist.

Diese Befunde beschreibender Statistik werden in ihrer sozialpsychologischen Dynamik erst verständlich, wenn man die Motivationen eines Tötungsdelikts mit einbezieht. Nach den Einschätzungen von Rode und Scheld handeln 64 % der Frauen, aber nur 18 % der Männer aus einer lang andauernden schweren Konfliktlage heraus, nur 9 % der Frauen aber im Vergleich zu 47 % der Männer im Affekt einer momentanen Konfliktsituation. Frauen töten demnach vor allem in einem Versuch mißlingender familiärer Konfliktlösung nach langer Zeit hoher Konfliktintensität, Männer hingegen töten eher in momentanen Affektsituationen und nicht selten unter Einfluß von Alkohol oder anderen Drogen. Zudem wird Frauen eher als Männern ein Eingangsmerkmal der §§ 20 oder 21 StGB zugebilligt. Vergleichbare Ergebnisse liefern auch die statistischen Übersichten bei Becker und Groß (1980) und bei Pracejus (1986), der die in NRW 1980 abgeurteilten Mord- und Totschlagsfälle auswertet, sowie bei Oberlies (1995, S. 152 ff.).

Oberlies (1989a; 1995) hat die Akten aller bundesweit zwischen 1975 und 1985 abgeurteilten Tötungsdelikte untersucht und daraus Urteile bei männlichen Tätern als eine Stichprobe gezogen, Urteile bei weiblichen Täterinnen vollständig untersucht. Betrachtet man nur die Strafzumessung, so lassen sich unter Berücksichtigung der erwähnten unterschiedlichen Kontextuierung geschlechtsspezifische Unterschiede nicht erkennen (Oberlies 1989a, S. 75; Oberlies 1989b, S. 143). Oberlies betont jedoch mehrfach (1989b, 1990b), daß sich bei einer qualitativen Analyse von Einzelfällen durchaus Unterschiedlichkeiten der rechtlichen Behandlung aufzeigen lassen, die nicht unbedingt in der verhängten Rechtsfolge ein Korrelat haben: es gebe einige Anhaltspunkte dafür, daß das Strafrecht "im Bereich der Tötungsdelikte, und vor allem mit dem Ehemann oder Geliebten als Opfer, eher in seinem symbolischen Gehalt eingesetzt wird: versuchtes Tötungsdelikt statt Körperverletzung, Mord statt Totschlag, keine Strafminderung wegen Versuchs, keine Anerkennung der Notwehr- oder Notstandslage. Diese symbolische Bestrafung korrespondiert nicht mit höheren Freiheitsstrafen" (Oberlies 1990b, S. 329). Sie hat dies in der Formel "Gnade statt Recht" resümiert (1995, S. 151). Daneben gebe es Formen der mittelbaren Begünstigung von Frauen, da bei ihnen häufiger Faktoren vorlägen, die sich auch bei männlichen Angeklagten günstig auswirkten (Oberlies 1990b, S. 331). Für beide Annahmen wird auch diese Untersuchung einige Anhaltspunkte liefern.

1.3   Einige Folgerungen aus der Forschungslage

Im Überblick wirkt die Lektüre der verschiedenen, mit unterschiedlichen methodischen Verfahrensweisen arbeitenden und insgesamt vielfältig angelegten Untersuchungen eher verwirrend. Man fragt sich unwillkürlich, ob dies in Zusammenhang stehen könnte mit der generellen Art der Fragestellung und den zu ihrer Beantwortung angewendeten methodischen Verfahrensweisen, bei denen die Komplexitäten gerichtlicher Entscheidung samt der zugrundeliegenden Komplexität der verhandelten Delikte auf wenige Variablen reduziert werden, die zwar keineswegs beliebig ausgesucht worden sind, deren tatsächliche Relevanz sich aber auch nur vermuten läßt. Oder anders: gerade die Widersprüchlichkeit von Ergebnissen und die Vielfältigkeit von Tendenzen legen die Annahme nahe, daß verborgen bleibende Variablen die gerichtliche Entscheidungsfindung beeinflussen, vielleicht sogar steuern. Es könnte sein, daß die bisherige Forschung vor allem die Randbedingungen des juristischen professionellen Handelns in den Blick genommen hat, deren Kenntnis zwar unabdingbar ist, die alleine aber nur geringen Erklärungswert aufweisen. Eine Forschungsstrategie, die anhand einiger zentraler Variablen (Vorstrafen etc.) die Strafmaßfestsetzung zu erklären sucht, könnte sich vor allem im Raum der juristischen Rationalisierung bewegen. Diese verknappte

These muß erläutert werden. Hypothetisch wäre davon auszugehen, daß gerichtliche Entscheidungen, also sowohl die tatsächlich vorgenommene Subsumtion von Verhaltensweisen unter einen Straftatbestand wie auch die darauf aufgebaute Entscheidung über die Rechtsfolge, nicht prinzipiell offen entlang eines in der Hauptverhandlung ermittelten Sachverhaltes gefällt werden, sondern die Interpretationen des Sachverhalts und unter Umständen auch die Intensität, mit der dieser ermittelt wird, sich bestimmen nach der 'gewünschten', soll heißen für angemessen gehaltenen Subsumtion. Sehr pointiert gesagt bestimmt dann nicht der in der Hauptverhandlung rekonstruierte Sachverhalt das Ergebnis, sondern die vorab ausgewählten subsumtiven Möglichkeiten bestimmen die Rekonstruktion des Sachverhalts; die öffentliche Hauptverhandlung wäre dann lediglich eine Inszenierung zur Rationalisierung dieser bereits angestrebten Entscheidung.[4] Das tatsächliche Handeln gerichtlicher Akteurinnen und Akteure dürfte zwischen beiden Extremen verlaufen, aber Elemente beider Handlungsstrategien enthalten. Wenn dem so ist, dann bewegt sich eine auf die gerichtliche Entscheidung orientierte Forschung zum Teil in einem Zirkel mit geringem Erklärungswert: sie unterstellt Variablen als kausale Bedingung einer Entscheidung, obgleich die Entscheidung zumindest partiell die kausale Vorbedingung dafür darstellt, welche Variablen mit welcher Gewichtung für sie relevant gemacht werden. Derart gerät man in Gefahr, jene Variablen, die zur Begründung und Rechtfertigung einer Entscheidung ausgewählt worden sind, für diejenigen zu halten, die sie kausal bestimmt haben.

Dieser Gedanke ist keineswegs neu. Garfinkel hat ihn treffend in der Formel ausgedrückt: "The outcome comes before the decision." (Garfinkel 1967, S. 114). Es sei ein Kennzeichen sowohl des Entscheidens unter Geschworenen wie des Entscheidens im Alltagsleben, retrospektiv "justifying a course of action", also im Nachhinein zu begründen und zu rechtfertigen, wie man zu einem bestimmten schon vorab gewollten Ergebnis gekommen ist. Lautmann (1972, S. 81 ff.) hat diese Vorgehensweise als "Ergebnisstrategie" bezeichnet und gibt zahlreiche Beispiele für ihre gerichtliche Nutzung.[5] Und wenn die Beweiswürdigung der professionellen Akteurinnen und Akteure gelegentlich nicht nur frei im strafprozessualen Sinne, sondern im Rahmen der rechtlich gesetzten Grenzen eher willkürlich anmutet, dann ist dies ein Beleg solcher Ergebnisstrategie. Auch solche relative Beliebigkeit hat freilich Anwendungsregeln,

---

4   Wir haben diese Inszenierung unter dramaturgischen Aspekten und dem Gesichtspunkt der Herstellung von Beweiswürdigung an anderer Stelle ausführlich beschrieben; vgl. Legnaro und Aengenheister, erscheint demnächst.

5   Zur 'Innensicht', wie sie Lautmann mit seiner teilnehmenden Beobachtung gerichtlicher Beratung beschrieb, können wir hier nichts beitragen; solche Ergebnisorientierung läßt sich aber deutlich an der relativen Zusammenhanglosigkeit von verhängter Strafe und Strafzumessungserwägungen zeigen (vgl. Kapitel 4) und auch an der Konstruktion der jeweiligen 'moralischen Charaktere' (vgl. Kapitel 6-8).

und um diese sollte es gehen.

Was folgt daraus ? Vor allem, daß die bisherigen Versuche der empirischen Strafzumessungsforschung, die gerichtliche Entscheidungsfindung nachzuzeichnen, das Objekt ihrer Erklärungsbegierde teilweise verfehlt haben und aus methodischen Gründen auch verfehlen mußten. Nicht nur können sie dem komplexen Regelwerk nicht gerecht werden, das den prozessualen Gang bestimmt; als 'Verhandlung' geht das Gerichtsverfahren in die meisten dieser Studien ja gar nicht ein. Zudem ist aber auch zu vermuten, daß sie zumindest teilweise die abhängigen und die unabhängigen Variablen miteinander vertauschen beziehungsweise zwischen beiden Variablen-Sets korrelative statische Bezüge konstruieren, obwohl tatsächlich ein dynamischer Zu-sammenhang zwischen beiden besteht, der keineswegs eindeutig die klassische Unter-scheidung nach abhängigen und unabhängigen Variablen erlaubt. Beide werden vielmehr prozessual konstruiert. Auch dies ist überhaupt keine neuartige Behauptung: "Das gesamte Gerichtsverfahren verläuft als Prozeß des Definierens von Situationen und des Sinnschöpfens", stellen Boy und Lautmann (1979, S. 44) fest und definieren als Ziel des Verfahrens, "aus den überlieferten Wirklichkeiten, den gewählten Prozeß-strategien und den juristischen Deutungsmustern eine neue Realität zu schaffen, die sich im Urteil kristallisiert." (S. 45). In der Verhandlung wird die Aktenkenntnis von Geschehnissen aufgeladen und gefüllt mit Anschauung, Eindruck, Bedeutung, subjektiv gemeintem Sinn. Für die empirische Strafzumessungsforschung ist daraus aber nur ganz selten gefolgert worden, man müsse diesen Prozeß des Kristallisierens mit-verfolgen und analysieren, um zu relevanten Ergebnissen zu kommen. Aus gutem Grund allerdings: nicht nur besteht die Gefahr, in der Vielzahl einzelner Facettierungen keinen abstrahierenden Überblick mehr gewinnen zu können, forschungspragmatisch ist auch der Aufwand einer jeden beobachtenden Verfahrensweise immens, die Fallzahl gering und deswegen methodisch anfechtbar und jeder Anspruch auf Repräsentativität prekär.

Außerdem läßt es die fehlende Eindeutigkeit bei der Unterscheidung nach abhän-gigen und unabhängigen Variablen nur in sehr begrenztem Sinne zu, zwischen recht-lichen Faktoren einerseits und außerrechtlichen Faktoren andererseits zu unterscheiden und, wie es in der Mehrzahl aller Forschungen geschehen ist, 'gender' als das soziale Geschlecht für einen außerrechtlichen Faktor zu halten, der als unabhängige Variable die Urteilsbildung und Strafzumessung beeinflusst. Dieses Modell ist nicht nur erheb-lich zu statisch konzipiert; es vernachlässigt vor allem, daß das soziale Geschlecht und die mit ihm verbundenen Assoziationen und Zuschreibungen bereits in die Kon-struktion der Subsumtion eingehen können. Damit ist nicht einmal jener vorgelagerte allgemeine Gesichtspunkt der geschlechtsspezifischen Konstruktion von Straftat-beständen gemeint (vgl. Smaus 1990, 1993). Gemeint ist vielmehr, daß für die gerichtliche Konstruktion einer konkreten Subsumtion in einer konkreten Verhandlung unter anderem auch geschlechtsspezifisch akzentuierte argumentative Versatzstücke genutzt werden und 'gender' damit bereits der Rekonstruktion von Sachverhalten inhärent sein kann. So greift die Vorstellung, Geschlecht sei eine wesentliche außerrechtliche Variable, die die Strafzumessung beeinflusse, zum Teil ins Leere: diese Variable kann schon viel früher an den vielfältigen, in einer Hauptverhandlung zutagetretenden subsumtiven Gabelungen bedeutsam werden und geht bereits in die Rekonstruktion des Sachverhalts ein, und erst dann fallen Strafzumessungsentscheidungen, bei denen durchaus ungewiß bleibt, ob und inwieweit sie geschlechtsspezifisch differieren.

Von dieser theoretischen Ausgangsposition her sind für die vorliegende Studie einige Grundentscheidungen getroffen worden, die den oben formulierten Bedenken Rechnung zu tragen suchen. Als Erkenntnis daraus schien eine qualitativ orientierte Vorgehensweise auch für die Auswertung ebenso sinnvoll wie eine Beobachtung der Entstehung der Daten *in situ*. Das Erzählte, Gesprochene und Verhandelte sollte im Mittelpunkt stehen, nicht eine bereits zu Texten geronnene Komplexität. Die erste Entscheidung ist demzufolge gewesen, nicht die schriftliche Urteilsbegründung zum Ausgangspunkt zu machen und die dort identifizierbaren Variablen statistisch zu verrechnen, sondern sich dem Geschehen beobachtend und teilnehmend, qualitativ und interpretierend zu nähern. Unter dem das gesamte Forschungsdesign bestimmenden Gesichtspunkt, jeweils eine alternative Beweiswürdigung vornehmen und die 'stories' der einzelnen Verfahrensbeteiligten rekonstruieren zu wollen (vgl. unten Kapitel 2.2), ist eine solche Vorgehensweise geboten: nur die eigene Beobachtung von Hauptverhandlungen als empirische Grundlage erlaubt es, jene Glättungen und Normalisierungen des gerichtlich rekonstruierten Sachverhalts zu entdecken, die in der schriftlichen Urteilsbegründung die gezogenen rechtlichen Schlüsse als die einzig möglichen erscheinen lassen. Diese Methode hat vor allem Konsequenzen für die Fallzahl: Lektüre und Vercodung von Akten läßt sich für große Fallzahlen durchführen, Beobachtung von Hauptverhandlungen ist dagegen ein zeitraubendes Geschäft, bei dem man vielerlei Zufälligkeiten ausgeliefert ist und als nicht direkt Verhandlungsbeteiligter auch keine Verfügungsmacht über Terminierungen hat.

Die zweite naheliegende Entscheidung ist gewesen, Frauen als Angeklagte erheblich überproportional zu repräsentieren. Ihr Anteil an den Anklagen von vorsätzlichen Tötungsdelikten liegt nur bei ungefähr zehn Prozent, und jeder Versuch vergleichender Aussagen setzt damit voraus, diesen Anteil überzurepräsentieren. Zudem war eine Entscheidung über die Fallzahl zu treffen bei der Frage nach den Methoden der Erhebung. Wir haben keinen Versuch unternommen, Tonbandmitschnitte der beobachteten Verhandlungen erstellen zu dürfen. Unter der Prämisse von § 169 GVG wäre dies nur möglich bei Zustimmung aller Verhandlungsbeteiligten, und das hieße

14

konkret, sich auf wenige Kammern zu beschränken, die selbst dazu bereit sind und es den übrigen Prozeßbeteiligten dadurch ebenfalls nahelegen. Eine solche Begrenzung auf wenige Kammern hätte aber wiederum kaum erlaubt, den Anklagevorwurf eng auf die §§ 211 - 213 StGB zu umgrenzen. Darauf kam es jedoch entscheidend an, so daß wir auf die ebenso mühsame wie mit Unsicherheiten behaftete selbst erstellte schriftliche Protokollierung der Verhandlungen ausgewichen sind.

Die nachfolgend beschriebenen Auswertungsschritte sind ebenso im Zusammenhang mit diesen Entscheidungen zu sehen wie die Prinzipien der Auswahl der Verfahren. Im Rahmen einer primär qualitativ orientierten Studie versuchen wir, vor dem Hintergrund der forensischen *Herstellung* die gerichtliche *Darstellung* von Urteil und Strafzumessung transparent zu machen und ihre Regelhaftigkeiten zu explizieren.

2. DIE KONSTRUKTION DER DATEN UND DIE STICHPROBE DIESER UNTERSUCHUNG

2.1 Zur Konstruktion der Daten aus gerichtlichen Hauptverhandlungen

Die Forschungsbeobachtung in Hauptverhandlungen setzt zunächst einmal die Anwesenheit des Beobachters von der ersten bis zur letzten Minute der Hauptverhandlung voraus; wünschenswert ist tatsächlich, daß eine Beobachtung zehn Minuten vor Beginn der Verhandlung einsetzt, Verhandlungspausen dann in der Nähe des Sitzungssaales zugebracht werden, sofern die Verhandlungsbeteiligten dies auch tun, und nach Schluß der Hauptverhandlung noch geklärt wird, ob eine Seite Revision einzulegen gedenkt. Zeitlich hat die Beobachtung also die Dauer der Hauptverhandlung völlig abzudecken.

Während der Verhandlung wurden *in situ* - dies die erste Stufe der Datenkonstruktion - schriftliche Notizen verfertigt, die so umfassend wie möglich das Gesagte enthalten und einzelnen Akteuren oder Akteurkonstellationen zuordnen; diese bilden die Grundlage der im Anschluß erstellten Protokolle. Wir haben dabei nicht erwartet, vollständige Wortprotokolle produzieren zu können, und von vorneherein die Naivität des James Boswell - der ja Rechtsanwalt gewesen ist - nicht geteilt, der von einem (1778 stattfindenden) Gespräch mit Dr. Johnson erzählt : "Im Laufe des Abends prahlte ich damit, ich sei, ohne eine eigentliche Kurzschrift zu kennen, dennoch imstande, jede beliebige Rede so aufzuzeichnen, daß ich nachher den Wortlaut vollständig wiedergeben könne; mein Verfahren bestehe darin, die Wörter nur halb auszuschreiben oder auch ganz wegzulassen und dabei doch das Wesentliche festzuhalten. Johnson nahm mich beim Wort, wie er es einst bei einem wirklichen Stenographen getan, und stellte mich auf die Probe, indem er langsam und deutlich ein Stück aus Robertsons 'Geschichte Amerikas' vorlas, während ich auf meine Art nachzuschreiben suchte. Es ergab sich dann, daß mir dies nur sehr mangelhaft gelungen war, woraus wir folgerten, Robertson zeichne sich durch eine sehr gewählte Prosa aus, die man nicht ohne weiteres abändern oder verkürzen könne." Nun werden in einer Hauptverhandlung nur selten Passagen langsam und deutlich vorgelesen, und mit einer sehr gewählten Prosa wird man ebenfalls vergleichsweise selten konfrontiert. Dennoch bleibt wenig anderes übrig, als ohne Boswells Erwartungen ein ähnliches Verfahren anzuwenden. Unsere Hauptverhandlungs-Notizen sind in privaten (und nur von Autor bzw. Autorin entzifferbaren) quasi-stenographischen Ab- und Verkürzungen geschrieben, verzichten meistens auf die Erhebung ganzer Sätze und notieren Versatzstücke, die die erinnernde Rekonstruktion ermöglichen. Daß es sich hierbei bereits um eine Selektion aus dem Universum dessen handelt, was die soziale Wirklichkeit 'Hauptverhandlung' ausmacht, ist unmittelbar einsichtig. Solcher Selektion läßt sich prinzipiell nicht begegnen; sie wäre allenfalls in ihrer Bedeutung zu verringern. Aber selbst wenn die Beobachter über die Fähigkeiten von Parlamentsstenographen verfügten (die nicht zufälligerweise in schnellem Rhythmus ausgewechselt werden, um Ermüdung und nachlassender Aufmerksamkeit vorzubeugen), selbst wenn der Einsatz technischer Hilfsmittel wie Tonbandgerät und Videokamera strafprozessual erlaubt wäre, so verschöben diese Hilfstechniken und -mittel lediglich die Selektionsgrenze: es wäre jedoch eine Illusion anzunehmen, die Situation ließe sich auf diese Weise vollständig und umfassend 'aufnehmen'. Faktisch generiert jede Art der Beobachtung durch ihre jeweilige selektive Wahrnehmung eine eigene Hauptverhandlung, die intersubjektiv nicht völlig identisch ist.

Um die Selektion möglichst gering zu halten, haben wir (auch aus den Vorerfahrungen mit der Erhebung von Daten in der Situation gerichtlicher Hauptverhandlungen) einige Einschränkungen getroffen, die sich zunächst auf die Wiedergabe des Gehörten, Gesehenen und Erlebten beziehen. Eine wesentliche und oft, um den Anschluß nicht zu verlieren, entscheidende Voraussetzung ist etwa der Verzicht darauf, prinzipiell jede Interaktionssequenz dialogisch aufzubereiten (wobei Dialog lediglich die Teilnahme zweier oder mehrerer Personen meinen und keineswegs implizieren soll, daß es sich um eine symmetrische Kommunikation handelt). So beginnt die Hauptverhandlung (nach Verlesung der Anklage und der Befragung zur Person) regelhaft mit der Vernehmung von Angeklagten. Für eine linguistische Analyse, die wir nicht anstreben konnten, wäre es selbstredend von Bedeutung, dabei auch die Abfolge von Fragen und Antworten, Stockungen, Schwankungen der Stimmführung, dialogische Überlappungen etc. zu erheben. Für die inhaltlich dominierte Analyse, die hier unter den in einer Hauptverhandlung möglichen Arbeitsbedingungen im Vordergrund stand, sind solche Einzelheiten zwar keineswegs unwichtig, jedoch nur in jenen seltenen Ausnahmefällen zu erheben, in denen sie nicht *en passant* ein Feincharakteristikum bilden, sondern strukturprägend wirken. Im 'Modal-Fall', also dem am häufigsten vorkommenden Typus der einleitenden Befragung, reicht es für die hier im Vordergrund stehenden Belange aus, die Dialog-Sequenz zwischen dem Vorsitzenden Richter (in den Protokollen als VR firmierend) und Angeklagten (in den Protokollen als A firmierend) im Protokoll als einen Dialog "VR/A" auszuweisen und die Inhalte dessen zu notieren, was Angeklagte berichten. Diese Berichte erscheinen in unseren Protokollen generell in konjunktivischer Sprechweise, gelegentlich pointiert durch wörtliche Bemerkungen, die als solche durch Zitatzeichen ausgewiesen werden. Entsprechungen des Satzaufbaus, des Sprachgestus und der verwendeten Verben werden dabei angestrebt, sind aber nur gelegentlich zu erreichen.

Es entsteht somit eine sprachlich geglättete Version, die unvermeidlich im argumentativen Gestus gelegentlich zielgerichteter anmutet, als dies dem tatsächlich Gesagten entspräche. Sie trägt zudem deutliche Züge einer Verschriftlichung mündlicher Aussagen. An diesen Zügen ist die 'Konstruiertheit' der Daten aus einer 'natürlichen' Situation besonders markant erkennbar, und daß Daten solchen Charakters für ethnomethodologisch beeinflusste Diskursanalysen wie auch für die Methode der Objektiven Hermeneutik kaum brauchbar sind, leuchtet unmittelbar ein. Aber - und das muß im Rahmen dieses Vorhabens als das Wesentliche gelten -es erscheint in dieser Version der Dialog zwar in monologisch reduzierter Form ohne einen Anspruch auf tatsächliche Wörtlichkeit, gibt aber die Inhalte des Gesprochenen wieder. Unwiderruflich verloren ist dabei im Regelfall allerdings, welche Bemerkungen, Fakten und Einzelheiten Angeklagte erst durch ausdrückliche Befragung, welche sie spontan ansprechen.

Das beschriebene Verfahren gilt selbstredend für alle längeren dialogischen Sequenzen, so daß etwa die Protokolle für die Vernehmung von Zeugen oft die Akteure "VR/Z" oder beispielsweise "R$_1$/Z" (rechts beisitzender Richter) oder "S$_2$/Z" (links sitzender Schöffe) ausweisen (links und rechts vom Zuschauerraum aus gesehen).

Auch durch solche 'Monologisierung' der Protokoll-Inhalte läßt sich allerdings nicht vermeiden, Verkürzungen des Gesagten in Kauf nehmen zu müssen. Soweit es sich nur darum handelt, daß Inhalte in annähernd identischer, aber gewissermaßen verkleinerter Form abgebildet werden, ist zwar ein Informationsverlust vorhanden; das analytische Potential der Daten wird aber nur wenig berührt. Weitaus bedeutsamer sind jene Verkürzungen, bei denen ganze Stränge von Geschichten und einzelnen Detail-Aussagen in der Situation der Hauptverhandlung nicht notiert werden (können), weil man dies entweder für entbehrlich hält oder sonst den Anschluß verlöre. Unter dem Zwang, das Verhandlungstempo mithalten zu müssen, entstehen solche Selektionen auf eine gesteuert-naturwüchsige Weise. Naturwüchsig insofern, als man auf nur halb-bewußte Weise beim Notieren dazu neigt, weitläufig ausgeschmückte und mit Einzelheiten gespickte Geschichten und Versatzstücke von Aussagen auf die 'Pointe' zu reduzieren, was hier bedeutet (denn Pointen im landläufigen Sinne werden in Hauptverhandlungen ja recht selten erzählt), den abstrakten Kern des Gesagten ohne die verbalen Verkleidungen zu erfassen. Dabei wird man übrigens bestimmten weitausladend-narrativen Erzählstilen überhaupt nicht gerecht, auch dies ein konkreter Verlust, dem diese Verfahrensweise nicht entgehen kann. Solche Selektionen sind jedoch nicht willkürlich, sondern insofern gesteuert, als strafrechtlich geschulte Beobachter bei vielen Details schon im Moment ihres Ausgesprochen-Werdens beurteilen können, warum und mit welchem Ziel eine bestimmte Frage gestellt wird und ob solche Details subsumtiv oder strafzumessungstechnisch von Belang werden könnten oder, und dabei richtet sich der Beobachtungs-Blick auf die Potentialität einer Verhandlung, von

Belang werden sollten. Das ist eine der Sicherungen, die vor einer allzu großen selektiven Beliebigkeit schützen. Eine gelegentlich durchaus ambivalente Sicherung allerdings: gerade ein unter den Prämissen des Strafrechts selektierender Blick kann dazu neigen, Einzelfakten und -beschreibungen zu übersehen, die mutmaßlich keine weitere Bedeutung mehr erlangen werden. Diese Ambivalenz wird dadurch relativiert, daß wir als Beobachter uns in der Situation der Schöffen befinden, also ohne Aktenkenntnis einzig auf die Mündlichkeit der Hauptverhandlung angewiesen sind. Von daher sucht der strafrechtliche Blick, den man in die Beobachtung einbringt, nicht nach Begründung und Rationalisierung eines beim Studium der Akten gewonnenen Eindrucks, sondern hat eine offene, auf das Potential hin orientierte Struktur.

Es soll allerdings nicht verschwiegen werden, daß gerade die Situation, den Inhalt der Akten nicht zu kennen, nicht nur von Vorzug ist, sondern auch ihre besonderen Schwierigkeiten bietet. So fragen Verhandlungsbeteiligte oft aus dem Vorverständnis der Akten heraus, und es ergibt sich dann gelegentlich die Notwendigkeit, verbale Abläufe protokollieren zu müssen, deren Sinn man nicht versteht. Ohne ein Mindestmaß an Verständnis ist es aber ausgesprochen schwierig, noch eine strukturierende Übersicht zu behalten: protokollieren läßt sich genau genommen nur, was man 'verstanden' hat, und dieses Verstehen bezieht sich nicht nur auf den Inhalt, sondern auch auf den Stellenwert des Gesagten und seine kontextuelle Bedeutung. Mit dieser Schwierigkeit haben wir gelebt, so gut es eben ging, was faktisch heißt, entstandene Lücken im Nachhinein zu beseitigen, sofern sich dann die Bedeutung von Äußerungen erschloß.

Eine Sicherung, allerdings eine, die nicht mehr in der Person der Beobachter liegt, ist der manchmal gegebene selbstreferentielle Charakter des Strafprozesses. Damit ist gemeint, daß Verhandlungen in dem Maße selbst-bezüglich sein können, in dem die an der Verhandlung Beteiligten auf vor Minuten, Stunden oder Tagen erörterte Sachverhalte zurückkommen, sich in Fragen und Bemerkungen zum Zeitpunkt $t+1$ also auf Sachverhalte beziehen, die im Zeitpunkt t bereits eine Rolle gespielt haben. Es kann vorkommen (und ist auch vorgekommen), daß gerade dieser Rückbezug ermöglicht, die Äußerungen zum Zeitpunkt t, die schriftlich nicht erfaßt waren, im nachhinein zu rekonstruieren.

Übrigens stellen Angeklagte einerseits und die professionellen Verhandlungsbeteiligten andererseits die Beobachtung vor teilweise unterschiedliche Probleme. Bei ersteren dominiert die Schwierigkeit, wenigstens in grober Näherung den Duktus des Gesagten zu bewahren und sprachliche Wirrungen und erzählerische Redundanzen nicht allzusehr zu glätten, also den mündlichen Charakter des Gesprochenen nicht übermäßig zu verwischen. Bei letzteren hingegen ergibt sich die Schwierigkeit, daß vor allem Beweisanträge und Gutachten, aber auch Plädoyers und Urteilsbegründungen zwar mündlich vorgetragen werden, in ihrem Duktus jedoch der Schriftsprache entstammen.

Die inhärente Argumentationslogik, bereits für Zuhörende aufbereitet, läßt sich dabei sehr viel besser nachvollziehen als bei Angeklagten, die, im logischen Sinne, oft eher stammeln; die zugrundeliegende Verschriftungslogik macht es dann aber besonders schwierig, die argumentativen Inhalte mitzuschreiben.

Insgesamt erleichternd für die Arbeit wirkt sich aus, daß die Entfaltung der Kommunikation in einer Hauptverhandlung durch die Vielzahl der Akteure spezifische Pausierungen enthält, die ihre formale Bedeutung haben, unter inhaltlichen Gesichtspunkten jedoch ignoriert werden können. Wenn zum Beispiel der Vorsitzende fragend in die Runde schaut, ob noch jemand Fragen stellen wolle, auf der Suche nach einer bestimmten Aussage in den Akten blättert oder sich alle Beteiligten am Richtertisch versammeln, um Tatortfotos zu betrachten, dann entstehen Pausen, die zum Nachhalten der Interaktionen genutzt werden können und es oft erst möglich machen, *en courant* zu bleiben.

Anzumerken wäre noch, daß die Probleme der Protokollierung in einer Hauptverhandlung ähnliche Probleme aufwerfen wie die Protokollierung der Aussagen von Beschuldigten, Zeuginnen und Zeugen im Rahmen polizeilicher Vernehmungen. Auch in dieser Situation werden (meistens) keine Wortprotokolle erstellt, sondern (mehr oder weniger) sinngemäße Zusammenfassungen. Der dabei vorherrschende Reflektionsgrad erscheint uns aber, wie wir aus dem Eindruck von vielen polizeilichen Zeugen in Hauptverhandlungen schließen, wesentlich geringer und diese Protokollierungen wesentlich naiver als das, was wir angestrebt und umgesetzt haben. Zudem spiegelt polizeiliche Protokollierung allerdings auch die Intentionalität der gestellten Fragen und der Vernehmungsführung wider, ist also in diesem Sinne nicht notwendig nur um neutrale Wirklichkeitsabbildung bemüht (vgl. hierzu Rasch und Hinz 1980). Auch in der Hauptverhandlung selbst stellen sich gelegentlich solche Probleme, etwa in der Situation, wenn der Vorsitzende Sachverständige, die am vorhergehenden Verhandlungstag nicht anwesend gewesen sind, über dessen Geschehnisse informiert. Vervollständigung und Korrekturen der Akzentuierung werden dann meistens noch zusätzlich von Verteidigung und Staatsanwaltschaft vorgenommen, und mehrere Verfahrensbeteiligte haben dann manchmal Mühe, ihre Erinnerung und ihre Notizen mit denen der anderen in Übereinstimmung zu bringen.

Einer solchen Beobachtungssituation strukturell ähnlich ist die Situation zwischen Psychoanalytikern und Analysanden, und das Modell der freischwebenden Aufmerksamkeit, mit der erstere den letzteren zuhören sollen, läßt sich auf die Beobachtungssituation der gerichtlichen Hauptverhandlung durchaus übertragen. In den Protokollen ist allerdings strikt zu unterscheiden nach dem Gehörten, daß in konjunktivischer Paraphrase oder als wörtliches Zitat gegeben wird, und dem 'zwischen den Zeilen'

Empfundenen, das mit all seinen projektiven Gehalten durchaus einen Wert für die weitere Verhandlungsanalyse haben kann, aber prinzipiell durch das Setzen in [...] und die optisch absetzende Verwendung kursiver Schrift als subjektiver Eindruck gekennzeichnet werden muß. Daneben werden Unterbrechungen (Verhandlungspausen oder Besichtigungen von Fotos oder Beweisstücken) durch /.../ gekennzeichnet.

2.2 Zur Kondensierung und Auswertung der Daten als nachvollziehende Herstellung prozessualer Logik

Nach der Protokollierung einer Hauptverhandlung bestand die nächste Stufe der Arbeit in einer Kondensierung dieser Daten in die 'stories' der verschiedenen Akteurinnen und Akteure (vgl. zum Begriff und seinen theoretischen Implikationen Pennington und Hastie 1986). Dem liegt der theoretische Grundgedanke zugrunde, daß die Akteure gerichtlicher Verhandlungen im Wortsinne 'Geschichten' erzählen, die die Plausibilitätsfolie ihres Handelns (bei Angeklagten) und Entscheidens (bei den professionellen Verfahrensbeteiligten) liefern sollen. Die Beschreibung unserer Verfahrensweise dabei stößt allerdings schnell an jene Bruchstelle der Transmission, an der die "Unmöglichkeit, hermeneutische Analysen genau darzustellen" (Reichertz 1991, S. 165) beginnt. Unter diesem Titel beschreibt Reichertz sehr genau, warum schriftliche Kodifizierungen der forscherischen Ausdeutung von Daten notgedrungen verkürzt und in ihrer Komplexität reduziert ausfallen müssen. Da schon die Wirklichkeit (in diesem Fall: einer gerichtlichen Hauptverhandlung) nicht vollständig beschreibbar ist, läßt sich die metakommunikative Erörterung dieser Wirklichkeit genau so wenig vollständig beschreiben. Immerhin folgt sie Regeln, und um deren Darstellung geht es hier.

Die Rekonstruktion und Analyse beginnt mit der gründlichen Lektüre des Protokolls. Dies sollte wünschenswerterweise möglichst im Anschluß an eine Hauptverhandlung geschehen, so daß die Geschehnisse noch im Gedächtnis haften, nicht von der nächsten Verhandlung bereits überlagert worden sind und die Protokolle noch einen assoziativen 'halo' mit sich tragen, dem sich nach-denken läßt. Die Intensität dieses 'halo' hängt allerdings nicht unwesentlich von der rhetorischen und dramaturgischen Qualität des Vorgeführten ab.

Die Rekonstruktion von 'stories', im folgenden auch Geschichten genannt, gestaltet sich dann bei Angeklagten (meistens) wesentlich komplizierter als bei den professionellen juristischen Akteurinnen und Akteuren, weil die Geschichte von Angeklagten nicht als eine in sich geschlossene logische Aufbereitung zum Nachvollziehen für Dritte konzipiert ist. Es wäre auch sehr mißverständlich, wollte man, dem alltäglichen Sprachgebrauch folgend, diese Geschichten als erzählte Geschichten auffassen. Sie werden nicht in diesem Sinne erzählt, sondern im Verlauf der Verhandlung generiert und von uns wiederum rekonstruiert; die Geschichten sind ein im Text des Protokolls enthaltener impliziter Handlungs- und Begründungszusammenhang. Angeklagte plädieren eben selten, sondern antworten, erzählen, begründen, umkreisen und verstummen. Ihre Geschichte ist deswegen nicht als die Gesamtheit all dessen zu verstehen, was sie während der Beweisaufnahme gesagt haben, sondern als eine Kondensation dieses Gesagten auf das hin, was es zu rechtfertigen, zu erklären, zu verstehen und verständlich zu machen gilt, nämlich die Tat. Zu rekonstruieren ist damit die interne Kontextuierung ihrer Einlassungen. Diese Arbeitsstufe der Kondensation verlangt in einer Art von mentalem Experiment den Nachvollzug der jeweils in einer Geschichte verwendeten Kategorien, Elemente, Erklärungskonstrukte etc., mit einem Wort: Empathie. Solche Empathie darf allerdings nicht in Identifikation umschlagen und ist nicht immer einfach zu leisten. Sie ist auch keineswegs ohne projektive Anteile. Solche Projektionen beziehen sich darauf, daß man leicht in Versuchung gerät, einen 'subjektiv gemeinten Sinn' in die Worte von Angeklagten hineinzusehen, ohne tatsächlich wissen zu können, ob dieser rekonstruierte Sinn auch der ihre gewesen ist. Der internen Kontrolle dient hier die strikte Orientierung am Text: in dieser Stufe der Daten-Kondensation bietet alleine der Text die Grundlage; das, was nicht gesagt wurde, aber hätte gesagt werden können, oder das, was nicht zur Erklärung herangezogen wurde, obwohl es hätte herangezogen werden können, hat für die Kondensation zur Geschichte ohne Belang zu bleiben.

So umfasst die Geschichte von Angeklagten alle Fakten (das meint alle Sachverhalte, Empfindungen, Berichtspartikel), die sie subjektiv in einen Zusammenhang mit der Tat stellen. Das bezieht sich auf ihre Perspektive, die geschilderten Motivationen, Verursacher und Auslöser der Tat. Die Rekonstruktion von Subjektivitäten kann sich dabei nur stützen auf die konstruierten Daten der Aussage, also vor allem auf Gesprochenes. Dabei hat tatsächlich das 'gesprochene Wort' zu gelten; es darf nicht versucht werden, nicht ausgesprochene oder zumindest verbal angedeutete Zusammenhänge in den Text hineinzuinterpretieren. Daneben ist die Konstruktion von Zusammenhängen auch durch den Erzählduktus möglich, der sich aus dem Protokoll allerdings nur noch rudimentär als Chronologie des Gesagten erschließt. Soweit aber längere Aussagepassagen auf die Tat als kulminierendes Geschehnis hinweisen, sie geradezu implizit enthalten bzw. die Geschehnisse retrospektiv von der Tat abgeleitet erscheinen, indem sie auf sie hinleiten, lassen sich solche Passagen sicherlich als Bestandteil der erzählten Geschichte auffassen.

Es wird daran übrigens deutlich, wie sehr diese Geschichte ihre Struktur der Notwendigkeit verdankt, in einem Strafverfahren erzählt zu werden: analog zur Aktenführung in einer psychiatrischen Klinik, bei der biographische Geschehnisse der Vergangenheit ebenfalls unter dem Blickwinkel der gegenwärtig vergebenen psychiatrischen Diagnose re-interpretiert werden (vgl. Goffman 1961), stehen hier Angeklagte selbst unter dem Zwang (soweit sie nicht zu schweigen vorziehen), solche Re-Interpretationen vorzunehmen. Mit welchem Geschick und welcher Plausibilität sie das tun, läßt sich hypothetisch als eine entscheidende Bedingung für ihren Erfolg, soll heißen, die Durchsetzung ihrer Geschichte bei Gericht werten.[1]

Für die Rekonstruktion der Geschichte von Angeklagten ist es hier allerdings gleichgültig, ob diese Geschichte von Dritten als logisch und widerspruchsfrei empfunden wird. Es ist ebenfalls gleichgültig, ob sie 'objektiven' Erklärungswert hat; alle Fragen nach psychologischer oder alltagsweltlicher Plausibilität sind für die Rekonstruktion erst einmal unerheblich. Die Rekonstruktion der Geschichte von Angeklagten kann somit als ein selektiver Bestimmungsprozeß gelten, in dem Elemente des Berichteten zu einer Abfolge verdichtet werden. Die Bestimmung der Selektion aus dem Berichteten muß aus dem Text derart erschlossen werden, wie Angeklagte selbst sie vorgenommen haben. Diese Geschichte wird dann im Regelfall mehr sein als die von Angeklagten selbst vorgenommene Motivzuschreibung, obgleich diese ein Teil davon ist.

Im Gegensatz zu den Geschichten von Angeklagten erfordern die Geschichten von Sachverständigen (im erstatteten Gutachten erzählt), der Staatsanwaltschaft (im Plädoyer erzählt), der Verteidigung (ebenfalls im Plädoyer erzählt) und des Gerichts (in der mündlichen Urteilsbegründung erzählt) erheblich weniger rekonstruktiven Aufwand. Das liegt an ihrer oben schon erwähnten Struktur der 'vermündlichten Schriftlichkeit': sie sollen, soweit sie nicht sowieso, wie Gutachten gelegentlich, gleich vorgelesen werden, auch in der Mündlichkeit ein Potential von Verschriftung in sich tragen. Sowohl der institutionelle Anspruch wie der persönliche Anspruch der Akteure läuft darauf hinaus, ihre Kompetenz bei der Beherrschung der jeweils einschlägigen (psychiatrischen oder juristischen) Terminologie zu demonstrieren und dabei möglichst 'druckreif' zu sprechen, nebenbei gesagt eine der effektvollsten Abgrenzungen der im Rahmen der Justiz professionell Tätigen von den Laien-Darstellern, wie Angeklagte sie oft sind. Für diese Stufe der Kondensation zu Geschichten liegt darin eine gewisse Vereinfachung, da Gutachten, Plädoyers und Urteilsbegründungen schon für den logischen Nachvollzug Dritter aufbereitet sind und die Geschichte mehr oder weniger schnörkelfrei und ohne längere Umwege, auch ohne größere Redundanzen und, vor allem, begründungs- und zielorientiert erzählt wird.

---

1   Dieses Erzählen von Geschichten unter forensischen Bedingungen haben wir an anderer Stelle beschrieben; vgl. Legnaro und Aengenheister (1995d).

Sind für alle am Verfahren Beteiligten die jeweiligen Geschichten rekonstruiert, so besteht die nächste Stufe der Auswertung darin, diese Geschichten zu dimensionalisieren. Dient die Rekonstruktion der Geschichten dazu, die Denk- und Argumentationsfiguren der Beteiligten nachzuzeichnen, so geht es nun darum, die angewandten Plausibilitäten nach ihren rekonstruktiven Elementen zu bestimmen, wobei die jeweils benutzten Versatzstücke aus dem Universum der gesamten Beweisaufnahme aufgelistet werden. Es entsteht dadurch eine abstrahierte Fassung der erzählten Geschichte, die diejenigen Elemente zusammenträgt, die argumentativ und kontextuell zur Rekonstruktion der 'Wahrheit' in dieser Geschichte verbunden worden sind. Zentral sind dabei

- die rekonstruktiven Elemente der individuellen Biographie von Angeklagten: Kindheit/frühe Beziehungen zu den Eltern; Schule und peer-groups; der berufliche Werdegang; die sexuelle Sozialisation; Beziehungen innerhalb der eigenen Familie von Angeklagten (soweit nicht Opfer); soziale Kontakte und Beziehungen; psychische Probleme; physische Probleme; die finanzielle Situation; Vorstrafen; Aufenthalte in Institutionen als Erwachsener (Gefängnisse etc.); residual : anderes bzw. Besonderheiten.
- die rekonstruktiven Elemente der weiteren Tatvorgeschichte: Interaktionen zwischen Täter/in und Opfer (z.B. Spannungen; verbale Aggressionen; tätliche Auseinandersetzungen; schwere Mißhandlungen des Täters/der Täterin durch Opfer; schwere Mißhandlungen des Opfers durch Täter/in); Beziehungskonstellationen bzw. -geschichten; die Wahrnehmung der Dynamik der Beziehung.
- die rekonstruktiven Elemente der engeren Tatvorgeschichte mit den gleichen Einzelfacetten wie oben.
- die rekonstruktiven Elemente von Tatdurchführung und -hergang, wobei im Vordergrund steht: die Art der Entschließung zur Tat; der Tat vorausgehende Überlegungen etc. bei Täter/in; psychische/physische Verfassung zur Tatzeit; Art und Ort der Tatausführung.
- die rekonstruktiven Elemente des Verhaltens nach der Tat, im einzelnen: Entdeckung der Tat und des Täters/der Täterin; Verhalten des Täters/der Täterin nach der Tat bzw. bei der Polizei.
- die rekonstruktiven Elemente von Persönlichkeitszuschreibungen, hier vor allem:
'Wesensnähe' der Tat; Charakterisierungen von Person und Persönlichkeit; psychologische/psychiatrische Diagnostik; personale Zuschreibungen an die Tatdurchführung.
- Elemente der Motiv-Rekonstruktion, also:
Motivische Zuschreibungen (Wut, Eifersucht etc.); kontextuelle Rekonstruktion des Motivs als Verbindung von Biographie und Tat; Gesamtdeutung der

Tat.
- Zuschreibungen an zukünftiges Verhalten:
Prognose; Wiederholungsgefahr; Strafzweck (general-, spezialpräventiv).

Diese Vorgehensweise, bei der die Geschichten der Verfahrensbeteiligten und deren rekonstruktive Elemente nebeneinander gelegt werden können, eröffnet einen differenzierten Blick auf die jeweiligen konstruktiven Unterschiede: auf welche Weise zum Beispiel die Staatsanwaltschaft eine Geschichte im Unterschied zu Verteidigung und Angeklagten rekonstruiert und welche Pfade dann das Gericht einschlägt, läßt sich dabei ersehen und nachvollziehen. Dies ist für uns auch der primäre Sinn dieses Auswertungsschrittes geworden: bei der Rekonstruktion von Geschichten verdeutlicht man sich ihre jeweiligen Differenzen, die Konkurrenz und Plausibilität von unterschiedlichen Lesarten des Geschehenen und 'stellt nachvollziehend her'.

Notwendig ist daneben eine Darstellung der rechtlichen Folgerungen in ihrer prozessualen Begründungslogik. Diese beruht auf den jeweiligen rekonstruktiven Elementen von Geschichten, wie sie oben aufgelistet sind: eine rekonstruierte Geschichte stellt beispielsweise die Dynamik der Beziehung zwischen Täter und Opfer auf eine bestimmte Weise dar, und darauf baut dann die rechtliche Folgerung auf. Beides basiert aufeinander und verweist aufeinander, sollte aber zu analytischen Zwecken durchaus unterschieden werden.

Die Darstellung der Begründungslogik wird für die folgenden rechtlichen Variablen vorgenommen:

- Tatbestandsmerkmale des angewendeten Straftatbestandes;
- Vorsatz;
- Rechtfertigungs- und Entschuldigungsgründe;
- Grad der Schuldfähigkeit;
- entlastende Strafzumessungserwägungen;
- belastende Strafzumessungserwägungen;
- Maßnahmen der Besserung und Sicherung.

Haben die bisherigen Auswertungsschritte die Hauptverhandlung und ihr rechtliches Ergebnis weitgehend als reale Folie behandelt und damit auch suggeriert, die getroffene rechtliche Entscheidung sei die einzig mögliche (ein Trugschluß, dem die Justiz selbst ebenso wie die Öffentlichkeit immer wieder zu erliegen scheint), so bestehen die nächsten Auswertungsschritte aus einer Betrachtung des Möglichen. Im Rahmen einer alternativen Beweiswürdigung wird das Protokoll einer Beweisaufnahme daraufhin geprüft, ob andere rechtliche Ergebnisse aufgrund dieser Beweisaufnahme rechtlich möglich und revisionssicher zu begründen wären. Das bedeutet konkret, jede Beweis-aufnahme daraufhin zu lesen, ob sie andere subsumtive Schlüsse zuließe: in Betracht kommen vor allem die §§ 211 (Mord), 212 (Totschlag), 213 (Minder schwerer Fall des Totschlags), 223 ff. (Körperverletzungsdelikte) bzw. 226 StGB (Körperverletzung mit Todesfolge) und als Rechtfertigungsgrund § 32 StGB (Notwehr). Dabei ist selbst-redend darauf zu achten, daß die reale Beweisaufnahme zugrunde gelegt wird und keine Zusatzannahmen unterstellt werden, die in der Beweisaufnahme nicht vor-gekommen sind. Schließt dies Spekulationen aus, so scheint es andererseits doch erlaubt, in der Beweisaufnahme angesprochene, aber nicht weiter vertiefte Sachverhalte subsumtiv zu nutzen.

Der Rekonstruktion einer alternativen Beweiswürdigung inhärent ist die Rekon-struktion von 'crucial points', also jenen Wegkreuzungen, an denen sich die subsumti-ven Pfade teilen. Ob die Subsumtion zu Mord oder einer Form des Totschlags gelangt, entscheidet sich an der Bewertung einzelner Sachverhalte, und die unterschiedlichen Perspektiven auf solche Sachverhalte werden hier als solche crucial points begriffen. Ihre Rekonstruktion kann für die einzelne Verhandlung beträchtlichen Erkenntniswert haben.

Mit diesen einzelnen Schritten ist die Auswertung, soweit sie einzelne Verhandlungen betrachtet, vorläufig abgeschlossen. Der dann vorliegende Korpus konstruierter und re-konstruierter Daten kann im Anschluß an die Einzel-Analysen zu einem Gesamt-vergleich herangezogen werden. Es läßt sich dabei nicht übersehen, daß die gesamte Auswertung einer Verhandlung nach dem oben beschriebenen Muster ihrerseits eine Meta-Geschichte der Verhandlung konstruiert, eine Geschichte sowohl ihrer realen Entfaltung wie ihrer nicht real gewordenen Potentialität. Der Konstruktionsprozeß dieser Meta-Geschichte und der Vergleich realer und potentieller "Inbegriffe der Verhandlung", strafprozessual ausgedrückt, ermöglicht es, eine Verhandlung als 'Gestalt' zu betrachten und eine reflektierte Gesamt-Würdigung vorzunehmen.

Unsere eigene Rekonstruktion dieses Daten-Korpus hat vor allem den Sinn gehabt, in einer nachvollziehenden Herstellung des forensischen Geschehens, Argumentierens und Entscheidens jeweils einzelne Verhandlungen strukturiert besprechen und reflektieren zu können. Ohne solchen Nachbesprechungen eine Struktur zu verleihen, bleibt man notwendig beim Austausch alleine von Eindrücken stehen. Ohne explizites Prinzip der Gliederung zu sein, liegen die beschriebenen Rekonstruktionen auch der Darstellung in den Kapiteln 6 und folgende zugrunde: in ihnen bilden vor allem die gerichtlichen 'stories', bei bedeutsamen Abweichungen auch die 'stories' von Angeklag-ten die Folie der Interpretation.

Für diese Darstellung zitieren wir allerdings, soweit möglich, aus den schriftlichen Urteilsgründen. Pragmatischerweise handelt es sich hierbei um einen flüssiger zitierbaren Text als es bei den konjunktivisch aufbereiteten Texten unserer Protokolle der Fall ist. Diese wie auch die Beobachtung und Analyse des Verfahrens bilden jedoch immer den Hintergrund. Tatsächlich lassen sich viele Urteile nicht 'verstehen', wenn man die Verhandlung nicht gesehen, gehört und überdacht hat, und sowohl die Strafzumessung wie oft auch die Subsumtion und die Art der Darstellung des Geschehens sind in vielen Fällen ohne die Teilnahme an der Verhandlung kaum nachzuvollziehen.

Abschließend einige Bemerkungen über den in sich prozessualen Charakter von Verhandlungsbeobachtung selbst. Wir haben diese Beobachtung 'naiv' begonnen, also ohne empirisch genauere Kenntnis der tatsächlichen gerichtlichen Entscheidungspraxis. Diese Naivität verliert sich notgedrungen mit der Zeit, und es stellt sich ansatzweise das ein, was in der ethnologischen Literatur *'going native'* heißt: das Fremde büßt seine Fremdheit ein, und Vertrautheit ersetzt das Staunen. Das bedeutet, übertragen auf die Situation forensischer Beobachtung, daß wir mit der Zeit eine ziemliche Sicherheit bei der Prognostizierung von gewählten subsumtiven Wegen und zu erwartenden Strafzumessungen gewonnen und Gerichte uns nur dann noch überrascht haben, wenn sie ungewöhnliche Entscheidungsmodi wählten. Das ist dann nicht bedenklich, wenn sich im Bewußtsein der Beobachter das typische Muster einer Entscheidung noch trennen läßt von der rechtlichen Potentialität des besonderen Falles, wenn also der kritische Blick auf die vorweg bereits erkannte Entscheidung noch erhalten ist und nicht in der Selbstverständlichkeit des Typischen untergeht; es geht jedoch entschieden zu weit, wenn man mit den Gerichten subsumiert und veralltäglicht, was Gegenstand der Analyse sein soll. Mit einem Wort: man ist schon durch pures Zuhören und -sehen auf Dauer in Gefahr, als Strafrechtler sozialisiert zu werden. Zwar mag der Ausdruck 'Gefahr' merkwürdig anmuten; aus der Forschungsperspektive ist das, was bei Referendaren Ausbildungsziel ist, jedoch eine reale Gefahr. Man wird ihr auf Dauer kaum entgehen können; die hier verwirklichte Anzahl von insgesamt 47 Verhandlungsbeobachtungen war groß genug, um diese theoretisch bekannte Gefahr an sich selbst zu erfahren, aber auch klein genug, um unbedeutend zu bleiben.

2.3 Zur Auswahl und zur Repräsentativität der beobachteten Hauptverhandlungen

Eine methodisch korrekte Zufallsauswahl aus anstehenden Hauptverhandlungen ist weitgehend unmöglich. Die Schwierigkeiten bestehen zum einen - dies ein methodologischer Grund - in einer vorab unbekannten, zudem noch sehr variablen Grundgesamtheit von Verhandlungen, deren Ort, Terminierung, Dauer und Häufigkeit nur kurzfristig bekannt werden, zum anderen - dies die pragmatische Begründung - in den höchst begrenzten Ressourcen, die eine tatsächliche Auswahl nach Zufall nicht zulassen. Wir haben uns in der mißlichen (und in der sozialwissenschaftlichen Forschung nicht unbedingt häufigen) Lage gefunden, aus einem großen Datenangebot auswählen zu müssen. Dennoch mussten *nolens volens* im Rahmen der Untersuchungsfragestellung Auswahlkriterien entwickelt werden.

Das tragende Auswahlkriterium ist vor allem die Frage gewesen, ob sich der notwendige Vergleich zwischen weiblichen und männlichen Angeklagten unter dem Aspekt von Tatkonstellation und Opfergruppe herstellen läßt. Deswegen haben wir uns konzentriert auf jene Delikte, die im Rahmen einer engeren Beziehungssituation entstanden sind, also

- Tötungen bzw. Tötungsversuche unter gegengeschlechtlichen Partnern oder
- im Rahmen von Eltern/Kind-Beziehungen.

Das schließt aus:

- Raubmorde, da diese überwiegend von Männern begangen werden;
- Sexualmorde, die als Delikt bei Frauen nahezu völlig unbekannt sind;
- Delikte mit rassistischem Hintergrund, die ebenfalls ganz überwiegend von (jugendlichen) Männern begangen werden.

Schon diese ganz unterschiedlichen Kontextuierungen der von Frauen bzw. von Männern begangenen Tötungskriminalität verweisen auf weitreichende motivationale und lebensweltlich begründete Unterschiede, die hier nicht im Vordergrund stehen. Unter dem allgemeinen Gesichtspunkt einer Soziologie und Sozialpsychologie der Tötungskriminalität gibt es hier allerdings mehr Fragen als Antworten. Was Tötungen mit sexuellem Hintergrund angeht, so haben Cameron und Frazer (1993) einleuchtende Überlegungen vorgelegt, diese als "maskuline Transzendenz" zu erklären. Interpretationen ähnlicher Art könnten auch auf die anderen hier ausgeschlossenen Tötungsdelikte zutreffen, bei denen Frauen noch seltener als bei Tötungsdelikten überhaupt als Täterinnen vorkommen. Da aber der Vergleich hier den zentralen Angelpunkt ausmacht, waren solche deliktischen Ausprägungen auszuschließen, unabhängig davon, daß sie für sich genommen sowohl unter der Perspektive von 'Schuld' wie unter der Perspektive geschlechtsspezifischer Zuschreibungen auch Interesse beanspruchen könnten. Letzteres zum Beispiel dürfte mit großer Wahrscheinlichkeit für Tatkonstellationen zwischen Prostituierten als Opfern und Freiern als Tätern gelten; da aber die Konstellation vice versa empirisch höchst selten vorkommt, wurde darauf unter dem sehr engen Korsett finanzieller, zeitlicher und kapazitätsmäßiger Restriktionen verzichtet.

Daneben haben wir bereits bei der Planung ein tragendes Auswahlprinzip formuliert, nämlich

- die Begrenzung auf 'normale' Hauptverhandlungen, also solche, die nicht aus aktuellem Anlaß im Blickpunkt der bundesweiten Öffentlichkeit stehen. Es sollten somit Verhandlungen gegen Terroristen, wegen NS-Taten und in Zusammenhang mit ostdeutscher 'Regierungskriminalität' nicht einbezogen werden.

Zudem sollten ausschließlich

- Verfahren im Gebiet der alten BRD beobachtet werden, da die ostdeutsche Justiz sich zum Zeitpunkt der Datenerhebung noch im Um- und Aufbau befand.

Weit darüber hinausgehend wurden die folgenden, teilweise inhaltlich definierten, teilweise forschungspragmatisch bedingten, Kriterien entwickelt:

- Vorzugsweise Verhandlungen mit nur einem/einer Angeklagten. Dieses Auswahlprinzip dient dazu, die Komplexität der Feldsituation zu reduzieren und die Schwierigkeiten der Datenerhebung möglichst zu verringern.
- Nach Möglichkeit ausschließlich Erstverhandlungen, also keine Verfahren, die nach einem durch den BGH aufgehobenen Urteil an eine andere Kammer zurückverwiesen worden sind. Diese Eingrenzung soll sicherstellen, daß die Urteilsfindung der ersten Instanz untersucht werden kann, wie sie noch unbeeinflusst von eventuellen rechtlichen oder tatsächlichen Monita des BGH stattfindet.
- Ausschließlich Hauptverhandlungen, deren rechtliches Ergebnis noch offen erscheint (soweit sich dies aus den vorher bekannten Informationen der Presserolle ersehen läßt). Das soll z.B. Sicherungsverfahren ausschließen, bei denen die Staatsanwaltschaft bereits Unterbringung beantragt hat und insoweit schon Vorentscheidungen gefallen sind, die das Ergebnis präjudizieren können.
- Möglichst Verfahren, in denen ausschließlich ein Tötungsdelikt angeklagt ist. Dies erscheint wünschenswert, um den sozialen Prozess von Schuldrekonstruktion und Schuldzuschreibung eindeutiger auf das Tötungsdelikt begrenzen zu können; gleiches gilt u.U. für die Strafzumessung.
- Möglichst Verhandlungen, die, soweit sich das vorher absehen läßt, nicht mehr als sechs Sitzungstage in Anspruch nehmen.

Es versteht sich, daß diese Auswahlkriterien einem gewissen Pragmatismus folgen; auch Verhandlungen, die nach diesem Raster nicht ausgewählt worden sind, hätten mutmaßlich erhellende Aufschlüsse zu den Projektfragestellungen erbracht. Gleiches gilt für die Verteilung auf Anklagen nach § 211 StGB bzw. Anklagen nach § 212 oder §§ 212, 213 StGB. Prinzipiell sind hier zwei Auswahlmodi denkbar: eine

Verteilung gemäß der in der Polizeilichen Kriminal-Statistik ausgewiesenen Gesamt-verteilung oder eine gleich verteilte Repräsentierung im Verhältnis 50 : 50. Da es sich bei dieser Stichprobe nicht um eine Zufallsauswahl im engen Sinne handelt und außer-dem zu vermuten steht, daß die staatsanwaltliche Anklage spezifische Verzerrungen aufweist, um während der Hauptverhandlung ein 'subsumtives bargaining' zu ermögli-chen, wurde entschieden, Mord- bzw. Totschlagsanklagen in etwa gleicher Anzahl in die Stichprobe aufzunehmen, was mit einigen Einschränkungen auch gelungen ist.

Insgesamt sind die genannten Auswahlkriterien als relative Anhaltspunkte zu ver-stehen, nicht jedoch als notwendig durchzuhaltende Prinzipien. Hauptsächlich richtete sich die Auswahl von Hauptverhandlungen nach dem Inhalt der Anklage, also danach, ob eine neue Verhandlung entweder als komplementär zu einer bereits in der Stich-probe enthaltenen Verhandlung betrachtet werden konnte oder sich prinzipielle Ver-gleichbarkeit der Konstellationen bei weiblichen und männlichen Angeklagten erwarten ließ. Im Einzelfall, wenn spezifizierbare Besonderheiten z.B. aufgrund der verhandelten Tatkonstellation eine Aufnahme in die Stichprobe als sinnvoll erscheinen ließen, ist aber auch davon abgewichen worden.

Unter strikten methodischen Standards bleibt zu fragen, inwieweit die ausgewählten Verhandlungen als repräsentativ gelten können. Zu unterscheiden ist dabei nach Repräsentativität für die (nicht völlig bekannte) Gesamtheit aller Hauptverhandlungen mit der Anklage von Tötungsdelikten im Zeitraum Herbst 1992 bis Frühjahr 1994, die gleichfalls eine Repräsentativität der rechtsprechenden Großen Strafkammern bedeuten müßte, und nach Repräsentativität der (nur in manchen Fällen vorab bekannten) konkreten Ausgestaltung der Delikte, was nicht nur die Unterscheidung nach Mord gemäß § 211 StGB und Totschlag gemäß §§ 212, 213 StGB meint, sondern vor allem die Täter/-in/Opfer-Konstellation. Was die erstere Repräsentativität angeht, so muß schlicht gesagt werden, daß sie nicht angestrebt wurde, weil sie nach den Forschungs-zielen nicht unbedingt im Vordergrund stand und unter den Bedingungen der Personal-ausstattung völlig unerreichbar war. Als bedeutsamer erschien die zweite Art der Repräsentativität, eine inhaltliche Repräsentativität bezogen auf das jeweils angeklagte konkrete Tötungsdelikt. Sie ist insoweit angestrebt worden, als nur solche Verhandlun-gen aus dem gesamten Spektrum ausgewählt wurden, die potentiell Vergleichbarkeit zwischen den Taten angeklagter Männer und angeklagter Frauen herstellen ließen. Für ein bestimmtes Spektrum von Tötungsdelikten, hier vor allem die vor einem Beziehungshintergrund stehenden und in solchem Kontext entstehenden Taten, kann man eine gewisse Repräsentativität unterstellen. Angesichts der ganz und gar pragma-tisch gelösten Auswahlzwänge, bei denen methodische Erwägungen zwar präsent, aber nicht unbedingt immer ausschlaggebend waren, seien mehrere Körnchen Salz allerdings eingeräumt.

Letztendlich sind die beobachteten Verhandlungen notgedrungen in einer pragmatisch-zufälligen Auswahl zustandegekommen, die so nicht in den methodischen Lehrbüchern steht, aber oft die einzige Möglichkeit darstellt, zu vertretbaren Ergebnissen unter dem Diktat eng begrenzter Ressourcen zu kommen. Und es ist ja, unabhängig vom Fetisch der Repräsentativität, zu fragen, ob Ergebnisse in ihren wissenschaftlichen und politischen Dimensionen an Ernsthaftigkeit und Gewicht soviel einbüßen, wenn ihnen mangelnde Repräsentativität der zugrundeliegenden Auswahl unterstellt werden kann. Im Rahmen dieses Projekts, in dem die Großen Strafkammern von insgesamt 93 Landgerichten potentielle Daten-Lieferanten sind, versteht es sich einerseits von selbst, daß am Landgericht X gewonnene Ergebnisse nicht ohne weiteres auf die Rechtsprechung des Landgerichts Y übertragen werden können, es sei denn, man wollte die jeweiligen Vorsitzenden und vielleicht ihre Beisitzer/-innen, von den Schöffen und Schöffinnen einmal abgesehen, noch einigen Interviews und psychologischen Tests unterwerfen. Denn die pure Tatsache, einer Schwurgerichtskammer vorzusitzen, dürfte als Indikator ähnlicher Reaktions- und Entscheidungsbildung und geteilter Wertmaßstäbe über die allgemein juristisch geteilten hinaus schwerlich ausreichen, zumal es kaum strukturierte Gelegenheiten persönlicher Bekanntschaft gibt. Die Annahme, daß die 'legal community' z.B. durch die Lektüre der *Neuen Juristischen Wochenschrift,* der *Deutschen Richterzeitung* (und vielleicht auch der *Kritischen Justiz*) und der einschlägigen BGH-Urteile bereits gruppenförmig sozialisert würde, wird jedenfalls durch die empirisch nachgewiesenen erheblichen Strafzumessungsunterschiede zwischen einzelnen Kammern widerlegt. Insoweit sind hier also akkumulierte Einzelfälle und Einzelanalysen zu erwarten, die keine prognostische Bedeutung für andere Kammern haben müssen als für die, an denen sie gewonnen worden sind. Dies einerseits, obgleich diese Einschränkung die Relevanz der Ergebnisse unserer Meinung nach nur begrenzt, aber nicht relativiert. Andererseits jedoch sind feststellbare Regelhaftigkeiten an sich schon von Bedeutung, und ungeachtet des obigen Arguments von der Nicht-Übertragbarkeit darf man vermuten, daß die Gebräuche einer Kammer nicht eine völlig insular entwickelte Sonderform der strafrechtlichen Praxis darstellen, sondern auch bei anderen Kammern ihre Entsprechungen finden.

Diese balancierte Argumentation muß noch differenziert werden. Einerseits legen alle Kammern ihrer Urteilsfindung das gleiche Strafgesetzbuch und die gleiche Strafprozeßordnung zugrunde, andererseits hegen alle Mitglieder dieser Kammern (die Schöffen bleiben einmal unberücksichtigt) eigene, sehr persönliche Vorurteile, Vorlieben und Lebensstile, sind aber wiederum alle Mitglieder vergleichbarer Soziallagen, haben eine vergleichbare professionelle Sozialisation als Juristen und Juristinnen hinter sich gebracht und üben die gleiche (Berufs-)Rolle aus. Sozialtechnisch gesprochen, sind sie damit Angehörige einer Quasi-Gruppe. Soweit die empirische Forschung hier

Einblick gewährt, teilen viele von ihnen darüberhinaus auch ähnliche Werthaltungen (vgl. etwa die frühen, eher phänomenologischen Beobachtungen von Beradt 1930; empirisch orientiert Kaupen 1969; Kaupen und Rasehorn 1971; Werle 1977), was wiederum dafür spräche, sie für eine Gruppe im eigentlichen Sinne des Begriffs zu halten. Diese Frage muß hier nicht entschieden werden; aber gerade diese Stellung der Kammer-Mitglieder (die Schöffen wiederum ausgenommen) als Angehörige einer diffus aufeinander bezogenen juristischen Elite, eben zwischen Gruppe und Quasi-Gruppe, zwingt zu solch balancierter Argumentation. Um es abschließend auf den Begriff zu bringen: die statistische Repräsentativität der hier vorgenommenen Auswahl ist, was die Kammern angeht, nicht unbedingt gewährleistet, dürfte jedoch annähernd für ein bestimmtes Spektrum der behandelten Deliktpalette gegeben sein, und die Ergebnisse sind mit hoher Wahrscheinlichkeit übertragbar auf andere Gerichte, ohne im Einzelfall als Prognose verstanden werden zu dürfen.

2.4   Eine Übersicht zu grundlegenden demographischen und tatspezifischen Variablen in dieser Stichprobe

a)   Der Anklagevorwurf

Anklage	Weibliche Angeklagte	Männliche Angeklagte
Mord (Versuch/Vollendung)	12 (3/9)	14 (1/13)
Totschlag (Versuch/Vollendung)	15 (6/9)	14 (7/7)
Körperverletzung mit Todesfolge	1	0

Diese Verteilung spiegelt vor allem unseren Versuch, nicht nur das Geschlecht von Angeklagten, sondern auch das angeklagte Delikt (Mord bzw. Totschlag) möglichst gleich zu repräsentieren. Eine Anklage nach § 226 StGB (Körperverletzung mit Todesfolge) ist nur aufgrund unvollständiger Vorab-Informationen in die Stichprobe geraten.

b) *Die Ausführung der Tat*

Tatausführung[2]	... bei weiblichen Angeklagten	... bei männlichen Angeklagten
Stechen / Erstechen	14	9
Schlagen / Erschlagen (mit Tatwaffe)	4	5
Erwürgen / Ersticken / Erdrosseln	2	5
Anschießen / Erschießen	4	5
Anfahren / Überfahren / Autounfall	0	2
Schlagen / Treten (ohne Tatwaffe)	2	2
Anderes[3]	2	0

Wie auf einen Blick ersichtlich, kommen "Die beiden Freundinnen und ihr Giftmord", die Alfred Döblin 1924 beschrieb, in dieser Stichprobe nicht vor, wie überhaupt Gift nicht die Bedeutung für weibliche Tatausführung hat, wie das eine verbreitete Ansicht glauben machen will. Nur in zwei Fällen dieser Stichprobe spielen rudimentär Schlafmittel eine Rolle, die das Opfer in Schlaf versetzen. Die versuchte bzw. vollendete Tötungshandlung findet dann mit einer anderen Tatwaffe statt: eine Bedeutung hat solche Beibringung von Schlafmitteln unter den gegebenen rechtlichen Prämissen natürlich für die Konstruktion von Heimtücke.

---

2   Wenn Angeklagte mehrere in verschiedene Kategorien fallende Tatausführungen hintereinander begehen, sind diese einzeln gezählt. Die Anzahl der Tatausführungen ist daher nicht unbedingt identisch mit der Anzahl der Angeklagten.

3   Hierunter sind gefaßt : Übergießen des Opfers mit Benzin und anschließendes Anzünden; Werfen eines angeschlossenen Föns in die Badewanne, in dem das Opfer sitzt.

c)   *Die Altersstruktur der Angeklagten*

Altersgruppe	Weibliche Angeklagte	Männliche Angeklagte
jugendlich (14 - 18 Jahre)	1	2
heranwachsend (18 - 21 Jahre)	2	3
22 - 30 Jahre	10	4
31 - 50 Jahre	13	15
über 50 Jahre	2	4

Die Altersstruktur der Angeklagten zeigt sich gegenüber anderen Befunden leicht verzerrt: während nach Rode und Scheld (1986, S. 20) Männer bei der Tatbegehung tendenziell jünger sind als Frauen, läßt sich das hier nicht sehen.

d)   *Die Geschlechtszugehörigkeit des Opfers*

Opfer	Weibliche Angeklagte	Männliche Angeklagte
weiblich	4	19
männlich	24	9

Die Übersicht zeigt das aus der Literatur bekannte Bild: Frauen töten eher Männer, Männer töten Frauen wie auch andere Männer. Dieses Bild ergibt sich hier schon in seinen Grundzügen, wenngleich wir systematisch nur Beziehungsdelikte ausgewählt haben: sonst läge die Zahl männlicher Opfer von männlichen Angeklagten noch entschieden höher.

e)   *Die Art der Beziehung zum Opfer*

Beziehungsgrad zum Opfer	Weibliche Angeklagte	Männliche Angeklagte
Eltern/Großeltern	1	3
eigene oder fremde Kinder/Geschwister	2	3
Ehefrau, -mann; Lebenspartner/-in; Geliebte/-r	21	14
Freundschaft/ Bekanntschaft	4	8

Die Zentrierung der Auswahl auf Beziehungsdelikte zeigt sich vor allem bei weiblichen Angeklagten deutlich. Wenn männliche Angeklagte numerisch dahinter zurückbleiben, dann vor allem deswegen, weil in mehreren Fällen Männer gemeinsam mit Frauen angeklagt sind, den Frauen nahestehende Personen getötet zu haben. Aus der Sicht der Männer rangieren diese Opfer dann unter 'Freundschaft/ Bekanntschaft'.

2.5   Ort und Zahl der beobachteten Verhandlungen

Insgesamt enthält die Stichprobe 47 Verhandlungen mit 56 Angeklagten (28 weiblichen und 28 männlichen). Diese Verhandlungen haben wir bei 32 verschiedenen Schwurgerichtskammern, davon 5 Jugendkammern, beobachtet.

Die jeweiligen Verfahren fanden statt in den Bundesländern Nordrhein-Westfalen (25), Rheinland-Pfalz (7), Niedersachsen (5), Baden-Württemberg (3), Hessen (3), Bayern (2), Hamburg (1), Schleswig-Holstein (1).

3. DIE KONKURRENZ DER DEUTUNGEN : SUBSUMTION UND STRAFZUMESSUNG AUS DER SICHT DER VERSCHIEDENEN AKTEURE

3.1 Vergleichendes Tableau der rechtlichen Entscheidungsmöglichkeiten bei vorsätzlichen Tötungsdelikten

Die Vielfalt der subsumtiven Möglichkeiten und dadurch jeweils gegebenen Strafrahmen bei vorsätzlichen Tötungsdelikten ist für Laien höchst verwirrend und wird noch komplizierter dadurch, daß die gerichtliche Entscheidung auch auf ein nicht vorsätzliches Delikt lauten kann. Einleitend stellen wir darum dem Text ein Übersichtstableau voran, in dem stichwortartig die wichtigsten Bestimmungen und Definitionen samt den jeweiligen Strafrahmen enthalten sind.

Subsumtion und definitorische Bestimmungen [Auch der Versuch ist bei den hier in Betracht kommenden Delikten strafbar]	Strafrahmen [Regelstrafrahmen (RStR): kein Vorliegen von Milderungsgründen wie z.B. Versuch oder verminderte Schuldfähigkeit]
a) Mord (§ 211 StGB)	
Vorsätzliche Tötung bei Zuschreibung eines Mordmerkmales. Als solche definiert § 211 StGB u.a. Habgier, niedrige Beweggründe, Heimtücke, Verdeckung einer Straftat. In dieser Stichprobe vor allem Heimtücke relevant; diese ist bei bewußter Ausnutzung der Arg- und Wehrlosigkeit des Opfers gegeben (typische Konstellation: Tötung eines Schlafenden).	RStR: zwingende lebenslange Freiheitsstrafe; bei einfacher Milderung: 3 - 15 Jahre; gleicher Rahmen bei Rechtsfolgenlösung (Tat heimtückisch und voll schuldfähig, aber notstandsnah unter außergewöhnlichen Umständen begangen); bei zweiter Milderung: 6 Monate - 11 Jahre und 3 Monate.

b) Totschlag (§ 212 StGB)

Vorsätzliche Tötung ohne die Zuschreibung eines Mordmerkmales. Die Qualifikationen dieses Tatbestandes bestimmen sich in der rechtlichen Praxis (läßt man dogmatische Diskussionen beiseite) vor allem in der Abgrenzung zum Mord nach oben und zum minder schweren Fall nach unten.	RStR: 5 - 15 Jahre; bei einfacher Milderung: 2 Jahre - 11 Jahre 3 Monate; bei zweiter Milderung: 6 Monate - 8 Jahre 5 Monate 7 Tage.

c) Totschlag im minder schweren Fall (§ 213 StGB)

Vorsätzliche Tötung mit zugeschriebenem geringerem Unrechtsgehalt. Dafür kennt das Gesetz zwei Gründe: **Erste Alternative**: "der Täter" ist "ohne eigene Schuld" durch "Mißhandlung oder schwere Beleidigung" vom Opfer "zum Zorn gereizt und hierdurch auf der Stelle zur Tat hingerissen worden". **Zweite Alternative**: "sonst ein minder schwerer Fall", d.h. bei Gesamtbetrachtung von Tat und Täter erscheint der RStR des § 212 StGB als unangemessen. Auch bei Vorliegen vertypter Milderungsgründe (z.B. Versuch, verminderte Schuldfähigkeit) verlangt der BGH Prüfung, ob der abgesenkte Regelstrafrahmen des § 213 StGB als angemessen betrachtet wird.	Gegenüber § 212 StGB abgesenkter RStR: 6 Monate - 5 Jahre; einfache Milderung: 1 Monat - 3 Jahre 9 Monate. Da eine Freiheitsstrafe unter 6 Monaten nur in Ausnahmefällen verhängt werden soll, kann das Gericht gemäß § 47 II StGB eine kurze Freiheitsstrafe in eine Geldstrafe umwandeln.

d) Körperverletzung mit Todesfolge (§ 226 StGB)

Vorsätzliche Körperverletzung mit Todesfolge: Tat ohne Tötungsvorsatz, aber durch Körperverletzung wurde Tod des Opfers fahrlässig verursacht.	RStR: 3 Jahre - 15 Jahre; einfache Milderung: 6 Monate - 11 Jahre 3 Monate.

e) Körperverletzung mit Todesfolge im minder schweren Fall (§ 226 II StGB)

Vorsätzliche Körperverletzung mit Todesfolge und Zuschreibung eines geringeren Unrechtsgehalts. Entspricht mit diesem Unterschied strukturell dem § 213 StGB.	RStR: 3 Monate - 5 Jahre; einfache Milderung: 1 Monat - 3 Jahre 9 Monate.

f) Gefährliche Körperverletzung (§ 223a StGB)	
Vorsätzliche Körperverletzung "mittels einer Waffe, insbesondere eines Messers". Wird ein versuchtes Tötungsdelikt "freiwillig" aufgegeben oder die "Vollendung verhindert" (§ 24 StGB), bleibt bei einer Verletzung des Opfers die gefährliche Körperverletzung übrig. (Typische Konstellation: Tötungsversuch wird freiwillig abgebrochen und ein Arzt benachrichtigt).	RStR: 3 Monate - 5 Jahre; einfache Milderung: 1 Monat - 3 Jahre 9 Monate.

Rechtlich möglich sind somit einerseits Strafen des Bagatellbereiches nach unten und andererseits die lebenslängliche, mindestens fünfzehn Jahre lang vollzogene Freiheitsstrafe nach oben. Die subsumtive Einordnung, die den Strafrahmen bestimmt, schützt dabei sichtlich vor einer völligen Willkür, die sich angesichts solcher weitgefächerten Strafmöglichkeiten ansonsten einstellen müßte. Eine Betrachtung der mit verschiedenen Subsumtionen verbundenen Strafrahmen zeigt jedoch auch, daß sie große gemeinsame Durchschnitte aufweisen und nur wenige zeitliche Markierungen die entscheidenden Strafzumessungsbegrenzungen bilden. Als solche Markierung ist zum einen die Zwei-Jahres-Grenze anzusehen, die nach § 56 StGB die Obergrenze einer zur Bewährung aussetzbaren Strafe bildet, zum anderen die Grenze von fünf Jahren, die den Bereich minderer Schwere nach oben abgrenzt. Beide Markierungen spielen deswegen in diesem Text eine besondere Rolle. Andere Markierungen sind einer bloßen Gegenüberstellung von Strafrahmen nicht zu entnehmen, etwa die 50-Prozent-Grenze bei der Ausschöpfung eines jeweils gegebenen Strafrahmens (vgl. die Kapitel 6 ff.).

3.2 Subsumtive Lesarten

Vor dem Hintergrund dieser Palette subsumtiver Möglichkeiten und Entscheidungen und den daraus resultierenden rekonstruktiven Notwendigkeiten entfaltet sich in der gerichtlichen Hauptverhandlung das Flair eines höchst gemessenen Wettkampfes, und als Begriff hat demgemäß '*fairness*' im Gerichtssaal ebenfalls seinen Platz. Würde ist allerdings forensisch ein hohes Gut, und sie artikuliert sich vorrangig dadurch, daß laute Töne ebenso verpönt sind wie lässige Attitüden, seien sie verbal oder non-verbal. Ein Schach-Wettkampf wäre vielleicht das strukturelle Äquivalent: eine gewisse Vornehmheit gepaart mit einer intellektuell geführten Auseinandersetzung.

Als Szenario zeigt schon die gesamte Beweisaufnahme Elemente eines vom Vorsitzenden als Neutralem geleiteten Kampfes .[1] Allerdings braucht es gelegentlich Aktenkenntnis und immer forensisches Verständnis, um während der Beweisaufnahme zu begreifen, worum eigentlich gerungen wird und warum manche Fragen gestellt werden. Eine auch nur grobe Beschreibung und Analyse der dabei angewandten taktischen Finessen, umwegigen Argumentationszüge und strafprozessualen Feinheiten würde den Rahmen dieser Arbeit völlig sprengen und ist auch nicht ihr Ziel. Wir begrenzen uns hier auf eine knappe Betrachtung des abschließenden prozessualen Fazits, nämlich auf die Plädoyers. In ihnen kommt die Konkurrenz der Deutungen pointiert zum Ausdruck, und Staatsanwaltschaft und Verteidigung konstruieren in ihren Plädoyers den jeweiligen Inbegriff der Verhandlung, wie sie ihn sehen wollen, und ziehen daraus die rechtlichen Folgerungen.

Vier unterschiedliche, aber eng miteinander zusammenhängende Fragenkomplexe lassen sich beschreiben, die hier jedoch nicht alle gleichermaßen beleuchtet werden sollen. Die folgenden Fragestellungen lassen sich unterscheiden:

- die Frage nach dem Zusammenhang von Anklage und Urteil: läßt sich eine systematische Differenz zwischen der Anklage und dem Urteil ausmachen, oder sind die Vorwürfe der Anklage und das ergangene Urteil kongruent ?
- das Problem der staatsanwaltlichen Konsistenz. Staatsanwälte stehen in ihrem Plädoyer zwar nicht unbedingt unter Konsistenzzwang, müssen aber immerhin nicht nur vor dem Gericht, sondern sozialpsychologisch auch vor sich selbst begründen, wenn sie im Plädoyer subsumtiv zu anderen Folgerungen gelangen als die Anklage sie enthielt. Das gilt vor allem dann, wenn sie die Anklage selbst verfaßt haben; aber auch wenn das nicht der Fall ist, dementieren sie mit einer veränderten Lesart zumindest partiell den Vorwurf, den die 'objektivste Behörde der Welt' erhoben hat, was angesichts dieses staatsanwaltlichen Selbstbildes schwer fallen könnte. Die Hauptverhandlung, die ja als ein Prozeß des Entwickelns von Interpretationen und Wirklichkeitsrekonstruktionen aufgefaßt werden kann, bietet dann die Folie, vor deren Hintergrund sich andere Schlüsse begründen lassen als in der Anklage, die lediglich auf vorläufigen Informationen beruhte.[2]
- die Definitionskonkurrenz von Staatsanwaltschaft und Verteidigung, wie sie

---

1   Vgl. auch Legnaro und Aengenheister, erscheint demnächst.

2   Immerhin liefert die Forschung Anhaltspunkte für die Vermutung einer gewissen Nonchalance, Anklage als einen 'Versuchsballon' zu erheben (vgl. Steffen 1978).

sich in den jeweiligen Plädoyers ausdrückt.[3] Die Staatsanwaltschaft hat als erste das Fazit der Hauptverhandlung zu ziehen: sie plädiert gleich nach dem Abschluß der Beweisaufnahme und gibt damit einen Tenor vor, sei es, daß sie die Behauptungen der Anklage als endgültig erwiesen betrachtet oder sei es, daß sie eine veränderte Schlußfolgerung zieht und begründet. In jedem Falle bietet sie eine Sichtweise der rechtlichen Würdigung, auf die die Verteidigung zu reagieren hat: im einfachsten Falle durch Zustimmung und Unterstreichung, im schwierigeren Falle durch rechtliche Gegenargumentation, gestützt auf eine alternative Lesart des Ergebnisses der Beweisaufnahme, also durch die Konstruktion eines anderen "Inbegriffs der Verhandlung". Zusätzlich ist dem staatsanwaltlichen Strafantrag zu entgegnen, was immer dann ein delikates Problem darstellt, wenn andere rechtliche Folgerungen nicht gezogen werden (können), also subsumtiv Einigkeit besteht.

- die Frage, wie sich die Gerichte in ihrem Urteil zu dieser Definitionskonkurrenz verhalten, auf wessen Seite also sie sich stellen oder auf welche Weise sie eine Balance zwischen beiden Anträgen einhalten.

Um die Implikationen dieser Fragen beleuchten zu können, fassen wir die Daten aller beobachteten Fälle zu zwei Tabellen zusammen, die die prozessuale Entwicklung nach dem Ausgangspunkt der Anklage (entweder § 211 StGB oder § 212 StGB) und den Subsumtionen der Akteure gliedern.

---

3   Besonders der Verteidigung wird hier wesentlich weniger Augenmerk geschenkt, als sie es nach ihrem formalen strafprozessualen Gewicht und auch nach ihren tatsächlichen definitorischen Durchsetzungen bzw. Beeinflussungen verdient hätte. Merkwürdigerweise ist Verteidigung im Strafprozeß rechtssoziologisch bisher weitgehend unbeachtet geblieben (mit wenigen Ausnahmen, vgl. etwa Barton 1988, 1994); da die vorliegende Arbeit sich jedoch auf die gerichtlichen Definitionsprozesse konzentriert, lassen wir die Verteidigung weitgehend unberücksichtigt.

a) *Anklagen nach § 211 StGB*

Von 12 Anklagen gegen Frauen und 14 Anklagen gegen Männer nach § 211 StGB werden definiert:

im Plädoyer StA § StGB : f. / m.	im Plädoyer V § StGB : f. / m.	im Urteil § StGB : f. / m.
211 : 10 / 9	211 : 3 / 3	211 : 9 / 10
212 : 2 / 2	212 : 3 / 3	212 : 1 / 1
213 : 0 / 1	213 : 2 / 3	213 : 2 / 1
226 I : 0 / 0	226 I : 0 / 0	226 I : 0 / 0
226 II : 0 / 0	226 II : 0 / 0	226 II : 0 / 0
223a : 0 / 1	223a : 0 / 1	223a : 0 / 1
32/33/35 : 0 / 0	32/33/35 : 2 / 0	32/33/35 : 0 / 0
anderes : 0 / 0	anderes : 0 / 1	anderes : 0 / 0
Freispr. wg. Schuldunfä- higkeit: 0 / 0	Freispr. wg. Schuldunfä- higkeit: 0 / 1	Freispr. wg. Schuldunfä- higkeit: 0 / 0
Freispruch aus tatsächl. Gründen: 0 / 1	Freispr. aus tatsächl. Gründen: 2 / 2	Freispr. aus tatsächl. Gründen: 0 / 1

Wie sich ersehen läßt, bleibt es für die Staatsanwaltschaft mehrheitlich beim Vorwurf der Anklage, bei Frauen sogar noch eher als bei Männern. Solche Konsistenz gilt in ähnlichem Ausmaß auch für das Urteil, wobei die Männer/Frauen-Differenz verschwindet: eine Tat, die als Mord angeklagt wurde, verwandelt sich im Urteil nur selten in einen Totschlag oder dessen minder schweren Fall, nie in eine nicht vorsätzliche Tötung (vgl. auch Sessar 1981, S. 132). Letzteres gilt auch für die Verteidigung, die ansonsten diverse Umdefinitionen vorschlägt. Weitgehend ohne Erfolg; sichtlich ist die Übereinstimmung zwischen Staatsanwaltschaft und Gericht wesentlich größer als die zwischen Verteidigung und Gericht. In beträchtlichem Ausmaß bleibt eine Tat, die als Mord angeklagt wurde, dann auch im Urteil Mord. Das dürfte damit zusammenhängen, daß sich die in der Stichprobe enthaltenen Fälle mit relativer Eindeutigkeit unter ein Mordmerkmal subsumieren lassen; sofern ein vertypter Milderungsgrund vorliegt (Versuch oder verminderte Schuldfähigkeit), wie in den meisten Mordfällen dieser Stichprobe, entfällt auch die Scheu, auf einen Tatbestand zu erkennen, der ansonsten eine lebenslängliche Freiheitsstrafe zwingend vorsieht.

b) Anklagen nach § 212 StGB

Von 15 Anklagen gegen Frauen und 14 Anklagen gegen Männer nach § 212 StGB werden definiert:

im Plädoyer StA § StGB : f. / m.	im Plädoyer V § StGB : f. / m.	im Urteil § StGB : f. / m.
211 : 0 / 0	211 : 0 / 0	211 : 0 / 0
212 : 2 / 11	212 : 0 / 3	212 : 1 / 5
213 : 5 / 1	213 : 1 / 2	213 : 5 / 4
226 I : 2 / 0	226 I : 2 / 1	226 I : 1 / 0
226 II : 2 / 0	226 II : 0 / 0	226 II : 2 / 1
223a : 0 / 2	223a : 3 / 4	223a : 2 / 4
32/33/35: 0 / 0	32/33/35: 6 / 2	32/33/35: 0 / 0
anderes : 1 / 0	anderes : 0 / 1	anderes : 1 / 0
Freispr. wg. Schuldunfä- higkeit: 3 / 0	Freispr. wg. Schuldunfä- higkeit: 3 / 0	Freispr. wg. Schuldunfä- higkeit: 3 / 0
Freispr. aus tatsächl. Gründen: 0 / 0	Freispr. aus tatsächl. Gründen: 0 / 1	Freispr. aus tatsächl. Gründen: 0 / 0

Es bietet sich hier ein völlig anderes Bild als bei Mord-Anklagen. Zunächst einmal bestätigt sich Sessars Befund, daß in der Hauptverhandlung die Anklage nur nach unten, nicht aber nach oben revidiert wird (1981, S. 132). Dabei ergibt sich eine aufschlußreiche Reihenfolge der Uminterpretation, betrachtet man die weiblichen Angeklagten: zwar hält auch die Staatsanwaltschaft bei nur wenigen den Vorwurf nach § 212 StGB aufrecht und weicht interpretatorisch vor allem auf den minder schweren Fall des § 213 StGB zurück. Die Gerichte zeigen aber eine leichte Tendenz der noch stärkeren Abschwächung und sehen eher als die Staatsanwaltschaft sogar nur eine gefährliche Körperverletzung als gegeben an. Sie handeln hier sichtlich als eine mediatisierende Instanz, berücksichtigt man die Interpretationen der Verteidigung, die sich zum einen auf Notwehr und vergleichbare Konstruktionen richten, zum anderen nur eine gefährliche Körperverletzung erfüllt sehen. In keinem einzigen Falle wird die Interpretation von Notwehr durchgesetzt, hat aber die Wirkung, auch in der gerichtlichen Lesart den Tatvorwurf abzuschwächen. Im Gegensatz zu Anklagen als Mord bemühen sich die Gerichte demnach bereits subsumtiv bei Anklagen als Totschlag um eine Balance der beiden konkurrierenden Lesarten; das ist bei männlichen Angeklagten eher noch deutlicher zu bemerken als bei weiblichen. Der Grund dürfte vor allem zu suchen sein in der Vielfalt der möglichen Interpretationen, die sich bei der typischen

Tatausführung eines Totschlags eröffnen: die interpretative Varianz bezüglich des Tötungsvorsatzes und der minderen Schwere ist hier größer als bei den typischen Tatausführungen eines Mordes.

3.3   Die Konkurrenz bei der Strafzumessung

Die vorgenommene Subsumtion entscheidet über den Strafrahmen, aus dem eine Strafe verhängt werden kann, aber nicht über die als 'tat- und schuldangemessen' geltende tatsächliche Strafe. Auch hierbei konkurrieren die Staatsanwaltschaft und die Verteidigung in ihren Begründungslogiken miteinander. Es ist nicht überraschend, daß die Strafanträge der Verteidigung in aller Regel niedriger ausfallen als die der Staatsanwaltschaft; interessant in diesem Zusammenhang ist jedoch, wie sich die Gerichte dazu verhalten. Das beleuchten - getrennt nach dem Geschlecht von Angeklagten - die Abbildungen 1 und 2. Es ist dabei anzumerken, daß in die Abbildungen nur eindeutig interpretierbare Anträge aufgenommen sind: Anträge der Verteidigung, die sich mit der Forderung nach einer "milden Strafe" oder ähnlichem begnügen, sind deswegen weggelassen worden.

Betrachtet man vergleichend die Abbildungen 1 und 2, so läßt sich leicht die relative Erfolglosigkeit der Verteidigung ersehen: sie bleibt in ihren Strafanträgen wesentlich unter der Staatsanwaltschaft, beeindruckt die Gerichte damit jedoch nicht übermäßig. Diese folgen vielmehr in hohem Ausmaß dem staatsanwaltlichen Antrag. Sowohl bei Frauen wie bei Männern zeigt sich dabei eine ungefähr gleiche Verteilung. Bei Frauen jedoch haben die Anträge der Verteidigung und das Urteil nahezu keinen

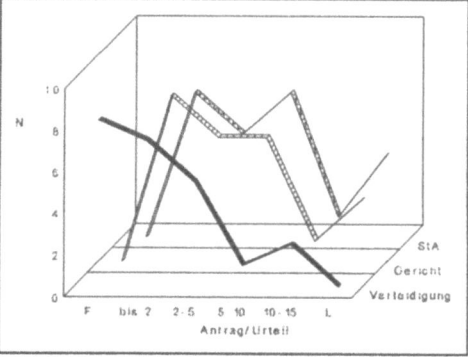

Abb. 1 : Strafzumessung bei Frauen durch Staatsanwaltschaft, Verteidigung und Gericht

gemeinsamen Durchschnitt miteinander: da die Verteidigung anders subsumiert (vor allem Rechtfertigungsgründe annimmt), kommt sie auch zu einem Antrag, der als Freispruch maximal vom Urteil abweicht.

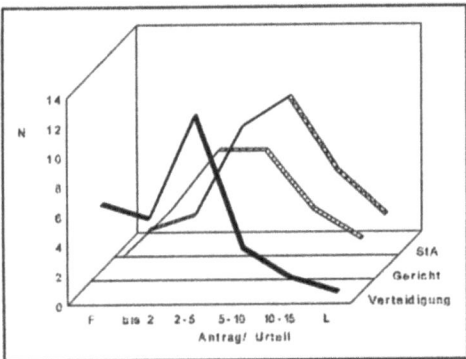

Die Staatsanwaltschaft präjudiziert somit in beträchtlichem Ausmaß das Urteil, und das gilt für Subsumtion und Strafzumessung gleichermaßen. Zwar folgen die Gerichte diesen Anträgen keineswegs immer, aber doch in einem Ausmaß[4], das vermutlich durchaus typisch ist.

Abb. 2 : Strafzumessung bei Männern durch Staatsanwaltschaft, Verteidigung und Gericht

Das beleuchtet allerdings lediglich Konstellationen und gibt keinen Aufschluß über die Strafen, die tatsächlich verhängt werden. Die Strafzumessung durch die Gerichte soll deswegen im folgenden betrachtet werden.

3.4 Die gerichtliche Strafverhängung und die Ausschöpfung der Strafrahmen

Die absolute Höhe einer Strafe ist für Angeklagte zweifellos das Wichtigste, ebenso wie die Frage, ob eine Strafe zur Bewährung ausgesetzt wird oder nicht. Mit welcher prozentualen Häufigkeit eine solche Aussetzung bei weiblichen bzw. männlichen Angeklagten vorgenommen wird, zeigt Abbildung 3.

---

4   Diesen ihren (geringen) Einfluß sehen Strafverteidiger offensichtlich resigniert-realistisch. In einer Befragung von Heiland und Lüdemann (1992) sehen die befragten Anwälte für das allgemeine Strafrecht ein relativ großes Übergewicht von Staatsanwaltschaft und Gericht gegeben. Diese Einschätzung verändert sich zwar bei Wirtschaftsstrafverfahren wesentlich zu ihren Gunsten, für die hier im Mittelpunkt stehenden Verfahren dürfte jedoch das erstere gelten. Bemerkenswerterweise nehmen Staatsanwälte und Richter in dieser Befragung nur ein geringes Übergewicht ihrer Position wahr; die von Barton (1988) befragten Richter dagegen verneinten zu 83 % die Frage, ob die Verteidigung dem Verfahren ihren Stempel aufgedrückt habe. Dies dürfte die empirisch am ehesten zutreffende Einschätzung sein.

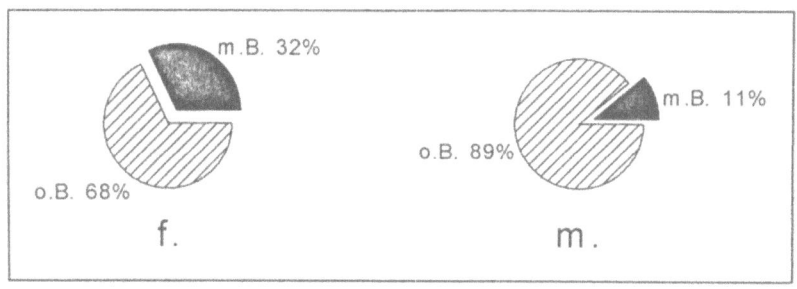

Abb. 3 : Anteil der Bewährungsstrafen bei Frauen und Männern

Die Quote der Aussetzung zur Bewährung liegt bei weiblichen Angeklagten entschieden höher als bei männlichen; was bei letzteren eine seltene Ausnahme bildet, gilt für eine beträchtliche Minderheit der weiblichen Angeklagten. Darin reflektiert sich, daß die Gerichte häufiger auf einen minder schweren Fall erkennen oder einen Tötungsvorsatz verneinen.

Die Höhe der absolut verhängten und nicht zur Bewährung ausgesetzten Strafen läßt sich aus der folgenden Übersicht ersehen:

Verhängte Strafe in Jahren	N Frauen	N Männer
≤ 2 Jahre o. B.	1	1
> 2 bis 3 Jahre	4	4
> 3 bis 5 Jahre	2	5
> 5 bis 10 Jahre	6	8
> 10 bis 15 Jahre	1	4
Lebenslänglich	3	2

Bei den Strafen bis zu drei Jahren findet sich demnach, prozentual gesehen, eine annähernde Gleichverteilung zwischen Männern und Frauen; bei Zeitstrafen über drei Jahren dominieren Männer dann zum Teil deutlich. Das bietet dennoch einen nur wenig brauchbaren Maßstab des Vergleichs; die absoluten Strafhöhen reflektieren nicht die jeweilig zugrundeliegenden Subsumtionen. Vor deren Hintergrund läßt sich die gerichtlich verhängte Strafe am prägnantesten vergleichen als die Ausschöpfungsquote des jeweils gegebenen Rahmens: diese Quote liegt bei 0 %, wenn das Gericht die in der jeweiligen Norm vorgesehene Mindeststrafe verhängt, und sie liegt bei 100 %, verhängt es die entsprechende Höchststrafe. Für alle Verurteilungen insgesamt ist diese Ausschöpfungsquote in Abbildung 4 gezeigt :

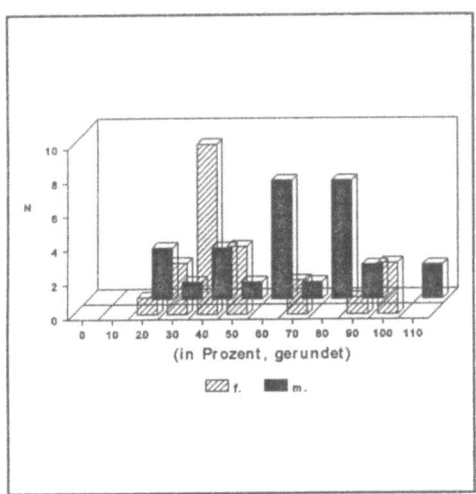

Abb. 4 : Strafrahmenausschöpfung bei allen Verurteilungen

Diese Ausschöpfungsquoten liegen bei Männern deutlich höher als bei Frauen: was sich bei letzteren eher als eine linksgipflige (Gauß'sche Normal-) Verteilung darstellt, bildet bei ersteren eher eine rechtsgipflige. Da die Tabelle auch die (meistens hohe) Ausschöpfung bei Bewährungsstrafen abbildet, sind die wahren Verhältnisse für Frauen (jedenfalls in dieser Stichprobe) noch günstiger.

Um diesen Überblick zu differenzieren, soll im folgenden auch die jeweilige Ausschöpfungsquote bei konstanter Subsumtion beleuchtet werden. So zeigen die Abbildungen 5, 6 und 7 die Ausschöpfungsquoten für jeweils gleiche Tatbestände.

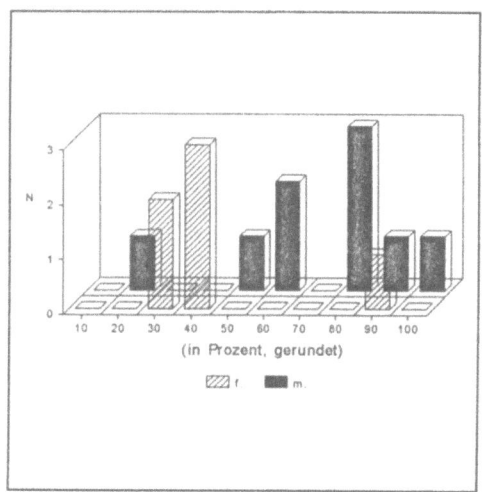

Es sind in Abbildung 5 lediglich jene Urteile berücksichtigt, die kraft Minderungsmöglichkeit der absoluten Strafandrohung überhaupt einen Strafrahmen und somit auch eine Ausschöpfung desselben zulassen. Dabei zeigt sich in der Tendenz eine ähnliche Gauß'sche Normalverteilung wie bei allen Urteilen insgesamt.

Abb. 5 : Strafrahmenausschöpfung bei Mord mit vertypter Milderung (§§ 21 oder 23 StGB) oder einer Verurteilung nach § 105 JGG

Auch die Ausschöpfungsquoten für Totschlag (Abb. 6) bilden eine ganz vergleichbare Verteilung, wobei jedoch zu berücksichtigen ist, daß lediglich zwei Frauen nach § 212 StGB verurteilt werden.

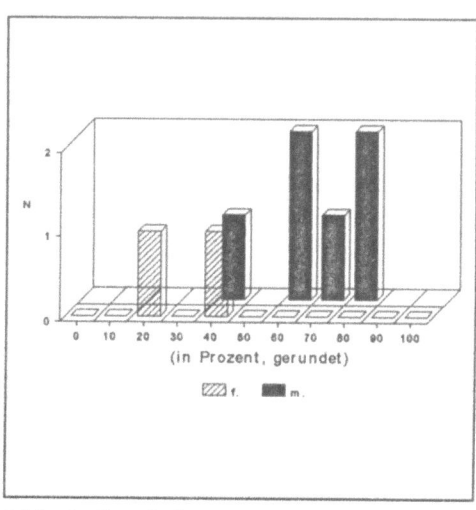

Abb. 6 : Strafrahmenausschöpfung bei Totschlag (§ 212 StGB oder §§ 212, 21, 49 StGB)

Betrachtet man abschließend die Verurteilungen nach § 213 StGB und vergleichbaren Subsumtionen (Abb. 7), so zeigt sich hier eine Abweichung von den obigen Mustern. Beide Verteilungen tendieren zu einer einander ähnlichen Normalverteilung, die für Männer lediglich eine größere Streuung aufweist.

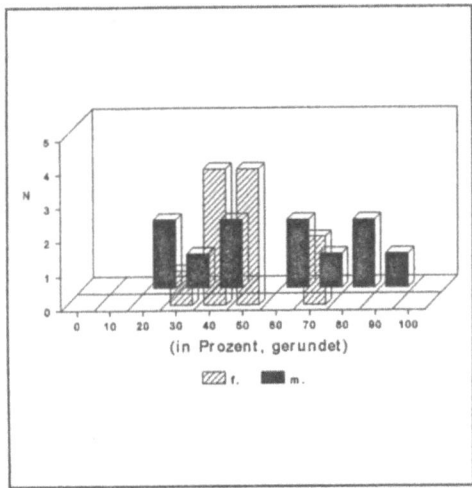

Abb. 7 : Strafrahmenausschöpfung bei Totschlag im minder schweren Fall bzw. vergleichbarem (§ 213, § 226 II, § 223a StGB; auch jeweils mit §§ 21, 49 StGB)

Insgesamt belegen diese Übersichten, daß

- bei Frauen eher als bei Männern die Kriterien eines minder schweren Falles gefunden werden;
- entsprechend Frauen eher als Männer Strafen zur Bewährung ausgesetzt erhalten;
- auch bei Verurteilungen wegen Mordes oder Totschlags die Ausschöpfungsquote der Strafrahmen bei Frauen in der Tendenz niedriger liegt als bei Männern;
- sich die Ausschöpfungsquoten der Strafrahmen für Frauen und Männer ähneln, betrachtet man ausschließlich minder schwere Fälle.

Sofern demnach, in wenigen Fällen, auch bei Männern die Kriterien eines minder schweren Falles gefunden werden, so findet eine relativ gleiche Strafzumessung statt, wenngleich Frauen bei den Quoten bis zu 50 % dominieren. Ansonsten erhalten Frauen durchweg niedrigere Strafen und werden mit geringeren Ausschöpfungsquoten verurteilt. Dies scheint schon bei geringen Fallzahlen alle Behauptungen der klassischen 'Ritterlichkeits-These' zu belegen. Das wäre allerdings ein vorschneller Schluß; erst eine detaillierte Betrachtung von Urteilsfindung und Strafzumessung erlaubt nähere Aussagen zu diesem alten Problem.

3.5 Vergleichende Zusammenfassung der Ausschöpfungsquoten

Da in der weiteren Argumentation vorrangig die Ausschöpfungsquoten des Strafrahmens, bestimmt als die jeweilige Ausschöpfung eines Strafrahmens zwischen 0 und 100 %, zugrundegelegt werden, schließen wir die Übersichten dieses Kapitels mit einer tabellarischen Zusammenfassung dieser Quoten in der gleichen Gruppierung, wie wir sie auch für die nachfolgende Darstellung vorgenommen haben. Daraus ist die absolute Zahl der jeweils in einer Gruppe vertretenen angeklagten Frauen und Männer ersichtlich, und der Textverweis erleichtert die Übersicht. Zudem sind alle zitierten Urteile mit (nach Frauen und Männern getrennten) Fall-Nummern gekennzeichnet, die auf die Abstracts im Anhang verweisen; dort sind weitere Informationen zum Fall und seiner rechtlichen Verarbeitung ersichtlich.

Strafe bzw. Ausschöpfungsquote / → Textverweis	N Frauen	N Männer
Bewährungsstrafe: → Kapitel 6.1	8	3
Quote bis zu 30 %: → Kapitel 6.2	3	1
Strafen von zwei bis fünf Jahren: → Kapitel 6.3	5	7
Quote von 30 % bis zu 50 % → Kapitel 7.1	5	2
Quote von 50 % bis zu 80 % → Kapitel 7.2	0	9
Quote von 80 % bis zu 100 % → Kapitel 8.1	1	3
Quote von mehr als 100 % ('besondere Schwere der Schuld') → Kapitel 8.2	0	2

Freispruch aus tatsächlichen / Schuldaus- schließungsgründen	3	1
Lebenslange Freiheitsstrafe ohne 'besondere Schwere der Schuld'	3	0
N gesamt	28	28

4. Zur Auslegung von Regeln : § 46 StGB [Grundsätze der Strafzumessung]

(1) Die Schuld des Täters ist Grundlage für die Zumessung der Strafe. Die Wirkungen, die von der Strafe für das künftige Leben des Täters in der Gesellschaft zu erwarten sind, sind zu berücksichtigen.

(2) Bei der Zumessung wägt das Gericht die Umstände, die für und gegen den Täter sprechen, gegeneinander ab. Dabei kommen namentlich in Betracht :

die Beweggründe und die Ziele des Täters,

die Gesinnung, die aus der Tat spricht, und der bei der Tat aufgewendete Wille,

das Maß der Pflichtwidrigkeit,

die Art der Ausführung und die verschuldeten Auswirkungen der Tat,

das Vorleben des Täters, seine persönlichen und wirtschaftlichen Verhältnisse sowie

sein Verhalten nach der Tat, besonders sein Bemühen, den Schaden wiedergutzumachen, sowie das Bemühen des Täters, einen Ausgleich mit dem Verletzten zu erreichen.

(3) Umstände, die schon Merkmale des gesetzlichen Tatbestandes sind, dürfen nicht berücksichtigt werden.[1]

4.1 Einige kommentierende Bemerkungen zum Text einer zentralen Regel

Der § 46 StGB vereint in lakonischer Kürze die Zuschreibung einer nicht weiter definierten Entität ("Schuld") an eine Person ("Täter") mit einer Handlungsanweisung. "Die Schuld des Täters" erscheint dabei in eine Eigenschaft der Persönlichkeit verwandelt: ohne einen Träger existiert sie nicht, dieser Träger wird durch die Zuschreibung von Schuld beschrieben, und man konstituiert in dieser Zuschreibung seine 'forensische Identität'.

---

[1] Die Bestimmungen des § 46a StGB zum Täter-Opfer-Ausgleich und zur Schadenswiedergutmachung sind erst nach diesem Projekt in Kraft getreten und bleiben deswegen außer Betracht; zudem dürften sie bei Tötungsdelikten nur in seltenen Fällen angewendet werden.

Diese Schuld ist freilich nur "Grundlage" der Strafzumessung, also Fundament und Ausgangspunkt. An herausgehobener Stelle fügt die Vorschrift dem eine spezial-präventive Anweisung bei ("Wirkungen ... sind zu berücksichtigen"). Und "namentlich" ist dann alles auf die Waage zu legen, was Absatz 2 aufführt. Gerade der Ausdruck "namentlich" weist dabei darauf hin, daß der Text auch lauten könnte, es komme bei der Zumessung der Strafe 'alles, sofern es sich mit der Tat in einen gewissen Zusammenhang bringen läßt' in Betracht. Denn ein solches 'alles' als unspezifizierte Gesamtheit ist gemeint, wofür die spezifizierte Auflistung beispielhaft steht.

Es würde diese Arbeit völlig sprengen, wollte man die Diskussion über die Konkurrenz der Strafzwecke, die im § 46 StGB angelegt ist, und Sinn und Praktikabilität einer solch global formulierten Strafzumessungsregel darstellen. Eine Stimme mag genügen: "Daß namentlich § 46 StGB der Praxis keine zureichende Hilfestellung bietet, ist weitgehend anerkannt. So gibt diese Vorschrift weder an, wie der Schuldrahmen zu bestimmen ist - wenn denn schon einer existiert -, noch legt sie sich hinsichtlich der Gewichtung der präventiven Strafzwecke fest. Offen ist danach, was zur *Schuld* und was zur *Prävention* gehört. Eine »Hierarchisierung« der Strafzwecke unterbleibt ebenso wie eine Abstufung der relevanten Strafzumessungsfaktoren. Diese werden lediglich nach Art eines additiven Verfahrens aufgezählt, das offenläßt, welches Gewicht den einzelnen Faktoren im Rahmen der Strafzumessungsentscheidung zukommen soll." (Müller-Dietz 1982, S. 57, kursiv im Original).

Die Begründungen der Strafzumessung sind also, mit dem alten Briest gesprochen, *ein weites Feld*, und richterlichem Erfindungsreichtum sind dabei wenig Regeln und von daher auch wenig Grenzen gesetzt. Es herrscht hier das "dogmatische Dunkelfeld der Strafzumessungsgründe" (Krauß 1980, S. 82), und dieses Dunkel, Reflex vieler unausgesprochener richterlicher Einstellungen und Bewertungen,[2] wird sich auch kaum bündig aufhellen lassen. So werden manche Umwegigkeiten während der Verhandlung erst bei der Urteilsverkündung verständlich. Wenn etwa ein Vorsitzender in der Verhandlung von der hochschwangeren Angeklagten erfragt, ob sie von ihrer Schwangerschaft schon zur Tatzeit gewußt habe, so bleibt der Sinn dieser Frage zunächst unerfindlich; man versteht ihn erst, wenn unter den zugunsten der Angeklagten sprechenden Strafzumessungserwägungen ihre "bewußte Schwangerschaft" aufgeführt wird (F21). Und auch dann erschließt sich der Sinn nur aus der kontextuellen Betrachtung, daß es als eine nachträgliche Liebeserklärung der Angeklagten angesehen werden mag, ein Kind von einem Mann auszutragen, den sie selbst getötet hat.

Nach dem Vorbild guter Pädagogik beginnen die Strafzumessungserwägungen in der

---

2   Vgl. etwa die Einzelfallbeispiele für negative Stereotypisierungen bei Maisch (1975).

Regel mit den Argumenten, die zugunsten von Angeklagten sprechen, und führen erst dann die strafschärfenden Gründe auf.

Als Entlastungsgründe dominieren dabei die folgenden:
- Geständnis;
- keine Vorstrafenbelastung;
- Reue, Einsicht in das begangene Unrecht, psychische Belastung von Angeklagten durch die Tat;
- Haft- und Strafempfindlichkeit;
- der Topos des 'nicht einfachen Lebens';
- der Topos des 'ordentlichen Lebens';
- langjähriges Erdulden von Verhaltensweisen des Opfers;
- situative Aspekte: Alkoholisierung; Affektaufladung der Situation; Provokation durch das Opfer; Kurzschluß- oder Spontantat.

An belastenden Gründen dominieren:
- Vorstrafen wegen Gewaltdelikten;
- eigene Anteile an der Eskalation der Situation;
- Art und Weise der Tatausführung;
- Auswirkungen der Tat, insbesondere für das Opfer;
- Tatnachverhalten.

Das sind, insgesamt gesehen, zwei klassische Listen, deren Inhalte auf die eine oder andere Weise jegliche Strafzumessung, ganz unabhängig vom bestraften Delikt, prägen. Die Struktur der Argumentation wird im folgenden in einigen Facetten beschrieben und kommentiert; angesichts der einerseits verwirrenden Vielfalt, andererseits relativen Beliebigkeit dieser Gründe läßt sich jedoch ihre Bedeutung nur im Zusammenhang eines einzelnen Falles darlegen. Das führt dann aber bereits zu der (an späterer Stelle zu behandelnden) Frage nach der tatsächlichen Strafzumessung (vgl. Kapitel 6 - 8). Erst in solchem Zusammenhang eröffnet sich als Charakteristikum von Strafzumessungsbegründungen, daß die tatsächlich verhängte Strafe im Rahmen einer Gesamtbetrachtung 'gefunden' wird und die angeführten Gründe eher eine legitimatorische Rationalisierung darstellen. Ihr jeweiliges Gewicht, wie es dann die konkrete Strafzumessung bestimmt, läßt sich bei einer isolierten Betrachtung überhaupt nicht ausmachen, und so ist im folgenden immer wieder zu sehen, daß die Nennung einzelner Strafzumessungsgründe für die tatsächlich verhängte Strafe keinerlei prognostischen Wert hat.

4.2 Einzelne Strafzumessungsgründe

a) Das Geständnis

Der wohl vornehmste Milderungsgrund ist das Geständnis, das gelegentlich auch als "unumwunden" oder als "rückhaltlos" bezeichnet wird. Vorsitzende scheuen sich nicht, mit diesem Bonus zu winken: eine Angeklagte, die (im Gegensatz zu mehreren danebenstehenden Augenzeugen) aussagt, sie habe das Messer gegen sich selbst gerichtet, keinesfalls aber gegen ihren Bekannten, diesen vielmehr deswegen verletzt, weil sie geschubst worden sei, macht der Vorsitzende darauf aufmerksam, "ein von Einsicht getragenes Geständnis" sei ein Strafmilderungsgrund. Sie hält dennoch an ihrer Version fest, und mit der Bemerkung "hab's Ihnen erklärt, wie's funktioniert" gibt der Vorsitzende sein Bemühen auf (F4). Es kommt jedoch ebenfalls (empirisch selten und in dieser Stichprobe auch nur einmal) der umgekehrte Fall vor: der Vorsitzende weist den Angeklagten eindringlich darauf hin, daß ein Geständnis zwar einen Bonus bei der Strafzumessung darstelle, das halte man immer so, aber dieses Geständnis müsse auch wahrheitsgemäß sein (M27).

In dieser Stichprobe ist ein Geständnis von Angeklagten allerdings der Regelfall und der Nachweis von Täterschaft insofern nur selten von Belang. So taucht das Geständnis, sofern es vorliegt, regelmäßig an erster Stelle der Strafzumessungserwägungen auf, und dieser prominente Platz signalisiert seine besondere forensische Bedeutung. Die Kammern zeigen dabei eine gewisse argumentative Großzügigkeit: auch Teilgeständnisse finden sich hier angeführt, und jegliches Bemühen um ein Geständnis auch bei fehlender Erinnerung wird honoriert, zumindest verbal. Die strafmindernde Verrechnung von Geständnissen beruht auf der Annahme, ein Geständnis sei Indikator für Einsicht in begangenes Unrecht und dokumentiere, daß Angeklagte zu ihrer Tat stünden. Dennoch erscheint eine solche Verwendung des Geständnisses zunächst einmal als ein systematischer Bruch rechtlicher Prinzipien. Nach den geltenden Grundsätzen des *fair trial* braucht sich niemand selbst zu belasten und zu seiner Überführung beizutragen, und dies stellt ein fundamentales Rechtsstaatsprinzip mit Verfassungsrang dar (BVerfG NJW 1981, S. 1431). Genau das tun Angeklagte mit ihrem Geständnis jedoch, und es wird ihnen somit Strafmilderung in Aussicht gestellt dafür, auf eines ihrer Rechte zu verzichten.[3]

---

3   Diese Tendenz wird noch erheblich verstärkt durch die neu aufgenommenen Bestimmungen zum Täter-Opfer-Ausgleich (§ 46a StGB). Ein solcher Ausgleich bzw. die Schadenswiedergutmachung rücken hier in den Rang vertypter Milderungsgründe und begründen somit einen verminderten Strafrahmen, was eine erhebliche Prämie auf das Geständnis setzt, denn nur als 'Täter' kann man mit dem Opfer einen Ausgleich treffen. Vgl. zur Kritik des § 46a

(Fortsetzung...)

Ein engagierter Justizkritiker wie Kurt Tucholsky hat sich mit Leidenschaft gegen eine solche Verwendung als Milderungsgrund ausgesprochen, dies allerdings vor dem Hintergrund, daß zu seiner Zeit dem auch die Umkehrung entsprach, nämlich die strafschärfende Bewertung von Leugnen oder Schweigen. Das gilt heute nur noch eingeschränkt: primär wird der Verzicht auf ein Recht honoriert, nicht aber die Inanspruchnahme eines Rechts bestraft. So ist zwar einerseits das Schweigen von Angeklagten der freien Beweiswürdigung des Gerichts entzogen (Roxin 1991, § 15), andererseits gilt jedoch hartnäckiges Leugnen als Strafschärfungsgrund (Roxin 1991, § 25; vgl. auch Theune 1985, S. 207 mit Rechtsprechungsnachweisen). Ein solches Leugnen wird wohl als fehlender Respekt vor der Justiz interpretiert und stellt dann gewissermaßen ein 'überzogenes Recht' dar.

Während das juristische Schrifttum eher auf die jeweilige Motivation beim Ablegen eines Geständnisses abstellt, das nur dann strafmildernd berücksichtigt werden solle, wenn es als Indiz von Einsicht in begangenes Unrecht gewertet werden könne (Schönke/Schröder 1991, § 46 Rn. 41), wird gleichzeitig jedoch angemerkt, daß die Gerichte die Milderung eher pauschal anwenden. Das kann nicht verwundern, nimmt man als Grund für die herrschende Praxis das an, was Tucholsky 1929 bündig benennt: "das haben die Richter erfunden, um sich Arbeit zu sparen." (Tucholsky 1970, S. 60). Die herrschende Bewertung von Geständnissen im Rahmen der Strafzumessungsgründe läßt sich aus dieser Perspektive als die Urform des *deal* im Strafprozeß ansehen, nur ist sie als solcher kaum je diskutiert worden - im Gegensatz zu allen Formen der Aushandlung zwischen den Verfahrensbeteiligten außerhalb der öffentlichen Verhandlung, wie sie in den letzten Jahren aus prozeßökonomischer Motivation, vor allem in Wirtschaftsstrafsachen, anscheinend sowohl vermehrt praktiziert wie auch vermehrt erörtert worden sind. Es herrscht dabei eine Form des *do ut des*: Angeklagte vereinfachen die Beweislage, Gerichte geben auf das Strafmaß einen vorher präzise ausgehandelten Rabatt. Es läßt sich nicht erkennen, ob das in den 'normalen' Strafverfahren dieser Stichprobe genau so funktioniert: da zwar *verhandelt*, aber nicht in diesem Sinne *ausgehandelt* wird, bleibt die Höhe des eventuellen Rabatts auf ein Geständnis völlig unklar.

Exemplarisch zeigen sich Reichweite wie Fraglichkeit des Gewichts dieser Strafzumessungserwägung dann, wenn das Geständnis die wesentliche Grundlage der Verurteilung darstellt. So sei, stellt die Kammer in einem Fall fest, dem Angeklagten "insbesondere sein umfassendes Geständnis zugute zu halten", das er "letzlich ohne Not bereits beim ersten Eintreffen der Polizei" abgelegt habe. "Er hat damit entscheidend die Aufklärung

---

(...Fortsetzung)
StGB auch unter verfassungsrechtlichen Gesichtspunkten Hamm (1995).

der Tat ermöglicht, denn ohne seine geständigen Angaben wäre diese Tat kaum nachweisbar gewesen" (M15). Wie sich solch explizit geäußerte Dankbarkeit dann aber faktisch auf die Strafe auswirkt, bleibt völlig im Dunklen.

b) Haft- und Strafempfindlichkeit

Dies ist bei Angeklagten mittleren Alters, sofern sie als "Erstverbüßer" gelten, ein routinemäßig angeführter Grund. Bei Frauen begründet sich die Strafempfindlichkeit zudem auf der Trennung von ihren Kindern, ein Grund, der Männern nur selten zugeschrieben wird. Auch bei jüngeren Angeklagten, die sich erstmals in ihrem Leben in Untersuchungshaft befunden haben, wird der dadurch hervorgerufene Eindruck als Milderungsgrund erwähnt. Die Justiz hat sozusagen ihre Werkzeue gezeigt und vermerkt mit Befriedigung das Erschrecken von Angeklagten.

Dieses Erschrecken als Folge einer pädagogischen Inszenierung hat allerdings keineswegs weitere erkennbare Auswirkungen auf die tatsächlich verhängte Strafe. Es läßt sich solchen Begründungen nicht ablauschen, ob das Argument der besonderen Strafempfindlichkeit nun einen Bonus bei der Länge der verhängten Strafe bedeutet hat oder nicht: es ist keineswegs typisch für die Begründung von Bewährungsstrafen (die sich damit stringent begründen ließen), sondern wird auch bei höheren Strafen eingesetzt und suggeriert dann, eben solcher Empfindlichkeit wegen betrage die Strafe zum Beispiel nicht neun, sondern 'nur' acht Jahre. Ob die Kammer dann eine solche Verrechnung angestellt hat, ist ihrer Begründung jedoch nicht zu entnehmen.

Wird das gleiche Argument *ex negativo* verwendet, so drängt sich eher der Eindruck auf, daß Haftempfindlichkeit gewissermaßen die forensische Operationalisierung von Respekt vor der Rechtsordnung und ihren Zwangsmitteln darstellt.[4] Es wird erwartet, daß Angeklagte strafempfindlich sind; glaubt ein Gericht, das sei nicht der Fall, ist der Ton von Vorwurf kaum zu überhören: "Hinzu kommt noch, daß die Strafempfindlichkeit des haftgewohnten Angeklagten nicht besonders hoch einzuschätzen ist" (M18). Dies dient als eine Umschreibung besonderer Hartgesottenheit, und derlei verstimmt ein Gericht noch zusätzlich. Auch bei solcher Argumentation ist aber nicht schlüssig zu erkennen, ob sie die verhängte Strafe weiter erhöht.

---

4 Daran wird ersichtlich, daß der Topos der Haft- und Strafempfindlichkeit auch ein logisches Gegenstück zum strafschärfenden Grund der Vorstrafenbelastung darstellt: Haben Angeklagte sich bisherige Verurteilungen 'nicht zur Warnung dienen lassen', wie es technisch heißt, so gelten sie gewissermaßen als schwer erziehbar und haben offensichtlich vor der Justiz keinen Respekt, und nach den Regeln der forensischen Pädagogik müssen demnach die Sanktionen verschärft werden.

c) Der Topos des 'nicht einfachen Lebens'

Das 'nicht einfache Leben' von Angeklagten als umfassender biographischer Entlastungsgrund findet sich in nahezu stereotypen Wendungen: "äußerst schwere Kindheit", "nicht einfache Jugend", "außergewöhnlich schwere Kindheit", "nicht unproblematische bisherige Lebensentwicklung", daß jemand "in schlechten Verhältnissen groß wurde", all dies sind Beispielsformulierungen dieser Erwägung. Sie findet sich im Überblick tendenziell eher bei Frauen als bei Männern, was zwar einerseits ein Artefakt der Tatsache sein mag, daß die Gerichte bei ihnen eher als bei Männern einen minder schweren Fall feststellen. Andererseits bedeutet auch diese entlastende Erwägung für das Strafmaß nicht notwendig eine gravierende Verschiebung nach unten: eine "äußerst schwere Kindheit" kann ebenso mit einer lebenslänglichen Freiheitsstrafe einhergehen wie eine "nicht unproblematische bisherige Lebensentwicklung" mit einer Bewährungsstrafe. An solchen Beispielen, die sich fortsetzen ließen, wird ersichtlich, daß die schlichte Nennung entlastender Strafzumessungserwägungen über ihre tatsächliche Relevanz überhaupt nichts aussagt.

d) Der Topos des 'ordentlichen Lebens'

Das gilt in gleicher Weise für den Topos des 'ordentlichen Lebens': ein "rechtschaffenes Leben" geführt zu haben, "arbeitsam" zu sein, bis zur Tat ein "ordentliches" oder "tadelfreies" Leben aufzuweisen, dies oder ähnliches stellen die Gerichte fest, wenn es sich feststellen läßt; ob das Folgen für die konkrete Strafzumessung hat, läßt sich kaum nachzeichnen. Jedenfalls wird es als eine Art von 'Lebensführungsbonus' genannt. Von Belang ist immerhin, daß die Umkehrung nicht vorkommt und 'Arbeitsscheu' oder vergleichbares sich nicht unter den belastenden Gründen findet. Es muß offen bleiben, ob dieser Unterschied zu den Befunden von Peters (1973) durch den Zeitablauf von zwanzig Jahren oder durch die hier im Mittelpunkt stehenden Delikte zu erklären wäre.[5]

e) Art und Weise der Tatausführung

Welche Details einer Tatausführung als strafschärfende Gründe herangezogen werden, erscheint nach Nennung und Gewichtung ebenso beliebig oder kontextuell. Das Schlüsselwort zur Beschreibung einer als gravierend empfundenen Art und Weise der

---

5   Vermutlich eher durch ersteres; auch in Diebstahls- und Betrugsverfahren scheint die Bedeutung einer "geregelten Lebensführung" gegenüber den Ergebnissen von Peters inzwischen als Reflex auf die objektiven Gegebenheiten des Arbeitsmarktes relativiert (vgl. Legnaro und Zill 1989, S. 136).

Tatausführung ist dabei die "kriminelle Energie". Die Gerichte finden sie etwa in einer Tathandlung, die sich über einen längeren Zeitraum hinzieht und bei der der Angeklagte sich von den flehentlichen Bitten des Opfers nicht beeindrucken läßt; bei der Tötung eines im Bett liegenden Opfers ohne Möglichkeit der Gegenwehr, was alles in die Nähe des Mordmerkmals der Heimtücke rücke; beim Vortäuschen eines Einbruchs, der Durchsuchung der Wohnung nach einem Schuldschein, den die Angeklagte an sich bringen möchte, und der Mitnahme der Scheckkarte und von Kleingeld des Opfers; dem Vorbereiten eines Grabes für das Opfer und einer planvollen Beseitigung von Tatspuren, oder summarisch in der "außerordentlichen Schwere der Tat" und langer Planung in allen Einzelheiten. Diese Zuschreibungen als Bewertung von Tathandlungen, die eine besondere Intensität zeigen (ob die dabei aufgewendete Energie eine kriminelle ist, sei dahingestellt) wirken in sich zwar plausibel;[6] erst im Vergleich mit anderen Fällen, bei denen solche Erwägungen nicht angestellt werden, zeigt sich aber wiederum eine gewisse Beliebigkeit. So gilt etwa: "Sein unverständliches, nicht nachvollziehbares und unmenschlich erscheinendes Verhalten nach der Tat mit der Zerstückelung des Tatopfers konnte dem Angeklagten nicht strafschärfend entgegengehalten werden" (M15). Dieses Verhalten sieht das Gericht vielmehr "als Ausdruck einer Art Hilflosigkeit, die sich aus der besonderen Persönlichkeit des Angeklagten vor dem Hintergrund, eine Entscheidung treffen zu müssen, ergeben hat." Das ist eine wohlwollende Interpretation, die anderen Angeklagten nicht zugute kommt. Ähnlich sieht eine andere Kammer auch Heimtücke als relativ an: "Das hier verwirklichte Mordmerkmal der Heimtücke erforderte keine ungewöhnliche kriminelle Energie; die gewählte Art des Vorgehens bot sich in gewisser Weise vorliegend an" (M27). Während in diesem Fall auch völlig unerwähnt bleibt, daß der Angeklagte das Opfer in dessen eigenem Hause ersticht, kann es andererseits als strafschärfend gelten, "daß die Angeklagte das Opfer in ihrer eigenen Wohnung, in einem besonders geschützten Bereich, angegangen ist und umgebracht hat" (F18).

4.3 Werden Strafzumessungsgründe geschlechtsspezifisch differentiell verwendet ?

Differentielle Verwendung von Strafzumessungsgründen kann zweierlei bedeuten: sowohl die differentielle Nennung wie die differentielle Gewichtung. Beides folgt, wie

---

6   Walter (1986, S. 510) bemerkt hierzu kritisch, es bestehe die "Gefahr, daß mit dem Begriff der kriminellen Energie praktisch aus dem Nichts heraus über eine scheinbar kriminologische Begründung eine gegenüber empirischer Kritik immunisierte Strafschärfung hergeleitet werden kann".

die obigen Beispiele schon andeuten, einer Regelhaftigkeit, die sich aus einer gestalthaften Gesamtbetrachtung herleitet und das Ergebnis dieser Betrachtung retrospektiv zu begründen sucht. Das Geschlecht von Angeklagten ist dabei nicht *per se* von Bedeutung, sondern vor allem ein kontextueller Faktor im Rahmen dieser Gesamtbetrachtung. Die folgende Übersicht führt aus der Vielfalt der Strafzumessungsgründe die prozentuale Häufigkeit der Nennung der bedeutsamsten Dimensionen jeweils nach ihrer entlastenden oder belastenden Bedeutung auf[7]:

Strafzumessungsgründe	Weibl. Angeklagte (N = 24)	Männl. Angeklagte (N = 27)
(Keine) Vorstrafenbelastung/Geständnis/Reue	(+) 83,3 % (-) 0	(+) 77,8 % (-) 25,9 %
Biographie Kindheit/Jugend	(+) 37,5 % (-) 0	(+) 25,9 % (-) 0
Biographischer Beziehungskontext mit dem Opfer	(+) 45,8 % (-) 4,2 %	(+) 48,1 % (-) 29,6 %
Engerer Tatkontext	(+) 41,6 % (-) 20,8 %	(+) 22,2 % (-) 29,6 %
Tathandlung, -ausführung	(+) 29,2 % (-) 54,2 %	(+) 18,5 % (-) 66,6 %

Betrachtet man die Entlastungen, so zeigen sich weitgehend nur geringe und vermutlich ganz zufällige Unterschiede. Bemerkenswert sind die bei Frauen weitaus öfter genutzten Entlastungen im Rahmen des engeren Tatkontextes: darin verbirgt sich primär die situative Gewalt des männlichen Opfers. Ebenfalls bemerkenswert sind zudem die Übereinstimmungen, die sich auch auf den Beziehungskontext mit dem Opfer erstrecken; diese Dimension enthält bei vielen Frauen die Essenz des ihnen zugeschriebenen 'moralischen Charakters' und damit das für die Strafzumessung ausschlaggebende Argument (vgl. ausführlich hierzu die nächsten Kapitel), bei Männern hingegen meistens eher marginal gewichtete Umstände des gemeinsamen Lebens mit dem Opfer.

Was die belastenden Gründe angeht, so dominieren Männer bei deren Nennung

---

7   Ohne Entscheidungen nach §§ 20, 63 StGB und Freispruch. Bei Entscheidungen nach § 211 StGB werden die Erwägungen zur Schwere der Schuld herangezogen.

sowohl bei (mehr oder weniger einschlägigen) Vorstrafen wie im biographischen Beziehungskontext. Gerade in der Nennung der letzteren Belastung drückt sich die Essenz der gerichtlichen Rekonstruktion aus, die ihren 'moralischen Charakter' be- und festschreibt und von daher auch den Anhaltspunkt einer Gewichtung gibt.

Die Differentialität dieser Unterschiede basiert nicht auf differentiellen Rekonstruktionen, sondern primär auf der Unterschiedlichkeit der rekonstruktiven Angebote, die Angeklagte machen. Gleiches wird dabei nicht ungleich wahrgenommen und verarbeitet, sondern Ungleiches ungleich betrachtet (vgl. auch Kapitel 10).

4.4 Im Resumée: § 46 StGB im Kontext der Frage, ob die Strafzumessungsgründe etwas mit der verhängten Strafe zu tun haben

Es ist pointiert, diese Frage dahingehend zu beantworten, daß die formulierten Gründe und die verhängte Strafe nichts miteinander zu tun haben. Beide entstammen merklich dem gleichen Wahrnehmungs- und Bewertungsuniversum und beruhen auf den Eindrücken der gesamten Hauptverhandlung; insofern haben sie natürlich etwas miteinander zu tun. Es läßt sich aber aus den im Urteil genannten Gründen die verhängte Strafe weder konkret ableiten noch prognostizieren, und unter diesem Gesichtspunkt haben sie tatsächlich nichts miteinander zu tun.

Als Ratebeispiel bietet sich die folgende Begründung einer Strafzumessung an (M27):

Für den Angeklagten sprach, daß er trotz schwieriger häuslicher Bedingungen bis zur Tatbegehung erst mit relativ harmlosen Delikten in Erscheinung getreten ist. Er zeigte sich um seine Familie besorgt, unterstützte die Mutter in der Betreuung des kleinen Bruders und schützte sie vor Gewalttätigkeiten des Vaters. Er war stets arbeitsam [...] Für ihn spricht auch, daß er die ihm anzulastende Tatbeteiligung eingeräumt hat. Soweit er sich darüberhinaus selbst bezichtigt hat, beruht dies auf der [...] engen Beziehung zu der Mitangeklagten. Diese Verstrickung mit der Angeklagten stellt auch den Hintergrund der zu beurteilenden Tat dar. [...] Die Tatausführung selbst zeichnet sich nicht durch ein über das zur Tötung erforderliche Maß hinausgehendes Quälen des Opfers aus.

Welche Strafe wird hier begründet? Belastende Gründe fehlen völlig, und an Entlastungen ist alles genannt, was für eine niedrige Strafrahmenausschöpfung spricht; zudem erscheint die Tat als ebenso verstehbar wie ihre Ausführung als geradezu schonende

Tötung charakterisiert wird. Dennoch soll dies argumentativ eine Jugendstrafe von achteinhalb Jahren tragen, und daran wird die Zusammenhanglosigkeit von Begründung und Strafe deutlich.

Aus der Art und Häufigkeit der Nennungen ist also weder bei entlastenden noch bei belastenden Gründen die Höhe der Strafe ablesbar. Zwar rangieren die Gerichte mit ihrer Hilfe gedanklich im Strafrahmen; da es jedoch weder rechtlich vorgeschrieben noch üblich ist, innerhalb des gegebenen Strafrahmens den konkreten Schuldrahmen[8] zu bestimmen, und folgerichtig das jeweilige Gewicht der genannten Gründe nicht expliziert wird, erscheinen diese Gründe nach Nennung und vor allem nach Gewichtung als beliebig. Nach unserer Erfahrung folgt keine Kammer dem Vorschlag von Pohl (1987, S. 148), den wichtigsten und somit *gewichtigsten* Grund der Strafzumessung an erster Stelle zu nennen; vielmehr bilden die Gründe, sortiert nach Minderungen und Schärfungen, meistens eine Art von bunter Reihe. Explizit vorgetragene Abwägungen beziehen sich dann lediglich auf eine Abwägung dieser beiden Blocks gegeneinander, so daß das relative Überwiegen von strafmindernden oder strafschärfenden Gründen festgestellt und etwa eine Folgerung der Art gezogen wird, die Strafe sei dem unteren, dem mittleren oder dem oberen Bereich des Strafrahmens zu entnehmen.

Die hinter dieser Gewichtung liegende Abwägung wird noch komplexer dadurch, daß straferschwerende oder strafmildernde Umstände ein relatives Gewicht haben sollen, bezogen nämlich auf den Strafrahmen, in dem man sich gerade bewegt, so daß etwa im Strafrahmen eines minder schweren Falles erschwerende Umstände schwerer zu wiegen haben als im 'normalen' Strafrahmen, während strafmildernde Umstände im 'normalen' Rahmen ein höheres Gewicht haben als bei bereits vermindertem Strafrahmen (Theune 1985, S. 168). Neben solcher Relativierung des jeweiligen Gewichts kommt hinzu, daß es wenig 'absolute' Ent- oder Belastungsgründe gibt; je nach Kontext sind die meisten dieser Gründe in der einen oder anderen Richtung verwendbar. Zwar läßt sich als Faustregel formulieren, daß viele Entlastungs- und wenige Belastungsgründe eher eine milde Strafe begründen. Das gilt jedoch nicht notwendig umgekehrt: auch eine hohe Strafrahmenausschöpfung läßt sich mit vielen Entlastungs- und wenigen für besonders schwerwiegend gehaltenen Belastungsgründen begründen. In Einzelfällen (siehe oben) läßt sie sich sogar ausschließlich mit Entlastungsgründen begründen. Wie diese Gründe jedoch ausgewählt und, vor allem, gewichtet werden, bleibt nahezu immer das Beratungsgeheimnis des Gerichts. Es ist von außerordentlicher Seltenheit, daß ein Vorsitzender in der mündlichen Begründung erklärt, nach Aktenlage habe man eine Strafe von fünf Jahren für angemessen gehalten, wolle aber davon einen Abstrich machen, da

---

8   Der Begriff entstammt der 'Spielraumtheorie', wie sie in der Rechtsprechung angewendet wird. Nähere Erläuterungen hierzu finden sich in Kapitel 5.1.

die Angeklagte für die Tat eingetreten sei und gegenüber einer Zeugin geäußert habe, sie habe Schuld auf sich geladen (F14). Diese Reue ist, sozusagen als Rabatt, sechs Monate wert.

Neben ihrer primären Funktion, das verhängte Strafmaß argumentativ zu tragen, dienen die Strafzumessungserwägungen auch als ein Hinweis an die Strafvollstreckungskammer, die einmal die Strafrestaussetzung zu prüfen haben wird. Die Kammern befleissigen sich dabei einer Art von Zeugnissprache, meistens ohne den Ausdruck "Halbstrafe" zu erwähnen (dies könnte die Strafvollstreckungskammer eventuell für einen Eingriff in ihre Entscheidungsbefugnisse halten). Eine Formulierung wie die folgende appelliert aber deutlich in diese Richtung: "Er wird angesichts seines vorgerückten Alters nach einer nur teilweisen Verbüßung der verhängten Freiheitsstrafe kaum Chancen haben, erneut in den Arbeitsprozeß eingeliedert zu werden" (M4).

Insgesamt kann man vermuten, daß die Strafzumessungsgründe nicht in dem Sinne die verhängte Strafe begründen, daß diese Strafe dann das Ergebnis dieser Gründe wäre. Vielmehr rationalisieren die Strafzumessungserwägungen im nachhinein die angestrebte Strafe, weil diese begründet werden muß. Das macht sowohl den Zusammenhang beider wie ihre Disparität aus. Die Strafzumessungserwägungen sind somit eine Zusammenstellung jener Fragmente, in die eine kontextuelle Gesamtschau, die sich im psychologischen Sinne auch als Anmutung bezeichnen ließe, rational partikularisiert wird. Und diese Fragmente sind die explizierbaren; daneben gibt es auch implizite Strafzumessungserwägungen, die in keinem Urteil formuliert werden. Der tradierte Juristenspruch, es gebe die wahren, die mündlichen und die schriftlichen Gründe, verweist genau hierauf. Ein Satz etwa der Art: 'Nach dem Eindruck der Kammer handelt es sich beim Angeklagten um eine zutiefst unsympathische Person, deren Handlungsweise von einer verabscheuungswürdigen Wesensart zeugt, so daß die Strafe im oberen Bereich anzusiedeln ist' steht selbstredend nie in einem Urteil, schon deswegen nicht, weil das in der Revision keinen Bestand hätte. In gemesseneren und umwegigeren Formulierungen steht derlei gleichwohl in manchen Urteilen, vor allem aber ungesagt hinter manchen Strafzumessungen. Die Arbeit bei der Abfassung von Urteilsbegründungen dürfte in weiten Teilen genau darin bestehen, Eindrucksbildungen, die als solche nicht benannt werden dürfen, in neutralisierte Termini und Argumentationsstrukturen zu verpacken; auch dies ein Aspekt der forensischen Ergebnisorientierung. Jegliche Präzisierung dessen, was zwingend bei einer Strafzumessung erwogen werden muß, und jegliche Offenlegung der Gewichtung der einzelnen Zumessungsfaktoren würde hingegen den gerichtlichen Spielraum einengen und der Rationalisierung von Eindrucksbildung eine andere Struktur abverlangen.

Streng (1984) hat in seiner Befragung von Richtern und Staatsanwälten auch das Vorgehen bei den Strafzumessungserwägungen zu eruieren gesucht und findet zwei unterschiedliche Arten: ein abwägendes Bewerten von Einzelfaktoren unter Berücksichtigung der Liste des § 46 StGB, und ein gefühlsmäßig-intuitives Vorgehen, bei dem Wertungen in vergleichbaren Fällen zugrundegelegt werden (S. 243 f.). Er betont, es handele sich dabei um Idealtypen, und real dürften beide gemischt vorkommen. Dieser Befund, der auf Eigenangaben beruht, fügt sich in die obige Darstellung ein: Abwägung und Intuition ergänzen sich gegenseitig, und ist für das Abwägen eine emotional-projektive Komponente des Vergleichens und Gewichtens notwendig, so für die Intuition die Rationalisierung der genannten Gründe.

5. DIE REGELN DES SCHÖPFENS :
ÜBERLEGUNGEN ZUM ZUSAMMENHANG ZWISCHEN § 261 StPO, § 46 StGB UND DEM FORENSISCHEN COMMON SENSE

5.1 Strafrechtsdogmatische Aspekte von Schuld und Strafzumessung

Die Schuld des Täters ist nach § 46 I Satz 1 StGB die Grundlage für die Strafzumessung. Dabei darf 'Schuld' im Sinne des § 46 StGB nicht als *Strafbegründungsschuld* verstanden werden, wonach die Feststellung einer schuldhaften Tat Voraussetzung für jede Strafe ist. Vielmehr bedeutet hier Schuld als sogenannte *Strafzumessungsschuld* das Maß des Vorwurfs, der dem Täter für seine Tat zu machen ist.[1]: Schuld und Strafe sollen durch die Strafzumessung in ein Gleichgewichtsverhältnis zueinander gebracht werden.[2] Wie dies aber geschehen soll und auf welche Weise dabei präventive Strafzwecke berücksichtigt werden sollen und dürfen, hat der Gesetzgeber offen gelassen.

Es stellt sich deshalb zunächst die Frage, welche Strafzwecke bei der Sanktionierung überhaupt eine Rolle spielen sollen. Dazu sind unterschiedliche Ansätze entwickelt worden, die hier nur kurz skizziert werden.[3] Grundsätzlich läßt sich zwischen general- und spezialpräventiven Strafzwecken unterscheiden, die jeweils entweder negativ oder positiv ausgestaltet sind. Ziel der *Spezialprävention* ist die Einwirkung auf den Täter, um ihn so von der Begehung weiterer Straftaten abzuhalten. Bei *negativer* Spezialprävention soll der Täter durch die Furcht vor Strafe zu normkonformem Verhalten gebracht werden. Hingegen zielt die *positive* Spezialprävention darauf ab, beim Täter durch die Strafe die Einsicht in den sozialen Wert konformen Verhaltens und die Fähigkeit, gemäß diesen Einsichten zu handeln, zu fördern.[4]

Generalprävention hat hingegen nicht den einzelnen Täter im Blick, sondern weist der Strafe eine allgemeine gesellschaftliche Funktion zu. Der Gedanke der *negativen* Generalprävention beruht auf der grundsätzlichen Abschreckungswirkung von Strafe, wohingegen nach der *positiven Generalprävention* die norm- und gesellschaftsstabili-

---

1   Dreher/Tröndle § 46 Rn. 4

2   BGHSt 20, S. 264 (266 f.); 24, S. 132 (134); Sch/Sch-Stree, Vorbem. zu §§ 38 ff. Rn. 7

3   vgl. hierzu die Überblicke bei Neumann und Schroth (1980), S. 19 ff und Jakobs, StGB AT 1/27-48

4   vgl. Neumann und Schroth (1980), S. 19

sierende Funktion der Sanktionierung im Vordergrund steht.[5]

In der Rechtsprechung vorherrschend ist die sogenannte *Vereinigungstheorie*[6], die die verschiedenen Strafzwecke - allerdings in unterschiedlicher Gewichtung - in Einklang zu bringen versucht,[7] so daß grundsätzlich sowohl general- als auch spezialpräventive Strafzwecke bei der Strafzumessung berücksichtigt werden dürfen.

a)   Das Schuldprinzip im Verhältnis zu anderen Strafzwecken

Zum Problem, wie und in welchem Umfang diese general- und spezialpräventiven Strafzwecke bei der Strafzumessung berücksichtigt werden sollen, sind unterschiedliche Konzepte entwickelt worden.

Die in ständiger Rechtsprechung angewandte und auch in der Literatur dominierende *Spielraumtheorie*[8] basiert auf dem Gedanken, daß sich aus dem gesetzlichen Strafrahmen keine feststehende schuldangemessene Strafe ableiten lasse, sondern lediglich ein *Schuldrahmen* existiere, durch den der gesetzliche Strafrahmen konkretisiert werde.[9] Innerhalb dieses Schuldrahmens könne der Richter unter Berücksichtigung der zulässigen Präventionszwecke eine für die jeweilige Tat schuldangemessene Strafe ermitteln[10]; allerdings darf ein Präventionszweck nicht zur Über- oder Unterschreitung der schuldangemessenen Strafe führen.[11] Der Schuldrahmen eröffnet dem Tatrichter somit einen Spielraum, innerhalb dessen jede Strafe als schuldangemessen anzusehen ist.[12] Dabei ist es nicht erforderlich, daß das Tatgericht den zugrunde gelegten Schuld-

---

5   vgl. Neumann und Schroth (1980), S. 33; zur soziologischen Herleitung (und den Grenzen) der positiven Generalprävention vgl. Müssig (1994), S. 140 ff., 146 f

6   BVerfG 45, S. 187 (253 ff.); BGHSt 20, S. 264 (266 f); 24, S. 40 (42)

7   BVerfG 45, S. 187 (253); Dreher/Tröndle § 46 Rn. 3. Eine umfassende Übersicht der Rechtsprechung des BGH zu den Strafzwecken findet sich bei Bruns (1985), S. 89 ff.

8   BGHSt 7, S. 28 (32); 7, S. 86 (89); 20, S. 264 (267); 29, S. 319 (320); Dreher/Tröndle § 46 Rn. 10; Mösl (1979), S. 165; Roxin (1979), S. 279 (306); Theune (1985), S. 162 (163 f.); kritisch Schünemann (1986), S. 293 (309); Hart-Hönig (1992), S. 43 f., 78

9   BGHSt 20, S. 264 (266 f.); Dreher/Tröndle § 46 Rn. 10

10   BGHSt 7, S. 28 (32); 20, S. 264 (267); Dreher/Tröndle § 46 Rn. 10; Theune (1985), S. 162 (164)

11   BGHSt 20, S. 264 (267); 32, S. 132 (134)

12   BGHSt 24, S. 132 (133)

rahmen im Urteil mitteilt,[13] und eine Aufhebung durch das Revisionsgericht ist nach dieser Ansicht nur dann möglich, wenn die Strafzumessungserwägungen in sich fehlerhaft sind oder sich die Strafe so weit nach oben oder unten von ihrer Bestimmung des gerechten Schuldausgleichs löst, daß sie nicht mehr innerhalb des dem Tatrichter eingeräumten Spielraums liegt.[14]

Hingegen kann es nach der *Theorie der Punktstrafe*[15] für die jeweilige konkrete Tat nur *eine* feststehende richtige Strafe geben. Diese Festlegung auf eine einzige richtige Strafe ist allerdings eher theoretischer Natur, denn den Vertretern dieser Ansicht ist bewußt, daß sich in der Praxis dieser jeweilige Punkt der schuldangemessenen Strafe nicht exakt bestimmen läßt.[16] Es handelt sich also eher um einen 'ideellen Punkt' innerhalb des Strafrahmens, den Urteilende nur näherungsweise treffen können.

Letztlich führen die verschiedenen theoretischen Ansätze in der Praxis nicht zu unterschiedlichen Ergebnissen. Dem entscheidenden Richter werden weder durch die Spielraumtheorie noch durch die Punktstrafentheorie konkrete Maßstäbe zur eigentlichen Strafzumessung an die Hand gegeben.[17] Allerdings zeigen sich im Hinblick auf das Revisionsrecht zwischen den Theorien Unterschiede, denn während durch die Spielraumtheorie dem Tatrichter ein revisionsrechtlich nicht überprüfbarer Ermessensspielraum eingeräumt wird, zielt die Punktstrafentheorie gerade darauf ab, eine Grundlage für die umfassende Nachprüfung der Strafzumessung in der Revision zu schaffen, um so eine größere Strafgleichheit zu erreichen.[18] Denn eine Kontrolle durch die Obergerichte, insbesondere durch den BGH, ermögliche eine gewisse Vereinheitlichung der Strafzumessungsmaßstäbe der einzelnen Untergerichte, da das Revisionsgericht die Strafzumessungspraxis zahlreicher Tatrichter sehe[19]. Andererseits - und diesem Einwand sehen sich die Anhänger der Punktstrafentheorie durchaus ausgesetzt[20] - fehlt dem Revisionsgericht, da es bloße Rechtsinstanz ist und deshalb nur auf das ange-

---

13   Mösl (1979), S. 165 (166); Schäfer (1990), Rn. 349

14   BGHSt 29, S. 319 (320); Mösl (1979), S. 165 (166 f.)

15   Bruns (1985), S. 105; ders. (1969), S. 708 (716 f.); Frisch (1971), S. 175 ff.

16   Bruns (1969), S. 708 (716 f.)

17   Streng (1984), S. 32

18   Frisch (1971), S. 84 ff.; Bruns (1985), S. 296 ff.; ders. (1969), S. 708 (716 f.)

19   Sarstedt (1962), S. 257

20   vgl. Sarstedt (1962), S. 257 f.; anders aber : Grünwald (1959), S. 808 (809)

griffene Urteil und die Verfahrensakten zurückgreifen kann, ein unmittelbarer Eindruck aus der "lebendig vor ihm abgerollten Hauptverhandlung",[21] also vor allem der persönliche Eindruck von Angeklagten. Dieser zunächst gewichtig erscheinende Einwand läßt sich jedoch durch die Bestimmung des § 267 III StPO relativieren, die den Tatrichter dazu verpflichtet, die für die Strafzumessung ausschlaggebenden Umstände in das Urteil mit aufzunehmen, so daß sie auf diese Weise auch dem Revisionsgericht bekannt seien.[22]

Trotzdem ziehen die meisten Anhänger der Punktstrafentheorie aus der Tatsache, daß das Urteil (auch) auf nicht mitteilbaren Feinheiten beruht, die Konsequenz, dem Tatrichter einen gewissen, revisionsrechtlich nicht überprüfbaren Toleranzbereich[23] als Beurteilungsspielraum[24] zuzusprechen.

Im Fazit läßt sich feststellen, daß die beiden Theorien in der Praxis zu weitaus ähnlicheren Ergebnissen kommen, als die unterschiedlichen theoretischen Ansätze auf den ersten Blick vermuten lassen. Nicht zuletzt wird diese inhaltliche Annäherung durch die Tendenz der BGH-Rechtsprechung verstärkt, den revisionsrechtlich nicht überprüfbaren Spielraum der Tatgerichte zunehmend einzuengen.[25]

Während insbesondere nach der *Spielraumtheorie* innerhalb des Schuldrahmens auch präventive Zwecke bei der Entscheidung über die Strafhöhe berücksichtigt werden dürfen,[26] soll nach der *Stellenwert- oder Stufentheorie*[27] die Strafhöhenbemessung nur anhand von Schuldgesichtspunkten erfolgen. Präventive Strafzwecke seien erst bei der im zweiten Schritt anstehenden Entscheidung über die Art und Vollziehung der zu verhängenden Strafe bedeutsam.[28] Für die Strafzumessung bei Tötungsdelikten hätte dies zur Folge, daß präventive Strafzwecke nur dann Berücksichtigung finden könnten,

---

21   Sarstedt (1962), S. 257 (258)

22   Grünwald (1959), S. 808 (809)

23   Frisch (1971), S. 285 f., 330

24   Bruns (1969), S. 708 (716 f.)

25   vgl. die Überblicke bei Bruns (1980), S. 111 (124 f.); Mösl (1982), S. 148 (148 ff.), Streng (1984), S. 34

26   BGHSt 7, S. 28 (32)

27   Henkel (1969), S. 22 f.; Schöch (1973), S. 91 ff.; SK-Horn § 46 Rn. 33

28   Schöch (1973), S. 92; SK-Horn, § 46 Rn. 33

sofern durch den Strafrahmen überhaupt eine Möglichkeit besteht, eine Geldstrafe zu verhängen bzw. die Strafe zur Bewährung auszusetzen. Die Stellenwerttheorie schafft damit zwar eine klare und eindeutige Konzeption hinsichtlich der Berücksichtigung von präventiven Zwecken; unklar bleibt aber auch nach dieser Theorie, wie der Richter das jeweilige Schuldmaß zu bestimmen und in ein entsprechendes Strafquantum umzuwandeln hat.

Die bislang dargestellten Theorien bemühen sich vor allem um eine Klärung der Frage, in welchem Verhältnis das Schuldprinzip zu anderen Strafzwecken steht. Eine tatsächliche Orientierung für die Praxis vermögen diese Strafzumessungstheorien deswegen nicht zu geben. Deshalb ist die teilweise erhobene Kritik, die Strafzumessungslehre stehe noch gar nicht auf der Entwicklungsstufe einer anwendungsbezogenen Theorie,[29] nicht von der Hand zu weisen. Selbstkritisch äußert Dreher hierzu: "All die scharfsinnigen dogmatischen Untersuchungen und Kontroversen um die gerechte Strafe, an denen ich mich lebhaft beteiligt habe, liefern dem Richter, der nach der richtigen Reaktion auf eine konkrete Tat sucht, im Grunde theoretische Steine statt praktisches Brot".[30]

Ein anderes Modell zur Strafzumessung ist das - schwedische - Modell der Tatproportionalität: hiernach darf die Strafe nur proportional zur Schwere der Tat bemessen werden, wobei präventive Strafzwecke keine Bedeutung haben. Dieser Ansatz beruht - ähnlich wie die *Stellenwerttheorie* - auf dem Gedanken, daß es nicht zu rechtfertigen sei, allein aus präventiven Überlegungen zwei Täter, deren Taten gleich verwerflich seien, unterschiedlich zu bestrafen.[31] Konsequenz dieser Theorie ist das Erfordernis der Konkretisierung von (Tat-)Schuldbewertungen, unabhängig von präventiven Zwecken. Unterschieden wird dabei zwischen abstraktem und konkretem Strafwert, wobei der abstrakte Strafwert die allgemeine Schwere des Tattyps spiegele.[32] Vor dem Hintergrund dieses abstrakten Wertes wird dann der konkrete Strafwert unter Berücksichtigung der Handlung des Täters ermittelt. Hilfestellung bei der Ermittlung dieses konkreten Strafwertes bietet das schwedische Strafgesetzbuch,

---

29   vgl. z.B. Giehring (1989), S. 77 (81)

30   Dreher (1979), S. 45 (58)

31   Hirsch und Jareborg (1991), S. 23 f.

32   Hirsch und Jareborg (1991), S. 35

indem es eine Reihe von schärfenden oder mindernden Faktoren nennt.[33] Um nun eine Strafe im konkreten Fall festzusetzen, bedarf es eines Anfangspunktes, von dem aus die schärfenden und mildernden Umstände bewertet werden. Hierbei wird auf den im gesetzlichen Strafrahmen zum Ausdruck kommenden abstrakten Strafwert zurückgegriffen; dabei hält man es für angemessen, daß die Gerichte am unteren Ende der Strafskala ansetzen. Erschwerende Umstände erhöhen dann je nach Gewichtung durch das Gericht die Strafe bis zur Obergrenze des Strafrahmens. Kraft ausdrücklicher Regelung im schwedischen StGB können Milderungsgründe - anders als im deutschen Strafrecht - auch zu einer Unterschreitung des gesetzlichen Strafrahmens führen.

b) Die Einordnung in den Strafrahmen

Einen praxisbezogenen Anhaltspunkt für die Ermittlung einer schuldangemessenen Strafe bieten die Überlegungen zur Ausschöpfung des jeweiligen gesetzlichen Strafrahmens. Allerdings lassen sich durch die Festlegung der äußeren Grenzen zunächst nur grobe Anhaltspunkte für die Bemessung der konkret zu verhängenden Strafe finden, denn durch den Strafrahmen werden sowohl die denkbar leichtesten, wie auch die denkbar schwersten Fälle berücksichtigt.[34] Das bedeutet jedoch nicht, daß die jeweilige Mindest- oder Höchststrafe nur dann verhängt werden kann, wenn sich ein leichterer oder schwerer Fall als der abzuurteilende überhaupt nicht mehr denken ließe.[35] Auf die Höchststrafe darf der Richter aber nur bei schwerster Schuld erkennen[36] und auf die Mindeststrafe nur, wenn die Schuld an der unteren Grenze der praktisch vorkommenden Fälle liegt.[37] Dies schließt nach der Rechtsprechung des BGH aber nicht aus, daß unter Umständen auch bei Vorliegen mehrerer Erschwerungsgründe auf die Mindeststrafe erkannt werden kann,[38] sofern die strafmildernden Umstände gegenüber den strafschärfenden deutlich überwiegen.[39] Ferner kann das Mindestmaß des Normalstrafrahmens gewählt werden, wenn die Tat zwar nicht als minder schwerer Fall zu werten

---

33 Hirsch und Jareborg (1991), S. 36

34 BGHSt 27, S. 2 (3); SK-Horn § 46 Rn. 86; kritisch zum Begriff des "denkbaren" Falls: Timpe (1983), S. 70 f.

35 SK-Horn § 46 Rn. 95

36 Dreher/Tröndle § 46 Rn. 8

37 Dreher/Tröndle § 46 Rn. 8

38 BGH NStZ 1984, S. 358 (358)

39 BGH NStZ 1984, S. 117 (117); NStZ 1988, S. 497 (497 f.)

ist, sie aber einem solchen nahe kommt.[40]

Einen weiteren Anhaltspunkt für die Einordnung in den Strafrahmen bietet der Begriff des *Regelfalls*, durch den die Fälle der immer wieder vorkommenden Alltagskriminalität erfaßt werden.[41] Die Mehrzahl der vorkommenden Straftaten weist einen verhältnismäßig geringen Schweregrad auf, und so wird sich das für einen solchen Regelfall zu verhängende Strafmaß im unteren Drittel des gesetzlichen Strafrahmens finden lassen.[42] Deutlich vom praktisch vorkommenden Regelfall unterschieden werden muß der theoretisch denkbare *Durchschnittsfall*, bei dem die schuldangemessene Strafe in der mathematischen Mitte des Strafrahmens liegt.[43] Gegen den Durchschnittsfall als Strafzumessungskriterium spricht allerdings, daß bei der Verhängung einer Strafe, die der mathematischen Mitte des Strafrahmens entspricht, in dieser 'Rechnung' nicht berücksichtigt wird, daß das Gewicht des Strafübels mit der Strafdauer überproportional steigt.[44] Mithilfe dieses Gesichtspunkts verliert man inmitten der kunstreichen Abstraktionen die Person von Angeklagten und das, was man ihnen durch Bestrafung antut, zumindest nicht aus dem Auge. Dennoch bietet die Annahme eines Durchschnittsfalles für die Gerichte einen imaginären Fixpunkt, anhand dessen sie die Einordnung in den Strafrahmen - untere Hälfte bzw. obere Hälfte - vornehmen.

c)   Strafrechtsdogmatik und Empirie

Es sind in diesen - hier nur in einer groben Skizze referierten - Ansätzen nur wenige Anhaltspunkte enthalten, die geeignet wären, die Frage nach der Zuschreibung von Schuld und der Umsetzung dieser Zuschreibung in eine konkrete Strafzumessung zu einer empirischen zu machen. Denn eine empirische ist sie schließlich: jedes Gericht verhängt Strafen, die es für 'tat- und schuldangemessen' hält, und das vorrangige Bemühen der Dogmatik geht dahin, logisch wie rechtsphilosophisch zu begründen, daß dies überhaupt *geschehen kann*. Anhand der oben beschriebenen Überlegungen begreift man jedoch kaum, wie dies als eine praktische Handlung *tatsächlich geschieht*. Einige Autoren erwecken allerdings den Eindruck, daß dies auch nicht das Ziel ihrer Überlegungen darstelle: wenn Dreher (1977) vom "schöpferischen Akt" der Strafzumessung spricht, so immunisiert dies bereits begrifflich gegen jede empirische Frage-

---

40   Dreher/Tröndle § 46 Rn. 8

41   BGHSt 27, S. 2 (4 f.); SK-Horn § 46 Rn. 87; Bruns (1985), S. 61

42   SK-Horn § 46 Rn. 87; Bruns (1985), S. 61

43   BGHSt 27, S. 2 (4); Bruns (1985), S. 61

44   SK-Horn § 46 Rn. 94

stellung: schöpferischen Akten und dem Ruch von Genialität, der sich damit verbindet, empirisch hinterherzufragen, muß geradezu als eine Profanierung erscheinen. Allerdings ist einzuräumen, daß die kriminologische Forschung nicht unbedingt die empirischen Befunde bereitstellt, die dabei von Belang wären, was etwa Zipf (1977, S. 59) und Müller-Dietz (1982, S. 75) lebhaft beklagen. Wenn letzterer abschließend fragt, "ob man nicht doch wie bisher auf materiellrechtliche Figuren und Konstrukte - wie etwa den Schuldbegriff - zurückgreifen muß, die nicht in den Sog erfahrungswissenschaftlicher Auseinandersetzungen gezogen werden (können)", so ist dies allerdings von einer semantischen Zweideutigkeit, die dem Autor nicht bewußt gewesen sein dürfte: dieses Sprachbild lebt sowohl von der assoziativen Suggerierung, daß dieser Begriff nicht 'in den Dreck gezogen' werden könne, wie auch davon, daß er in solchem Sog verschlungen werden könnte. Beide Assoziationen ergänzen sich zu inhaltlicher Eindeutigkeit: bei der Frage nach Schuld hat die Empirie (welcher Provenienz auch immer) nichts verloren.

Dies sind freilich besonders dezidierte Aussagen zum Problem; die Diskussion lebt mehrheitlich eher vom Aussparen der Frage nach einer empirischen Bestimmung von Schuld. Es ist auffällig, daß die Autoren an jener Stelle, an der sie in den Blick rücken müßte, unvermittelt abbrechen. So wendet Grasnick (1987) zwar lange und komplexe Erörterungen an Spielraum- und Punktstrafentheorie, verwirft beide und fordert die richterliche Abwägung der wesentlichen Schuldfaktoren anstelle ihrer bloßen Aufzählung: dies sei zu erreichen "als eine *Stufenfolge von Fallgruppen unterschiedlicher Schuldschwere*" (Grasnick 1987, S. 254; im Original kursiv). Wenn derart Feststellung von Schuld auf Bestimmung von Strafe reduziert wird (oder vielleicht besser: die eine durch die andere ersetzt wird), so ist auch dabei nicht recht zu sehen, anhand welcher Maßstäbe sich das Gericht nun in der Vielfalt der Strafrahmen orientieren soll. Nach Grasnick anhand der Geschichte, die Angeklagte in der Verhandlung erzählen: darin finde der Richter Zugang zum Angeklagten und seiner Schuld (S. 275). Das mutet zwar, vor dem Hintergrund des 'story model' in der Rechtssoziologie (Pennington und Hastie 1986; vgl. auch Kapitel 2.2) avanciert an, bleibt aber, sieht man genau hin, nicht nur vor-empirisch, sondern auch gewollt un-empirisch: wie der Richter dies nun tut, erscheint auch bei Grasnick als eine black box.

Man könnte in dieser Struktur der Diskussion insgesamt eine Immunisierungsstrategie vermuten: der zentrale Begriff des Strafrechts darf kein empirisch gegründeter sein (oder werden), da die Risiken zumindest auf den ersten Blick unabsehbar erscheinen. Das Strafrecht lebt von der Fiktion der eindeutigen Bestimmbarkeit seines zentralen Begriffs, und jede Empirisierung könnte Zerbröselung und Auflösung dieses Begriffs und der damit verbundenen Fiktion bedeuten. Daß der Rückverweis auf Intuition und Schöpfertum und die Phänomenologisierung des Begriffs in diesem

Zusammenhang Ungleichheit von Strafzumessung geradezu provozieren, wird als der Preis der Freiheit und als Chance der Innovation hingestellt. Freiheit und Innovation allerdings, die eher richterlichen Bedürfnissen Rechnung tragen als den Bedürfnissen derjenigen, die das Objekt des Verfahrens darstellen.

Erwähnenswert sind in diesem Zusammenhang die US-amerikanischen Bemühungen um 'sentencing guidelines', mit deren Hilfe gerade versucht werden soll, die richterliche Strafzumessung normierend einzugrenzen.[45] Wenn Theune (1985) einen vergleichenden Ansatz auf der Grundlage der Revisionsentscheidungen des BGH zur Strafzumessung wählt, zielt er in eine ähnliche Richtung, und auch die oben angesprochene Arbeit von Hirsch und Jareborg (1991) läßt sich hierzu zählen. Das mag die Tendenz der künftigen Diskussion abstecken, ist aber momentan für die erkennenden Gerichte noch ohne Belang: sie bewegen sich im Spielraum des jeweils gewählten Strafrahmens und schreiben Schuld nach eigenen Regeln der Ermessensausübung zu.

5.2 Freie Beweiswürdigung - rekonstruktive Biographisierung - Strafzumessung

Vergegenwärtigt man sich die oben skizzierten Beiträge der strafrechtlichen Dogmatik zur Frage, wie individuelle Schuld angemessen zu bestrafen sei, so läßt sich leicht sehen, daß sie, ungeachtet aller intellektuellen Bemühung, für das erkennende Gericht kaum konkret anwendbare Richtlinien und Begründungsfiguren hergeben. Eine gewisse abstrakte Wolkigkeit der Dogmatik operationalisiert die zugrundeliegende Entscheidungslogik nur wenig auf die Ebene der gerichtlich rekonstruierbaren Tatsachen herunter, und letztlich ist der Tatrichter darauf zurückgeworfen, die Strafzumessung aus einer "intuitiven Gestalt" heraus (Carroll 1989, S. 232) vorzunehmen.

Angesichts dieser Grundbedingung gerichtlichen Entscheidens führt dies einerseits zur Frage nach der "Psychologie der richterlichen Entscheidungsbildung" (Bohne 1948; vgl. auch Löschper 1993) und den die Entscheidung tragenden Werthaltungen und Einstellungen (Streng 1983, 1984; Oswald und Bilsky 1991) oder den kontextuellen Bedingungen richterlichen Entscheidens (Oswald und Langer 1989), andererseits zur Frage nach den allgemeinen Regelhaftigkeiten dieses Entscheidens und zur Frage nach den Plausibilitätsregeln der Nachvollziehbarkeit dessen, was die Verhandlung erbringt. Anders formuliert: aus welchen rekonstruierten Gegebenheiten bildet sich die der Strafzumessung zugrundeliegende intuitive Gestalt, welche Rekonstruktionen

---

45   Vgl. zu den Zielsetzungen und einer ersten - skeptischen - Bewertung Savelsberg (1988, 1989). Unter Aspekten der geschlechtsspezifischen Anwendung äußern sich ebenfalls kritisch Nagel und Johnson (1994).

werden als nachvollziehbar bewertet und welche nicht und führen aus diesem Grund zu 'milder' oder 'harter' Strafe, und in welche Zusammenhänge der biographisierenden Rekonstruktion ist diese Gestalt insgesamt eingebettet? Diese - hier vorab nur ganz abstrakt benannten - Fragen stehen im Mittelpunkt der folgenden Kapitel.

Gerichtliches Entscheiden und die Verhängung 'angemessener' Strafen sind formal geregelt und formal ungeregelt gleichermaßen. Unter dem Gesichtspunkt formaler Regelung ist grundlegend für Verurteilung und Strafmaß die Anschauung von Person und Tat, wie sich aus den in § 46 StGB formulierten Grundsätzen der Strafzumessung ergibt. Anschauung muß dabei, was die Person von Angeklagten angeht, durchaus wörtlich verstanden werden: der Eindruck, den ihre Selbstdarstellung hinterläßt, trägt auf schwer übermittelbare und faßbare Weise zur Urteilsfindung bei. Wenngleich uns jener Vorsitzende, der Angeklagte bei der Vernehmung zur Person aufstehen läßt, weil er sich einen Gesamteindruck von ihnen verschaffen müsse, nur vom Hörensagen begegnet ist, so gilt doch für alle Gerichte, daß sie sich einen solchen Eindruck, allerdings auf unauffälligere Weise, verschaffen. Auch dieser Eindruck von Angeklagten prägt unausgesprochen das, was man über sie beschließt. 'Sympathie', 'Attraktivität' und ähnliche Begrifflichkeiten, die hier ihre forensisch weitgehend beschwiegene Bedeutung haben (vgl. zusammenfassend Löschper 1993, S. 170 f.), lassen sich allerdings kaum schlüssig operationalisieren, und das soll hier gar nicht erst versucht werden. Einzig aufgrund der eigenen Eindrucksbildung und unserer Anschauung von den Verfahrensbeteiligten können wir gelegentlich vermutende Rückschlüsse anstellen.

Darüberhinaus - und hier gerät man in empirisch leichter faßbare Bereiche - ist Anschauung sehr umfassend zu verstehen als die Anschauung von einer Person, ihrem bisherigen Leben und ihren bisherigen biographischen Erfahrungswelten. Angeklagte sind in der Hauptverhandlung ja gezwungen - wenn sie nicht zu schweigen vorziehen -, ein Bild von sich zu entwerfen. Sie tun dies weniger als explizit ausformulierte Beschreibung ihres Selbstbildes, sondern eher als Beschreibung eigenen Verhaltens und Erlebens, mehr oder weniger narrativ, und entwickeln (oder werden dazu angehalten zu entwickeln) auf diese Weise zumindest ein biographisches Gerüst.[46] Was auch immer sie sagen (wenn sie etwas sagen), es trägt dazu bei, attributiv Schlüsse auf ihre Verantwortlichkeit (als Handelnde überhaupt und speziell im strafrechtlichen Sinne) zuzulassen und zu ermöglichen. Das gilt primär für das Leben vor der angeklagten Tat, jedoch auch für das Leben danach: vor allem für das eigentliche Tatnachverhalten, aber in begrenzter Weise auch für das Leben in der JVA oder das - selten - auf die Tat folgende Leben in Freiheit.

Am vorläufigen Schlußpunkt biographischer Entwicklung steht die Tat, und als eine

---

46   Vgl. hierzu auch Legnaro und Aengenheister (1995d).

Hervorbringung der Person weist sie ebenfalls auf diese zurück. Selbst wenn von psychiatrischen Sachverständigen (und dann auch von den Gerichten) gelegentlich zu hören ist, die Tat sei "persönlichkeitsfremd", so gibt auch dies einen Bezug zur Persönlichkeit wieder, nur eben einen nicht nachvollziehbaren und unverständlichen.[47]

Es wird also, in der Vernehmung von Angeklagten und der Beweisaufnahme, eingeschränkter oft im Plädoyer der Staatsanwaltschaft und wiederum ausführlich im Plädoyer der Verteidigung und in der Urteilsbegründung, 'biographisiert': in Selbst- oder in Fremdrekonstruktion werden biographische Daten und Ereignisse zu Linien einer Biographie verwoben, Brüche und Kontinuitäten einer Biographie 'entdeckt' und benannt, Ursprünge oder retrospektive Schatten der Tat bereits zeitlich weit vor ihr gesehen. Vor dem Hintergrund einer Tat wird der 'Sinn' einer Biographie, vor dem Hintergrund einer Biographie der 'Sinn' der Tat gesucht und erschlossen. 'Biographisierung' erscheint somit als der Schlüsselbegriff bei dem Versuch, die Struktur der informellen Regeln der Strafzumessung nachzuzeichnen. Solche Biographisierung bildet ja bereits den Ausgangspunkt des formellen Programms, ist in diesem aber nur abgesteckt, ohne daß die Konkretion und die Verwendung dieser Konkretion dadurch bestimmt wäre. Gerade in diesen Konkretionen jedoch verbirgt sich die jeweilige 'intuitive Gestalt': was Gerichte gedacht, empfunden, verstanden, nachvollzogen, abwertend oder empathisch aufgenommen haben, bringen sie in der Art ihrer Biographisierung und den Folgerungen, die sie daraus ziehen, zum Ausdruck.

Grasnick (1987) wählt in seinem Versuch, einen phänomenologischen Begriff von Schuld zu entwickeln, einen sehr ähnlichen Ansatzpunkt: "Am Ende bleibt nur sie: die *Geschichte.* Das heißt für uns: die erlebte und erzählte Geschichte des Angeklagten, *die Geschichte seiner Schuld.* Das ist zugleich die Antwort auf die Frage, wie es dennoch möglich ist, sinnvoll von Schuld zu sprechen." (S. 248). Und an anderer Stelle: "Man spricht von der Schuld des Angeklagten, indem man seine Geschichte *erzählt* und *versteht.*" (S. 249; im Original kursiv). Das ist eine plausible Abbildung dessen, was in einem Urteil geschieht; es bildet jedoch keineswegs ab, auf welche Weise da verstanden und (nach)erzählt wird: das erklärt sich im Endpunkt des ge-

---

47 Rasch hat schon 1964 (S. 57) diesen Begriff in Frage gestellt und darauf verwiesen, daß der Begriff 'Persönlichkeit' eine zu statische Betrachtungsweise konstituiere. Letztlich könne die Tat einer Persönlichkeit nicht fremd sein, sonst hätte sie sie nicht begangen. Desungeachtet benutzen manche psychiatrische Sachverständige den Terminus nach wie vor. Er stellt sozusagen das Pendant zu der Formulierung dar, eine Tat sei einem Angeklagten 'zuzutrauen' : auch dies, nach Tucholsky eines der "jämmerlichsten aller Argumente der Rechtspflege" (1931; Neudruck 1970, S. 37) läßt sich forensisch noch vernehmen, wenngleich eher bei Bagatelldelikten.

samten Vorgangs nicht von selbst, zumindest nicht aus einer sozialwissenschaftlichen Perspektive.

Person und Tat in mannigfachen Spiegelungen, Facettierungen und Brechungen durch Angeklagte selbst und Personen, die in ihrem Leben eine Rolle spielen, machen insgesamt die Einlassung zur Person und zur Sache durch die Angeklagten und die Beweisaufnahme der Hauptverhandlung aus, und aus deren Inbegriff, so schreibt § 261 StPO vor, habe das Gericht seine Überzeugung zu schöpfen. Beide -Inbegriff und Überzeugung - sind nicht nur strafprozessual, sondern auch kognitiv eng miteinander verknüpft. In seiner freien Überzeugungsbildung nimmt das Gericht eine Zusammenschau dessen vor, was geschah, und fügt aus dem Eindruck der Persönlichkeit von Angeklagten, dem Eindruck der Persönlichkeit von Opfern, der rekonstruierten dynamischen Beziehung zwischen beiden, dem rekonstruierten gesamten Tatkontext und der rekonstruierten Tathandlung ein konsistentes Bild zusammen, das zur Subsumtion genutzt wird und der Schuldzuschreibung und der auf ihr basierenden Strafzumessung unterliegt. Eine solche Zusammenschau erfordert *common sense* als alltägliche Logik des Verstehens und In-Beziehung-Setzens, dieser bildet die Brücke zwischen der aus dem Inbegriff geschöpften Überzeugung und der Schuld, die die Grundlage der Strafzumessung darstellt, und in diesem *common sense* sind implizit verborgen jene Plausibilitätsstrukturen der Nachvollziehbarkeit enthalten, die hier im Mittelpunkt stehen. Nach den 'Regeln des Schöpfens' zu fragen, hat somit nicht nur den Sinn, sich sprachlich dem Text des § 261 StPO anzunähern, sondern auch den Sinn, versuchsweise auf den Begriff zu bringen, was forensisch überhaupt geschieht: anhand welcher Anschauung, Eindrucksbildung und kontextuierenden Gesamtschau 'Schuld' gefunden und bestimmt wird.

Der durch rekonstruktive Biographisierung als freie Würdigung der Beweise gegebene Inbegriff der Verhandlung und die darauf aufbauende Strafzumessung stehen somit in einem Verhältnis gegenseitiger Bedingtheit: logisch und rechtlich komplementär rechtfertigt das eine das andere, und beide müssen operational gefaßt werden, um ihren Zusammenhang näher zu bestimmen.

Wenn man von jenen Fällen absieht, in denen die Täterschaft selbst in Zweifel steht und durch die Verhandlung erwiesen werden muß, so operationalisiert die Strafzumessung vor dem Hintergrund der Überzeugung von Täterschaft und der jeweiligen subsumtiven Verarbeitung die individuelle Schuldzuschreibung und angemessene Strafe aus gerichtlicher Sicht. Sie wird deswegen hier zu einem Ausgangspunkt gemacht. Strafzumessungen lassen sich dabei nicht völlig unabhängig sehen von der Subsumtion der Tat, aus der der gegebene Strafrahmen folgt. Um dies zu berücksichtigen, wird im folgenden vorzugsweise die jeweilige Ausschöpfung dieses Strafrahmens zugrundegelegt.[48] Kann man, etwa bei einem vollendeten Totschlag und voller Schuldfähigkeit, eine Strafe aus einem Rahmen von fünf bis fünfzehn Jahren verhängen, so schöpft eine Strafe von fünf Jahren die Quote zu 0 % aus, eine Strafe von fünfzehn Jahren zu 100 %. Die jeweilige Subsumtion geht also bereits in die Strafrahmenausschöpfung ein, und eben deswegen dient sie hier als Ausgangspunkt. Die minder schweren Fälle werden in diesem Kapitel zwar ebenfalls nach der Höhe der Strafe gegliedert, fügen sich allerdings in diese Logik nicht ganz ein; das liegt zum einen daran, daß hier die Frage der Aussetzung zur Bewährung im Vordergrund steht, zum anderen daran, daß angesichts erheblich abgesenkter und dadurch auch verengter Strafrahmen die Ausschöpfungsquoten oft relativ hoch liegen. Deswegen werden diese Fälle hier als eine Kategorie für sich behandelt.

Aufgrund welchen Inbegriffs der Verhandlung jedoch die gerichtliche Überzeugung, die zum jeweiligen Strafmaß führt, entsteht und (möglichst) revisionssicher begründet wird, das beleuchtet die Frage nach dem Zusammenhang von Inbegriff und Überzeugung lediglich von einem anderen Ende aus. Dem Inbegriff, den das Gericht seiner Überzeugungsbildung zugrundegelegt hat, läßt sich nur näherungsweise auf die Spur kommen. Wir benutzen dazu den Begriff der 'Biographisierung'. Solche Biographisierung, die sich in komplementärer Rekonstruktion einerseits auf die 'Gestalt' einer gesamten Biographie, andererseits auf die 'Gestalt' der Tat erstreckt, macht weite Passagen jeder Urteilsbegründung aus; die vorgenommenen Biographisierungen dienen dabei als eine Strategie der Verantwortlichkeitszuschreibung. Ihre typologisch aufbereitete Nachzeichnung läßt sich näherungsweise als der vom Gericht gewonnene Inbegriff der Verhandlung auffassen und bildet den anderen Ausgangspunkt. Es geht also darum, welche sich im Strafmaß ausdrückenden Überzeugungen mit welcher Art von biographisierendem Inbegriff verbunden werden. Beides verweist aufeinander und ist letztlich nur logisch zu trennen, denn sowohl wird die Strafe mit den jeweilig vollzogenen biographischen Rekonstruktionen begründet wie auch die angestrebte Strafe spezifische biographische Rekonstruktionen erfordert, um 'angemessen' sein zu können. Aus dem Zusammenhang beider, so die Annahme, lassen sich die 'Regeln des Schöpfens' explizieren. Immer steht dabei die Frage im Vordergrund, wie der Zusammenhang zwischen 'Inbegriff' und 'Überzeugung' operational bestimmt und mithilfe welcher Vorstellungen er konstituiert wird; letztlich wird also hier versucht, die zugrundeliegenden Attributionen zu entfalten, die eine konkrete Strafzumessung begründen und die Detailaspekte der 'intuitiven Gestalt' ausmachen. Nimmt man mit Hamilton (1978) an, daß Attributionen im normativen Kontext von Rollen, also auch von Geschlechtsrollen, vorgenommen werden, so müßten diese jeweiligen 'Gestalten'

---

48   Vgl. die generelle Übersicht hierzu in Kapitel 3.3.

auch den Rahmen von geschlechtsspezifischen Normalitätserwartungen widerspiegeln bzw. innerhalb dieses Rahmens begründungslogisch konstruiert werden.

Wenn 'Biographisierung' den Schlüsselbegriff forensischen Verhandelns und Entscheidens darstellt, so hat sie vielerlei Aspekte. Unter attributionstheoretischen Gesichtspunkten sind hier vor allem zu nennen Zuschreibungen einer internalen oder externalen Verursachung sowohl der Tat wie auch der gesamten dynamischen Entwicklung vor der Tat. Oswald und Bilsky (1991) nehmen an, daß vor allem diese Dimension, zumindest als "grundsätzliche Denkrichtung", bereits die Zuschreibung von Schuld erkläre: "Je mehr man die Ursachen einer Handlung in der Umwelt und nicht in der Person lokalisiert, um so weniger schreibt man der Person Schuld für eine strafrechtswidrige Handlung zu." (S. 131). Dieser Zuschreibungsmechanismus stellt ein mehr oder weniger implizit bleibendes Element von Biographisierung dar. Ähnlich bedeutsam ist die Dimension der Intentionalität von Handlungen, sowohl der Tat selbst wie auch von Handlungen, die ihr vorangehen. Die Bedeutung beider Dimensionen für die Zuschreibung von Verantwortlichkeit ist hoch (wie Oswald und Bilsky aufzeigen), und ihre Bedeutung für die konkrete Strafzumessung dürfte es ebenfalls sein. Dennoch scheint uns fraglich, ob sich, zumindest bei den hier beobachteten Kapitaldelikten, die Varianz der Strafzumessungsentscheidungen ausschließlich hierdurch erklären läßt. Biographisierung als Begriff ist wesentlich weiter angelegt und soll es auch sein, um die qualitativen Daten nicht voreilig auf wenige analytische Dimensionen zu reduzieren.

Im Rahmen der Nachzeichnung gerichtlicher Biographisierungen benutzen wir als einen zentralen Begriff den des 'moralischen Charakters' von Angeklagten. Damit ist die Gesamtheit dessen gemeint, was Angeklagten an Persönlichkeitsmerkmalen, Handlungsorientierungen und Situationsdefinitionen zugeschrieben wird. Wenn 'Charakter' terminologisch eine gewisse personale überdauernde Stabilität suggeriert - meint der Begriff ja jene Persönlichkeitszüge, die nur mühsam zu ändern sind -, so entspricht das im großen und ganzen dem forensisch regierenden *common sense*: wie ein Tatablauf festgestellt wird, so werden Angeklagte auch in ihrem moralischen Charakter 'festgestellt'. Sie müssen sich "festhalten lassen" (ein gelegentlich zu hörender forensischer Ausdruck) an dem, was sie (mit der Tat und in ihrem vorhergehenden Leben) getan haben, und an dem, was sie demzufolge 'sind'. Eine gewisse Statik dieser Rekonstruktionen ist unübersehbar (und wohl auch unvermeidbar), und wenngleich 'moralischer Charakter' überhaupt keinen forensisch verwendeten Begriff darstellt, so beschreibt er doch näherungsweise die Struktur dieser forensischen Rekonstruktion. Angeklagte stellen sich in ihren biographischen Erzählungen in der Hauptverhandlung notgedrungen als 'moralischer Charakter' vor, denn buchstäblich alles, was sie sagen, kann in diesem Sinne interpretativ von den anderen Verfahrensbeteiligten genutzt werden (und u.U. auch das, was sie nicht sagen, aber nach Ansicht von Verfahrensbeteiligten hätten sagen sollen). Sie brauchen sich nichts selbst zuzuschreiben an Eigenschaften, Charakterzügen, Stärken oder Schwächen (und tun es auch nur selten - die Hauptverhandlung bietet aus vielen Gründen wenig sozialen Raum für therapeutisierte Selbstvergewisserung oder Selbstbezweiflung); solche Zuschreibungen besorgen die anderen für sie. So wird ein 'moralischer Charakter' interpretativ und attributiv hergestellt: er besteht aus zuschreibenden Bewertungen über das bisherige Leben, den darin zu erkennenden Grad an Verantwortlichkeit und 'Erwachsenheit', einer allgemeinen Charakterisierung der Person und dem Bezug zwischen gerade dieser Person und gerade dieser Tat.

Der Tatkontext (also die Geschehnisse, die der Tat vorausgehen und nachfolgen), die motivischen Rekonstruktionen der Tat und die Tatausführung selbst lassen sich von diesem moralischen Charakter in der gerichtlichen Würdigung kaum abtrennen. Tatsächlich bedingen sich moralischer Charakter und die Spezifika der Tat argumentativ und in ihren Begründungszusammenhängen gegenseitig: so wie die Tat vermittelt über biographische Rekonstruktionen betrachtet und bewertet wird, so filtern sich die biographischen Rekonstruktionen über die Betrachtung der Tat. Beide stehen in einem Verhältnis konsistenter Ergänzung: 'abscheuliche' Taten sind in aller Regel von einem moralischen Charakter hervorgebracht, der dazu passt, oder, umgekehrt, die Tat wird nicht als abscheulich betrachtet. Die Hervorbringung solcher konsistenten Gefüge aus einem moralischen Charakter einerseits und einer Betrachtung des Tatkontextes und seiner motivischen Rekonstruktion andererseits läßt sich als die wesentlichste Verhandlungsleistung betrachten, die der endgültigen rechtlichen Verarbeitung vorausgeht.

Für die konkrete Strafzumessung läßt sich allerdings weitaus weniger Gleichförmigkeit erwarten als bei subsumtiven Entscheidungen. Die bisherige Empirie hat deutlich belegt, daß sich gerade bei der Strafzumessung schwer erklärbare und gerichtsspezifische Unterschiede finden. Es wird sich also nicht erwarten lassen, daß die Beschreibungen der nachfolgenden Kapitel im engeren Sinne von prognostischer Validität sein können. Daneben steht jedoch auch zu vermuten, daß die jeweiligen Strafzumessungen innerhalb der gegebenen Strafrahmen nicht nur mit beliebig begründbarer Willkürlichkeit erfolgen. In einem übertragenen Sinne ließe sich das erwarten, was die heutige Physik mit dem Begriff 'deterministisches Chaos' belegt: nicht vorhersagbar, da jede minimale Änderung der Eingangsbedingungen weitreichende Änderungen des Ergebnisses zur Folge haben kann, aber auch nicht ungeregelt. Zu berücksichtigen ist dabei, daß die Eingangsbedingungen hier gar nicht alle bekannt sind: Vorstellungen, Erwartungen und Blickwinkel des Gerichts kennen wir nicht und können lediglich aus dem Ergebnis auf diese rückschließen. Dennoch dürfte auch der Strafzumessung eine gegenüber subsumtiven Entscheidungen wahrscheinlich weniger stringente, gleichwohl aber rekonstruierbare Regelhaftigkeit zugrundeliegen, und um diese geht es.

Im Rahmen dieser Regelhaftigkeit stehen der 'moralische Charakter' von Angeklagten und die motivischen Rekonstruktionen des Tatkontexts auf der einen Seite, die konkrete Strafzumessung auf der anderen. Um die Bezüge zwischen beiden darstellen zu können, werden diese Aspekte jeweils unter konstant gehaltener Ausschöpfungsquote geschildert. Wir verwenden dabei zur Illustration und Analyse vorzugsweise die schriftlichen Urteilsbegründungen, diese allerdings immer vor dem Hintergrund der eigenen Verhandlungsbeobachtung.

Es ließe sich einwenden, daß jeder Versuch, die (schriftliche) Begründung einer konkreten Strafzumessung zu analysieren, lediglich die Rationalisierungen derselben, aber nicht die 'wahren' Gründe erfassen kann. Das ist zum Teil auch richtig: ein Urteil kann nicht von 'Gestalt' im Sinne einer rekonstruierten Ganzheit sprechen, es bezieht sich nur selten auf den 'Eindruck', den man von Angeklagten gewonnen habe[49], und objektiviert alle Subjektivität vollständig. Auch wenn diese Subjektivität also nicht zur Sprache kommt (und rechtlich kommen darf), so unterliegt sie dennoch den Darstellungs- und Begründungslinien und läßt sich oft als solche durchaus wiederfinden, gerade dann, wenn man selbst durch die Beobachtung der Verhandlung einen Eindruck von Angeklagten, einen Eindruck vom Gericht und einen Eindruck vom Eindruck des Gerichts gewonnen hat.

Dabei ist vorab anzumerken, daß die schriftlichen Urteilsbegründungen in sehr unterschiedlichem Ausmaß interpretatives Material zu dieser Frage hergeben. Wenn Naucke (1991, S. 70) bemerkt, die Darstellung des Sachverhalts finde eher lapidar statt, und es handele sich um "distanzierte, unplastische, gefühlsgereinigte, gelehrt-gründliche Sachverhaltsfeststellungen" (S. 63), so sind seine (aus dem 19. Jahrhundert stammenden) Beispiele daran tatsächlich nicht zu übertreffen; heutige Urteilsbegründungen (jedenfalls diejenigen, die wir gelesen haben) hingegen scheinen oft nicht ganz so lapidar, sondern tragen durchaus das Zeichen der Anstrengung, nicht nur in einem Satz einen Sachverhalt zu übermitteln. Sie ergehen sich stattdessen manchmal in weitläufigen Passagen und gelegentlich geradezu poetisch anmutenden Anflügen, letzteres vor allem an jenen Stellen, an denen das Innenleben von Angeklagten zum Gegenstand der Feststellungen gemacht wird. Stellen manche somit einen narrativen Fluß her und scheuen Charakterisierungen auch innerhalb der Sachverhaltsschilderung nicht, so

---

49 Typischerweise nur im Zusammenhang mit der Reue, die das Gericht glaubt, in der Verhandlung zu sehen oder nicht zu sehen. Hierfür sind Angeklagte tatsächlich das einzige Beweismittel, und dem tragen die Gerichte insoweit Rechnung, als sie an dieser Stelle ihren 'Eindruck' an die Stelle von 'Feststellungen' setzen.

konzentrieren sich andere streng neutralisiert auf den Sachverhalt und sprechen etwa von einem moralischen Charakter eher zwischen den Zeilen. Wir vermeiden es, allzu sehr zwischen diesen Zeilen zu lesen, um nicht in bloße Spekulationen zu geraten; die nachfolgenden Beschreibungen behandeln deswegen auch nicht alle beobachteten Fälle, sondern suchen die Grundzüge herauszuarbeiten und stellen einzelne Fälle als verschiedene 'Muster' dar. In diesen Mustern scheint auf jeweils einzelfallspezifische Weise jener *common sense* auf, der die freie Würdigung der Beweise zu einer gerichtlichen Überzeugung zusammenbindet, die Plausibilität von Nachvollziehbarkeit herstellt und auf dieser Grundlage die Schuldzuschreibung ermöglicht. Diese Muster dürfen dabei nicht als erschöpfende Aufzählung aller potentiell vorfindbaren Konstellationen verstanden werden, wenngleich sie, soweit möglich, schon verschiedene Fälle unter einem Gesichtspunkt vereinen. Erst zusammengefasst lassen sich die einzelnen Muster zu Rekonstruktionslogiken integrieren, von denen dann angenommen werden kann, daß sie die wesentlichen der Strafzumessung zugrundeliegenden Strukturen abbilden. Einen abschließenden Überblick all dieser Rekonstruktionslogiken bietet Kapitel 9, das insoweit auch als Kurzfassung gelesen werden kann.

Diese Darstellung von Mustern, die die folgenden Kapitel organisiert, kommt nicht aus ohne relativ ausführliche (und hoffentlich nicht ermüdende) Beschreibungen von Geschehnissen und Zitatpassagen aus den Urteilen. Dabei wird - und das ist durchaus Absicht - ein Panorama entworfen, dies aus mehreren Gründen: nur aus den Details läßt sich das Muster explizieren, und Kenntnis dieser Details ist demnach zum logischen Nachvollzug der Interpretation notwendig. Wir versuchen mithilfe der gegebenen Ausführlichkeit also, unsere Interpretationen möglichst durchsichtig zu machen. Daneben jedoch haben viele dieser Zitatpassagen auch einen analytischen Sinn in sich selbst: sie bilden den narrativen Gestus von Urteilsbegründungen als Stilform ab. In diesem narrativen Gestus enthüllt sich oft eindringlicher, als jede Interpretation das könnte, aus welcher Einstellung heraus das Gericht die Biographisierung rekonstruiert und seine rechtlichen Folgerungen zieht. In manchen Wendungen deuten sich solche Zitate durch ihr selbstreferentielles Hindeuten aus sich selbst, und das Gericht aus seiner Begründung sprechen zu lassen, muß verstanden werden als das Zeigen von Bedeutung.

6. BIOGRAPHISCHE REKONSTRUKTIONEN UND DIE STRAFZUMESSUNG I

Der 'moralische Charakter' von Angeklagten, aber auch von Opfern, ist zunächst einmal lediglich ein begriffliches Konstrukt ohne eindeutige definitorische Eingrenzung, aber in den folgenden Nach-Beschreibungen gerichtlichen Beschreibens werden die Konturen des Begriffs sich entfalten. Dieses Konstrukt wird hier genutzt als ein Hilfsbegriff zur Beschreibung dessen, was Gerichte als gestalthaftes Ganzes der Persönlichkeit und des Tatverhaltens von Angeklagten rekonstruieren.[1] Hypothetisch lassen sich dabei mit steigender Ausschöpfungsquote der Strafzumessung graduelle Veränderungen dieses moralischen Charakters erwarten: anzunehmen ist eine zunehmende Verantwortlichkeit von Angeklagten für Leben und Tat und eine Steigerung der 'Bösartigkeit' ihrer strafrechtlich relevanten Hervorbringung, der Tat, insgesamt also eine Verschiebung der Bewertung, bei der externe Verursachungen zurücktreten, der Grad an Intentionalität steigt und Angeklagte an moralischer Verantwortung gewinnen. Hypothetisch läßt sich in diesem Zusammenhang auch annehmen, daß die Bedeutung der angeklagten Tat für die Beurteilung und Strafzumessung bei höheren Ausschöpfungsquoten des Strafrahmens an Gewicht zunimmt.

6.1 Zur Bewährung ausgesetzte Strafen

Rechtlich sind Bewährungsstrafen vor allem bei Subsumtionen unter die §§ 213, 223a oder 226 II StGB möglich.[2] Diese Vorschriften eröffnen bei den hier behandelten Delikten Strafrahmen, die Bewährungsstrafen zulassen.[3] Angesichts der an

---

1   Der besseren Übersicht wegen finden sich im Anhang Fall-Abstracts, die die einzelnen Fälle nach ihren wesentlichen Zügen und der rechtlichen Entscheidung beschreiben.

2   Eine Entscheidung nach § 213 StGB erkennt auf einen Totschlag im minder schweren Fall, eine solche nach § 226 II auf Körperverletzung mit Todesfolge im minder schweren Fall, also ein nicht vorsätzliches Tötungsdelikt. Entscheidungen nach § 223a StGB kommen bei versuchten Tötungsdelikten dann zustande, wenn das Gericht einen Rücktritt vom Versuch erkennt, so daß nur das verwirklichte Delikt - die Körperverletzung - bestraft wird.

3   Eine (aussetzungsfähige) Strafe von maximal zwei Jahren liegt bei diesen Vorschriften in der Mitte des Strafrahmens, was die Chance erhöht, Bewährungsstrafen überhaupt zu verhängen. Bei der Konstellation der §§ 212, 21, 49 StGB stellt eine Strafe von zwei Jahren
(Fortsetzung...)

81

schließend beschriebenen Besonderheiten einer Bewährungsaussetzung sollen diese Strafaussprüche jedoch nicht anhand der oben skizzierten Logik einer Ausschöpfung von Strafrahmen erörtert werden: wegen der momentanen Folgenlosigkeit einer Bewährungsstrafe steht nicht diese Ausschöpfungsquote im Mittelpunkt der gerichtlichen Überlegungen. Tatsächlich schöpft eine Strafe von zwei Jahren, die zur Bewährung ausgesetzt wird, den Rahmen etwa des § 213 StGB bei oft zusätzlich noch verminderter Schuldfähigkeit (§§ 213, 21, 49 StGB), so daß der Rahmen dann von einem Monat bis zu drei Jahren neun Monaten reicht, sogar zu 52,3 % aus. Aber nicht diese Quote ist zentral, sondern die Möglichkeit der Bewährungsaussetzung und deren Begründung.

Bewährungsstrafen haben ihre rechtlichen Vorbedingungen. Gemäß § 56 I StGB können Strafen bis zu einem Jahr zur Bewährung ausgesetzt werden,

wenn zu erwarten ist, daß der Verurteilte sich schon die Verurteilung zur Warnung dienen lassen und künftig auch ohne die Einwirkung des Strafvollzugs keine Straftaten mehr begehen wird. Dabei sind namentlich die Persönlichkeit des Verurteilten, sein Vorleben, die Umstände seiner Tat, sein Verhalten nach der Tat, seine Lebensverhältnisse und die Wirkungen zu berücksichtigen, die von der Aussetzung für ihn zu erwarten sind.

Eine Aussetzung zur Bewährung ist darüber hinaus auch bei Strafen bis zu zwei Jahren möglich, wenn zusätzlich zu den oben genannten Voraussetzungen

nach der Gesamtwürdigung von Tat und Persönlichkeit des Verurteilten besondere Umstände vorliegen (§ 56 II StGB).

Die Entscheidung zur Bewährungsaussetzung verlangt also bereits nach dem Gesetzestext eine umfassende Biographisierung und die daraus folgende Zuschreibung eines moralischen Charakters, der als beeindruckbar und leicht erziehbar gilt, so daß bereits durch das Erlebnis von Hauptverhandlung und Verurteilung weitere Straftaten verhindert werden können. Die Zuschreibung eines solchen Charakters wiederum dürfte ihre

---

(...Fortsetzung)

die Untergrenze des Rahmens dar, und bei der Konstellation §§ 211, 21, 23, 49 StGB sind es sogar nur sechs Monate, so daß es auch hier theoretisch möglich wäre, eine Bewährungsstrafe auszusprechen. Da Gerichte jedoch höchst selten (und in dieser Stichprobe nie) die absolute Untergrenze wählen, kann dies hier außer Betracht bleiben.

Voraussetzungen haben, die in den in § 56 StGB angeführten Umständen zu finden sind. Da Bewährungsstrafen bei Tötungsdelikten nur in Ausnahmefällen vorgesehen sind, muß man hierzu die Charakteristika minderer Schwere herausarbeiten: diese lassen sich aber nur dann rekonstruktiv begründen, wenn Angeklagte zwar als Täter, letztlich jedoch als weitgehend schuldlos erscheinen. Der damit gegebene hohe Begründungsaufwand dürfte auch erklären, warum die Urteile zur Begründung der Strafaussetzung selbst nicht mehr inhaltlich argumentieren, sondern nur noch den Gesetzestext paraphrasieren: bis zu dieser Stelle muß bereits ein moralischer Charakter skizziert worden sein, der eine solche Aussetzung nahelegt.

Im folgenden sei an einigen Fallbeispielen gezeigt, welcher moralische Charakter Bewährungsstrafen nicht nur möglich macht, sondern auch das Bild davon bestimmt, was bei einer "Gesamtwürdigung von Tat und Persönlichkeit" als "besondere Umstände" gelten kann. Die unter a) und b) beschriebenen Muster beziehen sich ausschließlich auf Frauen, das unter c) beschriebene Muster auf Männer.

a)   Muster 1 : Die Übermacht der Umstände

'Umstände' steht hier als ein absichtlich weitgefaßter Begriff, unter dem sich sowohl zeitlich längere, der Tat vorangehende Entwicklungen wie auch einmalige Situationen verstehen lassen. Ob diese Umstände eine gewisse Permanenz oder situative Einmaligkeit aufweisen, bleibt für die biographisierende Rekonstruktion ohne Belang: zentral ist hier die schicksalhaft unabänderliche Übermacht dieser Umstände, in denen Angeklagte sich finden. Es ist die damit verbundene Ausgeliefertheit, die dieses Muster prägt.

Im ersten Fall (F4) entwickelt sich diese Ausgeliefertheit in einem Prozeß längerer emotionaler Verstrickung:

> *Während dieses Urlaubs lernte die Angeklagte den Zeugen [...], einen verwitweten Getränkehändler, kennen. [...] Der Zeuge, ein Alkoholiker, bot der Angeklagten an, sein Haus in [...] gegen eine tägliche Zahlung von 100,– DM wieder "auf Vordermann" zu bringen, da die Räumlichkeiten verwahrlost waren.*
>
> *Während dieser drei Tage, in denen die Angeklagte das Haus des Zeugen putzte und für ihn kochte, fanden beide Gefallen aneinander und sie verkehrten auch geschlechtlich miteinander.*
>
> *Wegen ihres Urlaubsendes reiste die Angeklagte wieder zurück nach Kroatien.*

So beginnt die vom Gericht erzählte Geschichte einer Beziehung. Sie scheint an diesem

Anfang harmlos und unauffällig: es lernen sich zwei Leute kennen und finden "Gefallen aneinander". Und dann trennen sie sich auch schon wieder. An diesem Beginn erfährt die Angeklagte wenig direkte Charakterisierung: man lernt sie kennen als jemanden, der putzt und kocht und das offensichtlich auch kann, aus Kroatien stammt und so arbeitsam ist, noch im Urlaub einen Job anzunehmen. Aus dem hier nicht zitierten Vorlauf weiß man unter anderem auch, daß sie geschieden ist, eine Tochter hat, einmal an der Galle operiert wurde, nur selten Alkohol trinkt, ein Kilo Gold und auf einem Sparbuch 15.000 DM besitzt: welche Bedeutung diese kursorisch mitgeteilten biographischen Bruchstücke haben, ob sie überhaupt eine Bedeutung haben, läßt das Urteil an dieser Stelle noch ganz offen. Es legt sich gewissermaßen zur späteren Verwendung die Fakten bereit, auf die bedarfsweise zurückgegriffen werden kann.

Von ihm erfährt man auch nicht viel, dies jedoch in einer diagnostischen Knappheit, die Kennzeichnung und soziale Etikettierung gleichermaßen ausdrückt: ein verwitweter Getränkehändler und ein Alkoholiker sei er, wird uns mitgeteilt. Zudem lernen wir, daß er offensichtlich entweder nicht imstande oder nicht willens ist, sein Haus "auf Vordermann" zu halten, und bereit, dafür zu zahlen.

In der Folgezeit bemüht er sich um sie: er ruft sie in Kroatien an und lädt sie zu seinem Geburtstag ein.

Sie nahm erneut Urlaub und fuhr für vier Tage nach [...], wo sie bei dem Zeugen [...] wohnte. Die Angeklagte besorgte dem Zeugen den Haushalt und half ihm in seiner Getränkehandlung, die er eigentlich gar nicht betreiben durfte, da er wegen Herzbeschwerden krank geschrieben war und Krankengeld erhielt.

Dieses zweite Treffen der beiden scheint das erste zu wiederholen und ist doch nicht identisch. Weder von Gefallen noch von Geld ist mehr die Rede, nur von Arbeit ihrerseits und seiner Angewiesenheit auf sie andererseits. Dies charakterisiert das Urteil auch weitgehend als sein Motiv, sie nach ihrer erneuten Abreise mehrfach anzurufen:

[...] und bat sie unter Heiratsversprechungen, zu ihm zu ziehen. Er machte sich Hoffnungen auf eine "gute Partie", da eine Zuneigung bestand, die Angeklagte ihm den Haushalt führen konnte, ihm im Getränkehandel helfen konnte und nicht unvermögend erschien. Auch die Angeklagte, die sich zum Zeugen hingezogen fühlte, erhoffte sich eine sorgenfreie Zukunft unter dem Dach einer Ehe, da ihre Tochter zu heiraten beabsichtigte.

Zuneigung, Arbeit und Geld sind die skizzierten Ingredienzien seiner Wünsche bzw. Vorstellungen, wobei die genannte Reihenfolge wohl keine Gewichtung wiedergeben soll: da alles unter der Überschrift "gute Partie" steht, scheint Zuneigung lediglich die emotionale Zugabe zu erwartbaren Arbeitsleistungen und erheiratbaren Finanzen. Ihre Motivation wird weitaus weniger deutlich bzw. scheint sich als weibliches Grundbedürfnis weitgehend von selbst zu verstehen: die "sorgenfreie Zukunft", von der hier gesprochen ist, kann nicht materiell verstanden werden, hat die Angeklagte doch eigenes Vermögen. Vielmehr ist es das "Dach einer Ehe" als Form emotionaler Behütung, die im Vordergrund steht: wenn die Tochter heiratet, scheint der Text nahezulegen, kann die Mutter nicht nachstehen und ist zudem als Mutter dann auch nicht mehr vonnöten.

Unter der Perspektive dieser Hoffnungen kommt sie also zum drittenmal. Es besteht zwischen beiden "eine ernsthafte Zuneigung", jedoch beginnt er sich nach drei Wochen

von dem ursprünglich geäußerten Heiratsversprechen zu distanzieren. Die Angeklagte war öfters krank. Da sie in den Wechseljahren ist, bekam sie oft wochenlang Blutungen, die von Schmerzen begleitet waren. Eine solche Frau entsprach nicht ganz den Vorstellungen des Zeugen [...]

Mit vornehmer Zurückhaltung eröffnet das Urteil ein projektives Feld, das Gelegenheit zu Spekulationen darüber bietet, welche Vorstellungen hier enttäuscht worden sind: sexuelle Erwartungen, Erwartungen an Arbeitsleistungen, Erwartungen an klaglose Lebenslust. Jedenfalls reist sie "enttäuscht" wieder ab. Er bereut aber schnell, daß er sie hat abreisen lassen, telefoniert wieder und lädt sie zu Weihnachten ein. Und wieder kommt sie, richtet im Haus eine gemeinsame Wohnung ein, findet eine Arbeitsstelle. Sie möchte ihn gerne ihrer in Ungarn lebenden Mutter vorstellen, und beide planen diese Reise, die er jedoch wegen Herzbeschwerden absagt, was sie ihm "leichtgläubig" abnimmt. Darauf fährt sie alleine und holt "ihre gesamte Kleidung und sonstige Habe", jedoch nicht ihr Gold, worüber er "erbost" ist, weil er sich davon einen Mercedes kaufen möchte.

Die Kennzeichnung als "leichtgläubig" ist die bündigste Charakterisierung ihrer Persönlichkeit, die das Urteil enthält, und sie unterliegt der Schilderung aller ihrer Verhaltensweisen:

Beim Zeugen [...] wechselten sich - je nach Laune und Alkoholisierung - Heiratsversprechen mit der Forderung ab, sie möge ausziehen. Die Angeklagte hoffte nach wie vor auf eine Heirat. [...] Mittlerweile hatte der Zeuge [...] jedoch von einer Witwe erfahren, die viel Geld geerbt hatte. Für die interessierte er sich. Wenn er alkoholisiert war und den Auszug der Angeklagten forderte, unterließ er nicht, auf diese Witwe hinzuweisen.

Von Zuneigung seinerseits ist inzwischen nicht mehr die Rede, sondern nur noch von handfesten materiellen Interessen. Sie dagegen "hoffte".
Vergeblich, wie der gesamte Erzählduktus dieser Geschichte nahelegt. Schließlich fordert er sie "ultimativ" auf, sein Haus sofort zu verlassen, worauf sie "völlig aufgelöst" ist. In diesem Zusammenhang kommt es dann zu ihrem Versuch, ihn mit einem Messer zu erstechen. Dabei handelt es sich, nach den gerichtlichen Feststellungen,

> *um eine persönlichkeitsfremde Tat der nicht vorbestraften Angeklagten. Die Tat hatte ihren Ausgang in der unglücklichen Beziehung zum Geschädigten* [...]

Leichtgläubigkeit, berechtigt enttäuschte Erwartungen und ein unglücklicher Verlauf sind rechtlich nicht vorwerfbar, und so bilden sie ein Syndrom weitgehender persönlicher Schuldlosigkeit. Auf welcher Seite die Sympathien der Kammer liegen, läßt sich aus ihren Charakterisierungen deutlich entnehmen: skizziert wird eine Frauengestalt, die sich legitimerweise das "Dach einer Ehe" wünscht, skizziert wird im Kontrast eine Männergestalt, die sich eine "gute Partie" wünscht. Emotionale und materielle Bedürfnisse stehen letztlich unvereinbar gegeneinander. Nur rein die ersteren zu haben, macht ihren moralischen Charakter aus, mit ihren Bedürfnissen gespielt zu haben, den seinen. Die Kammer[4] skizziert dabei, offenbar ohne es recht zu wissen und zu wollen, die Grundzüge geschlechtsspezifisch geprägter Ausnutzungsverhältnisse, eine Struktur, die diese Biographisierung prägt, vom Gericht durch den Terminus "unglückliche Beziehung" jedoch ins Schicksalhafte versetzt wird.

Ohne eigenes Zutun in Umstände gestellt zu sein, die sich als eine unerträgliche Konfliktsituation nicht mehr konform bewältigen lassen, gilt auch für einen anderen Fall (F11/M14):

> *Am [...] lernten sich der Angeklagte [...] und die Angeklagte [...] kennen. Das Verhältnis der beiden - in dem es schon bald zu intimen Beziehungen kam - wurde im Laufe der Zeit immer enger. Die Zeugin [...] - die Mutter der Angeklagten [...] - beobachtete zuletzt eine immer stärkere Fixierung ihrer Tochter auf den Angeklagten [...] Die Angeklagte [...] vernachlässigte in der letzten Zeit vor der Tat ihren alten Freundeskreis. Sie blieb selbst dann alleine zu Hause, ohne etwas mit ihrer alten Clique zu unternehmen, wenn der Angeklagte [...] sie nicht*

---

4   Anzumerken ist, daß dieses Gericht aus fünf Männern besteht, die nach unserem Eindruck durchaus ein Distanzierungsbedürfnis gegenüber dem Opfer und seinen Verhaltensweisen haben.

besuchte, was in der Woche häufiger vorkam, wenn der Angeklagte Schule hatte. Die Angeklagten [...] hatten beabsichtigt, sich im Juni 1992 zu verloben.

So wird der Beginn einer Liebe zwischen zwei jungen Leuten geschildert, und diese Schilderung konzentriert sich auf ihr Verhalten und ihre "Fixierung". Die Enge dieser Beziehung erscheint dabei, nach ihrem Verhalten zu schließen, als ein Verlust an Selbständigkeit und Autonomie. Dieses Psychogramm bereitet schon die Skizze eines moralischen Charakters vor, der plötzlich und ohne eigene Anteile in eine Situation gerät, die zu bewältigen er nicht imstande ist: Zeugin zu werden, daß der im Mittelpunkt ihres Erlebens stehende Freund seine Mutter tötet. Ihr Freund nämlich hat zu seiner Mutter ein höchst gespanntes Verhältnis, wie auch umgekehrt, und situativ hat sich diese Spannung noch verschärft, da er zu einer Geburtstagsfeier seiner Mutter nicht erschienen ist. Beide beschließen dann jedoch, auch auf Zureden seiner Großmutter, zu seiner Mutter zu fahren und sich bei ihr für das Fernbleiben zu entschuldigen. So findet ein gemeinsamer Besuch beider Angeklagten bei seiner Mutter statt, bei dem es bald zu einem Streit zwischen Mutter und Sohn kommt:

Die Angeklagte [...] saß noch im Wohnzimmer, als sie nach der letzten Äußerung der [Mutter ihres Freundes,] *wonach sie ihren Sohn besser abgetrieben hätte, zunächst klatschende Geräusche hörte. Dann begann Gepolter und schließlich hörte sie die unterdrückten Schreie* [der Mutter.] *Diese Schreie empfand sie als so schrecklich, daß sie sich ihnen unbedingt entziehen wollte. Sie lief zur Küche, um ihre Sachen zu packen und zu gehen. Dabei kam sie am Eßzimmer vorbei. Sie sah dort die auf dem Rücken am Boden liegende* [Mutter,] *der Angeklagte [...] kniete über ihr und drückte sie auf den Boden. Überall sah die Angeklagte Blut.*

Sie wollte zunächst nur noch so schnell wie möglich die Wohnung verlassen. Während sie in der Küche in aller Hast ihre Sachen zusammenpackte, hörte sie noch weiter die für sie so schrecklichen Schreie der [Mutter.] *Sie erkannte, daß sie die Wohnung so nicht verlassen könne sondern irgendwie eingreifen müsse. Unter dem Zwang, die Schreie der um ihr Leben ringenden Frau zu beenden, griff sie eine in der Küche stehende volle 1-Liter-Weinflasche und eilte in das Eßzimmer zurück [...]*

Beschrieben ist die Ambivalenz aus Flüchten oder Standhalten, und wenn die Angeklagte sich in ihrer Handlung gegen das Flüchten entscheidet, so 'unter Zwang', der nach der gerichtlichen Rekonstruktion nicht aus einem Hilfsimpuls entsteht, sondern aus dem

Impuls heraus, zum Schweigen zu bringen. Die Tathandlung hat sich in diesem Zusammenhang aus

> *der für sie schwer zu lösenden Konfliktsituation ergeben, der sie kaum gewachsen war. Dabei spielt die Persönlichkeit der Angeklagten eine besondere Rolle. Sie ist es nicht gewohnt, Konflikte auszutragen. Vor als schwierig empfundenen Situationen weicht sie soweit zurück, wie es eben geht. Hier - in der Situation stehend, womöglich Zeugin der Tötung von [...] durch den eigenen Sohn zu werden, konnte sie nicht mehr zurückweichen. Andererseits hatte sie aber auch nicht die Kraft, sich offen und gezielt gegen ihren Freund zu wenden.*

Und an späterer Stelle:

> *Sie durchlebte kurz vor der Tat eine für sie unerträgliche Konfliktsituation.*

In dieser Mischung aus Hilflosigkeit und Flucht nach vorne verwandelt sich Unentschlossenheit in Komplicenschaft. Ein

> *sehr inniges Verhältnis zu ihrer Mutter, an der sie - in einer für ihr Alter ungewöhnlichen Art - stark hängt,*

unterstreicht dabei eine gewisse Kindlichkeit, die den Konflikt ihres Freundes mit seiner Mutter als besonders schwer erträglich erscheinen läßt. In einem engen Zusammenhang hiermit steht die gerichtliche Konstruktion der Vorsätzlichkeit ihrer Handlung. Während die Angeklagte nämlich in der Verhandlung aussagt, sie habe mit dem Flaschenschlag ihren Freund treffen wollen, um ihn zum Aufhören zu bewegen, folgert die Kammer aus der Tatsache, daß sie, mit geschlossenen Augen zuschlagend, seine Mutter getroffen hat, diese habe auch treffen wollen. Rekonstruktiv stellt dies ein kunstvolles Destillat aus mehreren Partikeln dar, die dazu verhelfen, einen Tötungsvorsatz annehmen zu können. Dabei geht das Gericht davon aus, daß bei einer jungen Frau mit enger Mutterbindung das Tabu, eine Mutter zu schlagen, auch wenn es nicht die eigene ist, groß und schwer zu überwinden ist. Die Kammer verlegt jedoch den Moment, in dem dieses Tabu Wirksamkeit entfaltet, zeitlich hinter die Tat: in der Tathandlung selbst findet ein Tabubruch statt, der bei rückblickender Erinnerung nicht gewesen sein darf und deswegen, ohne daß man der Angeklagten Lüge vorwerfen müßte, verdrängt werden muß. Nach Meinung des Gerichts rangiert ein anderes Tabu als Handlungshemmung in der Tatsituation wesentlich höher, nämlich die enge Bindung an den Freund "bis zur Hörigkeit". Dadurch ist nicht vorstellbar, daß sie ihn, der mehrfach als künftiger Verlobter bezeichnet wird, geschlagen haben könnte. Das verbietet nicht nur sein Status als in Aussicht genommener Ehemann, sondern auch eine Zuschreibung von

Gattensolidarität, die die Kammer implizit unterstellt. Nicht die Konstruktion von Hilfe für ein unterlegenes Opfer, sondern die Konstruktion von Hilfe für denjenigen, dem sie psychisch ausgeliefert ist, prägt diese Lesart, bei der nicht nur die Gewalt zweier Tabus gegeneinander abgewogen, sondern auch die Gewichtigkeiten von Ausgeliefertheit verrechnet werden : die Ausgeliefertheit an einen künftigen Ehemann ist bedeutsamer als die Ausgeliefertheit an eine identifikatorische Mutter, aus deren Einflußbereich die Heirat ja gerade herausführt.

So erwächst aus einer Mixtur von Zögerlichkeit, fehlender Kraft, ein Abbrechen der Tat zu erzwingen, und Unerträglichkeit übersprunghaft ihre Tathandlung. Diese wird ihr zugerechnet, aber gleichzeitig in Rechnung gestellt, daß sie aus weiblicher Zurückgezogenheit hineingeworfen worden ist in eine besonders schwierige Situation. Eben darin besteht hier die Übermacht der Umstände: die Fixierung auf ihren Freund und die Fixierung auf ihre eigene Mutter (für die symbolisch die seine steht) liegen in einem nicht auflösbaren Widerstreit.

b)   *Muster 2 : 'Geduldiges Ertragen'*

Unter dieses Muster lassen sich Eheerzählungen fassen, die geradezu als forensische Standardgeschichten gelten können, da sie eine Vielzahl von Verhandlungen mit eines (versuchten) Tötungsdelikts angeklagten Frauen bestimmen: 'geduldiges Ertragen' steht dabei als Schlüsselbegriff für weibliche Hinnahme bereits lange andauernder männlicher Gewalttätigkeiten. Diese Konstellation macht eine Vielzahl der Entscheidungen nach § 213 zweite Alternative StGB (der "sonst minder schwere Fall") aus, und ihr gemeinsames rekonstruktives Charakteristikum stellt langwährende (männliche) Gewalt und eine einmalige, oft sehr notwehrnah stattfindende Gegenwehr in der Tat dar.[5] Fast stereotyp beschreiben die Urteile, daß die Tat

> *spontan in einer Situation entstand, in der sich die Angeklagte durch die Mißhandlungen ihres Ehemannes [...] in einer psychisch sehr angespannten Situation befand* (F9)

oder zustande gekommen sei, weil das Opfer die Angeklagte

> *unmittelbar vor der Tat - wie schon regelmäßig in der Vergangenheit - erheblich körperlich mißhandelt* habe (F10).

Die knappe Skizzierung eines Falles (F17) soll die rekonstruktive Logik des Musters beleuchten:

---

5   Vgl. auch die Urteilssammlung bei Oberlies (1995, S. 99 ff.).

Die Ehe der Angeklagten war durch ständigen Streit geprägt, der seine
Ursache in dem übermäßigen Alkoholkonsum ihres Ehemannes hatte.

Männliche Gewalt und weibliches Kaschieren dieser Gewalt gehen in solchen Erzählungen der weiblichen Gegengewalt so häufig voraus, daß sie sich gar nicht mehr rekonstruieren lassen:

Die aktenkundigen Vorgänge stellen keine abschließende Aufstellung
dar, denn die Angeklagte sah auf Bitten ihres Ehemannes des öfteren
davon ab, die Polizei zu informieren und mit ihren Verletzungen einen
Arzt aufzusuchen.

Ingesamt stellt sich das Zusammenleben in dieser Ehe so dar:

Die vom Wesen her ruhige Angeklagte war stets auf Ausgleich und ein
friedliches Zusammenleben mit ihrem Ehemann bemüht. Sie ertrug
dessen verbale und körperliche Angriffe und setzte sich lediglich nach
ihren Möglichkeiten mit Worten zur Wehr. Sie fürchtete auch um den
Bestand ihrer Ehe, da sie bereits zwei Ehen hinter sich hatte.

Dies ist fast schon kein persönlicher moralischer Charakter mehr, sondern die mythologisierte Form eines weiblichen Sozialcharakters 'an sich': Friedfertigkeit, Harmoniebedürfnis, ruhige Duldsamkeit, Angewiesenheit auf eine Ehe, gleich wie sie aussieht, gehen hier eine Mélange ein. Diese Biographisierung hält die Kammer der Angeklagten dann umfassend zugute:

Sie hat lange Zeit, für etwa 3 Jahre, die Beleidigungen, Drohungen
und Körperverletzungen ihres Ehemannes ertragen müssen und dabei
keine körperliche Gegenwehr gezeigt, sondern alles geduldig ertragen
und sich immer wieder um ein friedliches Zusammenleben bemüht.

'Geduldiges Ertragen' erscheint hier als der Schlüsselbegriff eines moralischen Charakters, dessen geschlechtskonformer Langmut strafmildernd verrechnet werden kann. Das gilt in diesem Fall prototypisch, findet sich jedoch vergleichbar auch in einigen anderen Urteilen gegen Frauen. Zugleich nehmen beide Muster, sowohl 1 wie auch 2, eine beträchtliche Viktimisierung der Angeklagten vor, die auch als Täterinnen vor allem Opfer sind.

c)   *Muster 3 : Die Kränkung durch eine Frau*

> *Im November 1989 lernte er die Zeugin [...] in dem Lokal Queens-Pub*
> *kennen, wo diese als Bedienung arbeitete. Der Angeklagte verliebte*
> *sich in sie. In ihrer Wohnung führte er umfangreiche Schreinerarbeiten*
> *aus. Die Zeugin [...] fand sich jedoch nicht bereit, eine feste Bindung*
> *zu ihm einzugehen. Als der Angeklagte dies schließlich erkannte, war*
> *er zutiefst enttäuscht und fühlte sich von ihr und ihrem Ehemann*
> *ausgenutzt und ausgenommen. Er versuchte einerseits weiterhin, sie für*
> *sich zu gewinnen, verfolgte sie jedoch andererseits in seiner Enttäu-*
> *schung über ihr ablehnendes Verhalten. (M16).*

Männliche Geschichten beginnen zwar, ähnlich wie die Geschichten von Frauen, mit
Emotion und dem Wunsch nach Nähe, aber sie nehmen bald einen anderen Verlauf, und
über geduldiges Ertragen und fürsorgliche Langmut dominiert schnell die aktiv aus-
gelebte Erfahrung einer Kränkung:

> *Häufig folgte er ihr mit dem Pkw, wenn sie als Taxifahrerin unterwegs*
> *war. Da sie seine Annäherungsversuche weiterhin ablehnte, empfand*
> *er erneut Haßgefühle gegen sie. Mehrfach drohte er, sie werde Weih-*
> *nachten nicht mehr erleben.*

Diese Verfolgungen steigern sich bis zur Tat, dem Versuch, sie mit dem Auto an-
zufahren, der letztlich durch das Opfer selbst ausgelöst wird:

> *Möglicherweise hatte die Zeugin zu ihm gewandt eine Hand mit nach*
> *oben ausgestrecktem Mittelfinger erhoben, wodurch der Angeklagte*
> *hochgradig erregt wurde und sich beleidigt fühlte.*

Insgesamt ist dieser Angeklagte als die Übersteigerung eines mythologisierten männlichen Sozialcharakters beschrieben, der durch sein Aggressionspotential gekennzeichnet ist. Daß dieses Potential schon durch geringfügige Auslöser aktiviert werden
kann, muß jedoch als Ausdruck einer "Fehlentwicklung" und somit als pathogen begriffen werden:

> *Sein Denken wird von Gekränktheit und der Angst bestimmt, daß ihm*
> *"noch mehr angetan werden könnte". Wenn sein Partner - wie hier in*
> *der Vorstellung des Angeklagten die Zeugin [...] - seine Rolle nicht*
> *spielt, wird er ausgestoßen und bekämpft.*

Vor diesem Hintergrund ist zu seinen Gunsten anzunehmen, daß

> *es sich um eine Beziehungstat handelte, die gekennzeichnet war durch*

die Fixierung des Angeklagten auf die Geschädigte und daß die Tat
möglicherweise durch sie ausgelöst wurde.

Angesichts ihrer Weigerungen und der subtilen Kränkung, die der Tat "möglicherweise"
vorangeht, ist Selbstkontrolle in dieser Situation von ihm nicht mehr zu erwarten.

In ganz anderer Konstellation zeigt sich ein vergleichbares Muster bei einem Angeklagten, der versucht hat, seine Schwester zu töten (M23):

> [...] *ist bei dem leicht reizbaren und irritierbaren Angeklagten unter*
> *beträchtlichem Alkoholeinfluß nicht auszuschließen, daß bereits die*
> *geringfügige Kränkung durch seine Schwester ihn in einen Zustand*
> *versetzt hat, bei dem sich seine gesamten seelischen Abläufe auf eine*
> *gewaltsame Reaktion einengten* [...]

Die Gerichte erkennen in diesen Fällen an, daß das männliche Selbstwertgefühl offenbar
leicht zu kränken und durch Bemerkungen oder auch nur Gesten von Frauen tief zu
verletzen ist. Wenn darauf Unbeherrschtheit und aggressiver Ausbruch folgt, so läßt
sich dem ein gewisses Verständnis nicht versagen. Dies gilt forensisch in vielen Fällen,
wenngleich nicht immer Bewährungsstrafen daraus folgen. Aber hier liegen pathogene
Übersteigerungen vor, die eine verminderte Schuldfähigkeit begründen; wir haben
überempfindliche Männer vor uns mit einem besonders hohen Kränkungspotential. So
gesellt sich zur Anerkennung eines männlichen Sozialcharakters, der prinzipiell leicht
durch Frauen zu kränken ist, die Anerkennung einer pathogen erhöhten Reizbarkeit.
Beides dürfte (vorwiegend männlichen) Richtern gerade dann leichtfallen, wenn die Tat
eine einmalige und isoliert dastehende Gewalttätigkeit bildet.

6.2   Strafen mit einer Ausschöpfungsquote bis zu 30 %

Zu behandeln sind hier jene Fälle, in denen auf Mord bzw. Totschlag nach § 212 StGB
erkannt wird, die Strafe jedoch in einem unteren Rahmen bleibt. Bei einer Ausschöpfung bis zu 30 % zählen dazu Strafen bis zu acht Jahren.

a)   Muster 4 : Ausweglosigkeiten

Ausweglosigkeit als subjektiver wie objektiver Zustand wird am deutlichsten bei einem
Fall, der auch für Schwurgerichtsverfahren ziemlich einzigartig dasteht. Angeklagt ist
ein 48-jähriger Mann, seinen 23-jährigen Sohn heimtückisch ermordet zu haben (M21).
Das Urteil trägt dieser Einzigartigkeit dadurch Rechnung, daß der moralische Charakter

des Opfers ausführlich beschrieben wird:

Bereits in seiner frühen Jugend war [der Sohn] *eigentümlich und starr-köpfig. Er legte größten Wert auf die Sauberkeit seiner Spielsachen. Er achtete streng darauf, daß nichts kaputtgeht. Seine Schulsachen faßte er nur an, wenn er sich zuvor minutenlang die Hände gewaschen hatte. Hefte und Stifte lagen stets in einer bestimmten Richtung. Auch seine Unterwäsche mußte peinlich sauber sein. Sobald er auf dem Schlüpfer nur das kleinste gelbe Urinpünktchen bemerkte, zog er diesen nicht mehr an.*

Was sich derart als neurotische Auffälligkeit ankündigt, wird von den Eltern zwar bemerkt, aber nicht für problematisch gehalten, und da auch dem Angeklagten ein "Hang zur Pedanterie" zugeschrieben wird, mag ihm dies sogar eher als ein erfreulich ausgeprägter Ordnungssinn erschienen sein. Nach einem Unfall, bei dem die beiden anderen Kinder des Ehepaares ums Leben kommen, verstärken sich die Eigenheiten des Sohnes und verfestigen sich zu einem Waschzwang, der beide Elternteile mit einbezieht und zunehmend die gesamte Triade aus Sohn-Mutter-Vater zu einer Gemeinschaft zusammenzwingt, für die die Waschrituale des Sohnes im Mittelpunkt des Lebens stehen. Man ist versucht anzumerken, daß dies für jeden Familientherapeuten ein interessanter Fall gewesen wäre, aber die Eltern sind verständlicherweise nicht imstande, das Problem systemisch zu sehen, und zwei kurze stationäre psychiatrische Behandlungen des Symptomträgers, des Sohnes nämlich, bleiben völlig folgenlos. Die Tat geschieht kurze Zeit nach der letzten dieser Behandlungen, als der Sohn auf seine Bitte das Wochenende zuhause verbringt. Waschen steht im Mittelpunkt dieser Zeit:

Vor dem Waschen breitete der Angeklagte ein großes Stück Pappe auf dem Küchenboden aus. Hierauf legte er noch eine Plastikfolie, auf die er das neugekaufte Wännchen stellte. [Sein Sohn] *zog sich nackt aus und stieg in dieses Wännchen. Er trug Aids-Handschuhe und hielt mit einer Hand seinen in Toilettenpapier eingewickelten Penis fest.* [Die Mutter] *streifte sich noch Gartenhandschuhe über und stellte ein weiteres Wännchen auf den Gußrand der Küchenspüle. Sie feuchtete unter dem fließenden Wasser den Waschlappen an und seifte ihn ein.* [Der Sohn] *zeigte ihr mit einer Hand, wo sie mit dem Waschen beginnen sollte. Dann seifte ihn die Mutter zunächst im angegebenen Bereich ein, wobei sie peinlich darauf achtete, die von* [ihm] *beschriebenen Linien nicht zu überschreiten, weil sonst der Vorgang wiederholt werden mußte. Nach dem Einseifen reinigte der Angeklagte den Waschlappen unter dem fließenden Wasser. Seine Frau wusch danach*

die Seife an [seinem, des Sohnes] *Körper mit viel Wasser wieder ab.*
Dieser Vorgang wurde mindestens dreimal, manchmal sogar sechsmal
wiederholt. [...] *Der Angeklagte versorgte während der Wascherei den*
Boiler mit frischem Wasser, bediente den Wasserhahn und brachte
schließlich das auf der Spüle abgestellte, vollgelaufene Wännchen in
den Garten. Dort schüttete er es aus, weil er dieses Wasser nicht in den
Abguß kippen durfte.

Dies als die verkürzte Situationsschilderung der im Urteil einmal als "Waschzeremo-
nien" bezeichneten Vorgänge. Sie wiederholen sich einen Tag später in gleicher Ausführlichkeit bis 22 Uhr:

Zu diesem Zeitpunkt waren alle physisch und psychisch zermürbt. Auch
[dem Sohn] *wurde das Ganze zuviel. Der Angeklagte hatte sich ins*
Wohnzimmer zurückgezogen und weinte. Für ihn und seine Frau war
alles unerträglich.

Am darauffolgenden Morgen dann erschlägt er seinen schlafenden Sohn:

Die Ausweglosigkeit der Situation und die jahrelange Extrembelastung
[...] *hatten bei dem Angeklagten zu einer physischen und psychischen*
Erschöpfung geführt. Die über Tage hinweg aufgestauten Affekte der
Ausweglosigkeit [...] *sowie die Hoffnungslosigkeit, daß sich an dieser*
zermürbenden Lage je etwas ändern könnte, kamen zum Durchbruch
[...]

Bei der Strafzumessung wird ihm unter anderem zugutegehalten, er sei

sozial fest integriert. Er ist ein angesehener, strebsamer und allseits
geachteter Mann. [...] *Durch den jahrelangen Terror und die Schikane*
des Sohnes [...] *war der Angeklagte physisch und psychisch am Ende.*

Ein braver Bürger demnach, wozu Mitgliedschaften im Sportverein und der Freiwilligen
Feuerwehr gehören, in der er als Kassierer fungiert, "stets hilfsbereit, zuverlässig und
strebsam." Das macht einen moralischen Charakter von exemplarischer und nicht nur
strafrechtlicher Unbescholtenheit aus, dem "Terror und die Schikane des Sohnes"
geschehen. Dabei sind alle Beteiligten dieses Dramas, nicht zuletzt auch der Sohn, einer
unbenennbaren Gewalt ausgeliefert, die sich nicht beherrschen läßt und gegen die es
keinerlei Hilfe von außen zu geben scheint. Das erkennt das Gericht mit seiner für einen
vollendeten Mord vergleichsweise geringen Strafe an, hält dem Angeklagten jedoch
auch vor, sein Sohn sei krank gewesen "und bedurfte deshalb seiner Hilfe." Darin
verbirgt sich die letzte forensische Anstrengung, bei allem Verständnis eine Alternative

94

zur Tat zu konstruieren.

b)   *Muster 5 : Eine Welt bricht zusammen*

Die Unentrinnbarkeit aus Handlungsketten, die sich übermächtig und jeder Einfluß-
nahme entzogen entwickeln, prägt auch dieses Muster; diese Unentrinnbarkeit entsteht
hier jedoch aus der jeweiligen Emotionalität heraus, und was in Muster 4 an eine grie-
chische Tragödie gemahnt, erscheint in diesem Muster als ein eher mundanes Geschehen dynamischer Verstrickung.

> *Aus Sicht der Angeklagten war ihre Ehe mit [...] wie eine Bilderbu-*
> *chehe verlaufen. [...] Die Angeklagte ahnte nicht, daß ihr Ehemann*
> *[...] seit Mitte 1987 eine intime Beziehung zu der Steuerfachgehilfin*
> *[...] aufgenommen hatte. (F15).*

Derart beginnt die Urteilsfassung einer Ehegeschichte, und schon der erste Satz: "Aus
Sicht der Angeklagten ..." verrät, daß es auch eine andere Sicht gibt. Ihre Vorstellung
einer Bilderbuchehe beruht jedenfalls, wie uns schon zur Einstimmung mitgeteilt wird,
auf ihrem Nicht-Wissen, und dieses Nicht-Wissen entfaltet lange Zeit seine präventive
Wirkung. Doch es läßt sich, der Aussage der Angeklagten folgend, biographisch genau
datieren, wann Nicht-Wissen durch Wissen und damit auch Offenheit der Situation
durch eine zunehmende Verengung abgelöst wird:

> *Das Bild der Angeklagten von ihrer Ehe änderte sich schlagartig am*
> *Vatertag im Mai 1992, als ihr anläßlich einer Feier im Vereinslokal*
> *des SV [...] von einer Bekannten das Verhältnis ihres Mannes [...]*
> *offenbart wurde. Dies traf die Angeklagte wie ein Keulenschlag. Wei-*
> *nend stellte sie ihren Mann zur Rede [...]*

Die Wortwahl dieser Urteilserzählung alleine verweist bereits auf alles, was geschehen
wird: "schlagartig" und "Keulenschlag" sind die Termini, die ihre Wahrnehmung beschreiben, und mit feiner Differenzierung ist nun, was ihn angeht, nicht mehr von einer
"intimen Beziehung", sondern von einem "Verhältnis" die Rede.

> *Von nun an begann ein Wechselbad der Gefühle für die Angeklagte,*
> *das durch das Verwirrspiel ihres Ehemannes, der sich weder für seine*
> *Familie noch für seine Freundin entscheiden konnte, hervorgerufen*
> *wurde. [...] Der Angeklagten erklärte er, er sei seiner Freundin sexuell*
> *verfallen; detailliert schilderte er die angeblichen sexuellen Vorzüge*
> *seiner Freundin. Dies verletzte die Angeklagte tief.*

Diese Situation dauert sieben Monate an. Ihr Mann verspricht ihr einerseits, seine

Beziehung zu beenden ("Dies bestärkte die Angeklagte wieder in ihrer Hoffnung, ihre Ehe retten zu können"), zögert dies aber andererseits immer wieder hinaus, worauf sie "immer unruhiger und nervöser" wird. Alles spitzt sich auf den Tattag zu:

> *Am [...] stand die Angeklagte gegen 7.30 Uhr auf, frühstückte gemein-*
> *sam mit dem Sohn [...] und ging um 9.00 Uhr zum Friseur. Anschlie-*
> *ßend aß die Familie gemeinsam zu Mittag; der Nachmittag verlief*
> *beim gemeinsamen Kaffeetrinken harmonisch. Allerdings fiel der*
> *Angeklagten auf, daß ihr Mann unruhig war, von einem Zimmer ins*
> *andere ging und etwas suchte. Auf ihre Frage gab er an, die*
> *Sparbücher zu suchen. [...] Um 19.00 Uhr fuhren die Eheleute mit den*
> *beiden Kindern in die Europastuben in [...,] um bei einem Abendessen*
> *die bestandene Prüfung [des Ehemannes] zu feiern. Das Essen verlief*
> *sehr harmonisch, der Ehemann war aufgeräumt und guter Laune. [...]*
> *Die Angeklagte war nun davon überzeugt, daß ihre Familie zusam-*
> *menbliebe. [...] Plötzlich begann ihr Mann erneut nach den Sparbü-*
> *chern zu fragen. Für die Angeklagte völlig unerwartet erklärte er auf*
> *ihre Frage, wozu er die Sparbücher brauche, daß er sich von ihr tren-*
> *nen und mit der Zeugin [...] eine Wohnung einrichten wolle. [...] Diese*
> *Eröffnung traf die Angeklagte wiederum wie ein Keulenschlag. Für sie*
> *brach eine Welt zusammen. Sie war wie vor den Kopf geschlagen.*
> *Zwischen den Eheleuten entwickelte sich hierüber eine verbale Streitig-*
> *keit [...] Die fassungslose Angeklagte, die ihre Ehe noch retten und*
> *immer noch nicht an die Endgültigkeit seines Entschlusses glauben*
> *wollte, versuchte, zu ihrem Mann zärtlich zu sein. Sie ging auf ihren*
> *Mann zu und wollte Verkehr mit ihm haben, weil sie dachte, daß ihr*
> *Verhältnis dann wieder in Ordnung kommen würde. Ihr Mann stieß sie*
> *jedoch schroff mit den Worten "Laß mich endlich in Ruhe" zurück.*
> *Dies empfand die Angeklagte, die dabei an die Schilderungen über das*
> *sexuelle Verhältnis ihres Mannes zu der Zeugin [...] dachte, als sehr*
> *verletzend und demütigend. Kurz darauf, gegen 0.30 Uhr, begab sich*
> *ihr Mann in das [...] Schlafzimmer, wo er sofort einschlief, als sei*
> *nichts geschehen.*

"völlig unerwartet" dient hier, wie auch in anderen Fällen, als ein Schlüsselbegriff. Er verdeutlicht sowohl die Schilderung ihrer Wahrnehmung dieser Entscheidung ("brach eine Welt zusammen", "fassungslos") wie er auch unterstreicht, womit sie, nach einem mehrfach als "harmonisch" gekennzeichneten Verlauf des Tages, nicht rechnen mußte. Die Kränkung der Trennungsentscheidung wird noch zusätzlich akzentuiert durch die ablehnende Haltung ihres Mannes, der sie nicht nur nicht begehrt, sondern auch einschläft, "als sei nichts geschehen."

Diese Geschehensschilderung beschreibt das Opfer als jemanden ohne jedes Gespür für das, was in der Angeklagten vor sich geht, und in solchen Schilderungen sind die Angeklagten diejenigen, deren berechtigte Hoffnungen zusammenbrechen. Das ist in seiner Polarisierung von 'Tugend' und 'Abwertung' ebenso aufgebaut, wie es ansonsten minder schwere Fälle charakterisiert. Einzig, daß sie am nächsten Morgen einen Schlafenden erschlägt und somit im rechtlichen Sinne heimtückisch handelt, macht den rechtlichen Unterschied aus und hebt die Beurteilung in einen höheren Strafrahmen.

Vergleichbar bemerkt das Urteil in einem anderen Fall (F27):

Das nicht eindeutige Verhalten des Geschädigten ließ die Tat in einem milderen Licht erscheinen.

Diese Angeklagte ist konfrontiert mit einer sich über Jahre hinziehenden undeutlichen Hinhaltetaktik und einer permanenten Ambivalenz des Sich-nicht-Entscheiden-Könnens ihres Geliebten, der unschlüssig zwischen ihr und seiner Familie schwankt, und in diesem Kontext geschieht die Tat. Emotionale Ausgeliefertheit dieser Art stößt vor allem dann auf beträchtliches gerichtliches Verständnis, wenn die Opfer keine eindeutigen und klaren Signale setzen wollten oder konnten: ihre fehlenden Abgrenzungen werden ihnen als Eigenanteil zugerechnet, und um diesen Eigenanteil, der eine moralische Schuld darstellt, vermindert sich die rechtliche Schuld der Angeklagten.

6.3 Strafen von zwei bis zu fünf Jahren

Strafzumessungen, die die Zwei-Jahres-Grenze, bis zu der eine Bewährungsaussetzung noch möglich ist, übersteigen, liegen zwar innerhalb der gegebenen argumentativen Schwankungsbreite und sind in ihrer Unterschiedlichkeit nur mit Mühe zu begründen, haben jedoch für Angeklagte gravierende Folgen: der Unterschied zwischen einer Bewährungsstrafe von zwei Jahren und einer nicht ausgesetzten Strafe von zwei (oder sogar zweieinhalb Jahren, denn die Gerichte ziehen es vor, gleich eine nicht aussetzbare Strafe zu verhängen) ist beträchtlich. Die gewählte Abgrenzung nach oben wird von der oberen Strafrahmengrenze der §§ 213, 223a und 226 II StGB gebildet, und nur nach diesen Regeln abgeurteilte Fälle werden hier betrachtet. Dabei ist die Frage, auf welche Weise sich moralische Charaktere, bei denen die Gerichte diese haarfeine Grenze der Strafzumessung überschreiten, unterscheiden von den oben unter 6.1 beschriebenen Charakteren.

Diese Fälle, bei denen Strafen zur Bewährung ausgesetzt werden, zeichnen sich alle dadurch aus, daß die Angeklagten ohne eigenes Zutun in Situationen geraten, denen sie nicht gewachsen sind und psychologisch nicht gewachsen sein können. Das gilt in vergleichbarer Weise bei anderer rechtlicher Bewertung auch für die in 6.2 beschriebenen Fälle. Betrachtet man zum Vergleich die hier relevanten Fallkonstellationen, so läßt sich sehen, daß dabei eine kleine, aber ausschlaggebende Verschiebung rekonstruiert wird. Diese beschreibt das (für Frauen rekonstruierbare) Muster 6, während sich Muster 7 auf Männer bezieht.

a)   Muster 6 : 'Zur Eskalation beigetragen'

Diese kleine Verschiebung besteht vor allem darin, Angeklagten im Gegensatz zu den bisher beschriebenen Mustern einen eigenen Anteil an der entstehenden Dynamik beizumessen. Auf die eine oder andere Weise erscheinen sie hier als Beteiligte und nicht nur als Ausgelieferte.

Die Art dieser Beteiligung beleuchtet die folgende Fallgeschichte (F21):

> *Die kurze Ehe der Angeklagten war durch ständigen Streit und Gewalttätigkeiten geprägt. Schon vor der Ehe schlug [ihr Mann] die Angeklagte, die zu Anfang der Beziehung zurückschlug. Nach der Eheschließung nahmen die Schläge durch [ihren Mann] zu. Er schlug die Angeklagte immer dann, wenn er Alkohol getrunken hatte. Nach der Eheschließung war [er] nahezu täglich betrunken, weil er bereits morgens Schnaps zu sich nahm.*
> *Im März 1993, nachdem die Angeklagte mit Billigung ihres Ehemanns 2 Tage in einem Bordell in [...] gearbeitet hatte, versuchte sie nach einem erheblichen Streit mit ihrem Ehemann, sich durch Aufschneiden der Pulsadern selbst zu töten. [...] Der Genuß von Alkohol durch [ihren Mann] in erheblichen Mengen sowie Gewalttätigkeiten gegenüber seiner Ehefrau, die sich dagegen nicht wehrte, waren in der Beziehung zwischen der Angeklagten und [ihm] alltäglich geworden. In den 6 bis 8 Wochen vor der Tat wurde die Angeklagte fast täglich verprügelt [...]*

Dies die Geschichte einer Ehe, die sich von bisher abgehandelten Fällen in nichts unterscheidet: Erleiden von Aggression und seine autoaggressive Umsetzung in einen Suicidversuch mischen sich zu einem vertrauten Muster.

Die Geschehnisse am Vorabend der Tat bilden jedoch eine Abweichung von diesem Muster. Die Angeklagte und ihr Ehemann, eine Freundin von ihr und ein neuer Bekannter sind gemeinsam in einer Gaststätte:

Die vier Personen unterhielten sich, tranken und tanzten, dabei auch
die Angeklagte mit dem Zeugen [...] mehrfach und eng. Bereits in der
Gaststätte kam es zwischen der Angeklagten und ihrem Ehemann zu
Streitigkeiten, in deren Verlauf [er] äußerte, daß er sich sowieso schei-
den lassen werde. Er bot dem Zeugen [...] die Angeklagte für 10.000
DM an. Diese Vereinbarung wurde von der Zeugin [...] besiegelt,
indem sie den Handschlag des [Ehemannes der Angeklagten] mit dem
Zeugen [...] "durchschlug".

Man sieht, es herrscht eine Atmosphäre gespannter Belustigung, bei der sich
Ernsthaftigkeiten unernst zu maskieren scheinen. Die vier beschließen, alle gemeinsam
in der Wohnung der Angeklagten und ihres Mannes zu übernachten und einen Tausch
vorzunehmen:

Nachdem alle noch eine Zigarette geraucht hatten, legten sich - wie
vorher vereinbart - [der Ehemann der Angeklagten] mit der Zeugin [...]
zum Schlafen auf das aufgeklappte Dreiersofa, während sich die Ange-
klagte und der Zeuge [...] auf einer zurecht gemachten Matratze zum
Schlafen legten. Die Angeklagte war dabei nur mit einem Slip und
Oberteil, der Zeuge [...] mit Hemd und Hose bekleidet. Die Angeklagte
vollzog - nachdem das Licht ausgemacht worden war - mit dem Zeugen
[...] auf der Matratze den Geschlechtsverkehr, während es zwischen der
Zeugin [...] und [dem Ehemann der Angeklagten] nicht zum Austausch
von Zärtlichkeiten kam. Alle Personen schliefen dann ein.

Als sie einige Stunden später erwachen, entwickelt sich sofort eine erregte und
handgreifliche Auseinandersetzung sowohl zwischen dem Ehemann und der Angeklagten wie auch zwischen ihm und ihrem nächtlichen Partner, in deren Verlauf sie
ihren Mann ersticht.

Zu Lasten der Angeklagten hat die Kammer gewertet, daß sie zur
Eskalation der Situation in der Wohnung in der Tatnacht beigetragen
hat [...]

Als diesen Beitrag wertet das Gericht offensichtlich (die mündliche Begründung nimmt,
im Unterschied zur schriftlichen, explizit darauf Bezug), daß die Angeklagte Intimitäten
mit dem Bekannten zuließ, während ihr Mann ihr 'treu geblieben' ist. Das färbt ihren
moralischen Charakter entscheidend: sie verhält sich in diesem Falle sozusagen ohne
Billigung ihres Mannes als Prostituierte oder, anders gewendet, sie unterstellt ihren
Verkauf für DM 10.000 anscheinend als eine ernstzunehmende Tatsache. Sie macht
damit eine Verhaltensweise ihres Mannes zur Grundlage eigenen Verhaltens, auf die das

Gericht, über die pure Deskription hinaus, nicht wertend eingeht. In der gerichtlichen Betrachtung bleibt die Kränkung, die dieses Verhalten ihres Mannes bedeutet, ebenso ohne jede Folge wie ihre eigene Bewertung, wonach sie die Intimäten 'über sich ergehen ließ'. Zwar trägt die gesamte Konstellation die Konturen eines minder schweren Falles, aber es wird hier auf eine Weise biographisiert, bei der sie durchaus mit eigenen Verhaltensanteilen mitspielt. Sie nimmt ihren Mann zwar nur beim Wort und verhält sich nicht anders, als er vorgeschlagen hat, aber genau dies konstituiert ihren Beitrag: was Männer wann ernst meinen und wann nicht ernst meinen, hat eine Ehefrau zu wissen und in Rechnung zu stellen. Von ihnen wird offenbar erwartet, die eher kindlich wirkenden Reaktionen von Männern zu antizipieren und alles zu unterlassen, was solche Reaktionen befördern könnte.

Strukturell vergleichbar sind die Verhältnisse eines anderen Falles (F23) skizziert:

> [Die Angeklagte] *war zunächst sehr verliebt in* [ihren Freund,] *von dem sie gehört hatte, daß er physisch stark war, sich durchsetzen konnte und gelegentlich auch einmal "zuschlagen" konnte. Sie sah in* [ihm] *ihren Beschützer, suchte bei ihm besondere Zuwendung und mußte doch schon bald feststellen, daß er ihren hohen Ansprüchen nicht genügen konnte.* [...] *Es kam schon in der ersten Hälfte des Jahres 1990 zu Konflikten und zu Handgreiflichkeiten, bei denen* [die Angeklagte] *als die körperlich Schwächere unterlegen war.*

Die Beziehung beider bis zur Tat ist gekennzeichnet durch ein Hin und Her: sie trennt sich, er lauert ihr auf und verfolgt sie, er schlägt sie, sie kehrt zu ihm zurück und trennt sich erneut:

> *Bei* [der Angeklagten] *setzte sich schließlich die Überlegung fest, der Beziehung zu* [ihrem Freund] *in jedem Fall ein Ende zu setzen. Sie versuchte dazu, eine Aussprache mit ihm herbeizuführen.*

Im Verlauf dieser Aussprache, die sie bald als ergebnislos erkennt, löst sie Rohypnol in seinem Kaffee auf und schlägt ihm, als er eingeschlafen ist, zuerst eine Flasche auf den Kopf und sticht ihn dann zweimal in den Rücken. Er ist verletzt und will sich in der Badewanne das Blut abwaschen, wobei er sie provoziert mit Bemerkungen, sie könne doch jetzt den Fön in die Wanne werfen und ihn umbringen. Darauf wirft sie tatsächlich den Fön in die Wanne, es gelingt ihm jedoch, unverletzt herauszuspringen. Bei den Strafzumessungserwägungen spielt diese Vielzahl von Tatversuchen eine Rolle; daneben rücke sie

> *immer noch ihre eigene Opferrolle derart in den Vordergrund, daß sie*

verkennt, in welchem Maße sie auch selbst zu den zwischen ihr und [ihrem Freund] *entstandenen Konfliktsituationen beigetragen hat.*

Die Überlegung, daß auch sie in der Dynamik eine aktive Rolle eingenommen haben müsse, entspringt einer allgemeinen Plausibilität, wonach Dynamiken von zweien unterhalten werden, und gerade der Eindruck, daß die Angeklagte dies für sich nicht realisiert hat, sondern auf ihrer "Opferrolle" besteht, veranlaßt hier eine nicht zur Bewährung ausgesetzte Strafe. Inhaltlich gefüllt ist die Überlegung einer geteilten Dynamik im Urteil jedoch nur an einer Stelle. Die Angeklagte ist während einer Frankreichreise von einem Bekannten schwanger geworden:

Sie erklärte [ihrem Freund] *nach der Rückkehr in die Bundesrepublik später, daß das Kind, mit dem sie schwanger war, nicht von ihm stamme, widersprach dann aber nicht mehr, als* [ihr Freund] *demgegenüber darauf beharrte, daß er der Vater sei und ließ ihn insoweit schließlich auch bewußt im Unklaren. Nachdem* [beide] *dann einige Monate ohne schwerwiegendere Konflikte zusammengelebt hatten, kam es dann aber doch wieder zu Auseinandersetzungen und Schlägen.*

Ihr Freund meint auch in der Folgezeit, das Kind sei von ihm, und interveniert mehrfach gewalthaft, als er glaubt, sie vernachlässige 'sein' Kind. Was die Angeklagte gegenüber seiner starr anmutenden Wirklichkeitsverkennung hätte tun sollen, erörtert die Kammer nicht, findet jedoch offenbar in diesem Geschehnis ihren Beitrag zu den eskalierenden Konflikten.

Es mutet nicht als Zufall an, daß (in allerdings unterschiedlicher Gewichtung) 'Fehltritte' der Frauen ihren moralischen Charakter und eine Verantwortung an den Geschehnissen vor der Tat konstituieren. Es scheinen hier relativ rigide Normvorstellungen zu regieren, die eine 'weibliche Geschlechtsehre' voraussetzen und solidarische Treue einklagen. Eine vergleichbare Dimension weist auch noch ein dritter Fall (F12) auf. Die Angeklagte wird hier so beschrieben:

In der Beziehung zu ihrem Ehemann wollte sie klare mütterliche und frauliche Forderungen durchsetzen, gleichzeitig bestand sie jedoch nicht ausreichend auf ihrer eigenen Einsicht und der Einlösung dieser Forderung gegenüber dem Ehemann. Bei ihr bestanden Aspekte von allzu großer Nachgiebigkeit [...],

und insgesamt wird dieses Verhalten als "Anpassungsstörung" bezeichnet. Dies scheint zunächst die weibliche Version der oben bereits beschriebenen pathogen übersteigerten Männer; da sie aber als "eifersüchtig" beschrieben wird, geschieht in der Tatsituation das folgende:

> [...] *und verdächtigte ihn, sich mit anderen Frauen herumgetrieben zu*
> *haben, was er - wahrheitsgemäß - in Abrede stellte, sie ihm aber nicht*
> *glauben wollte.*

Es entwickelt sich dann eine handgreifliche Auseinandersetzung, in deren Verlauf sie ihn ersticht. Mit dieser Verdächtigung aber setzt sie gewissermaßen die Initialzündung zu allem was folgt: unberechtigte Vorwürfe hat sie als ihren Anteil an der Eskalation zu verantworten, und mit diesen Vorwürfen (die sie nicht zum erstenmal erhebt, wie auch er immer wieder ähnliche Vorwürfe gegen sie erhoben hat) sprengt sie das zugeschriebene Weiblichkeitsmodell. Nun ist 'allzu große Nachgiebigkeit' abgelöst von offensivem Streit, und wird sie zuerst in ihren 'klaren mütterlichen und fraulichen Forderungen' als die Karikatur eines weiblichen Sozialcharakters beschrieben, so verhält sie sich nun in 'unweiblicher' Weise.

b)   Muster 7 : 'Eifersucht' und die Unerträglichkeit des Verlassen-Werdens

Das oben beschriebene Muster 6 wird festgemacht am Verhalten von Täterinnen, und sie sind gekennzeichnet durch einen moralischen Charakter, bei dem sich ein Spiel mit dem männlichen Opfer und (nicht nur symbolisch tödliche) Ernsthaftigkeit die Waage zu halten scheinen. Darin verbergen sich die aktiven Anteile, die den Angeklagten zugerechnet werden: sie waren in diesen Rekonstruktionen nicht nur ausgeliefert, sondern haben gereizt, provoziert, agiert, sie sind nicht ausschließlich Opfer einer von Männern gestalteten Lebenssituation, sondern auch mehr oder weniger geschickte Mitgestalterinnen.

Dies gilt auch für die Männer, bei denen die Biographisierung nach einem vergleichbaren Muster stattfindet. Es ist in diesen Fällen aber nicht die pathogen übersteigerte Kränkbarkeit des männlichen Sozialcharakters, die zur Tat führt, wie in Muster 3, sondern seine 'normale' Reizbarkeit durch Verhaltensweisen von Frauen.

> *Die Beziehung des Angeklagten und der später Geschädigten war von*
> *Beginn an nicht selten streitbelastet. Gegenstand der Streitigkeiten*
> *waren wechselseitige Vorwürfe zum Alkoholkonsum. Zudem war der*
> *Angeklagte eifersüchtig, weil er annahm, [seine Frau] mache die Be-*
> *kanntschaft anderer Männer. (M20).*

Dies die Ausgangssituation. Sie reproduziert sich in den Ereignissen, die zur Tat führen:

Beide standen in dem als Bar ausgestalteten Raum vor der Theke. Es
entwickelte sich sofort ein Streit, bei dem der Angeklagte seiner Ehe-
frau das Zusammentreffen mit dem anderen Mann vorhielt und ver-
langte, sie solle das unterlassen. Er versuchte, [sie] in den Arm zu
nehmen. Sie wehrte ab und hielt ihm entgegen, 'ob sie ihm etwa sagen
solle, wie der es ihr gemacht habe'. Ferner äußerte sie, sie wolle die
Beziehung nicht aufgeben; sie werde den Mann gleich anrufen, damit
er sie abhole und sie bei ihm übernachte. Der Angeklagte fragte, ob
das sein müsse. Die Zeugin erwiderte, 'das nicht, aber wenn ihr danach
sei, würde sie den Mann anrufen, um mit ihm zu schlafen'; anschlie-
ßend könne sie ja wieder nach Hause kommen und mit ihm - Angeklag-
ten - ins Bett gehen.

Lockung und Verweigerung, Distanz und Intimität gehen hier eine Mischung ein, auf die der Angeklagte in seiner Tat (er versucht, sie zu erstechen) reagiert. Das versteht das Gericht zwar als Provokation durch das Opfer, an der er jedoch eigene Mitverursachungsanteile trägt:

Denn in jedem Fall war die in bezug auf [seine Frau] *stets beträcht-*
liche Eifersucht hierdurch in besonderem Maße herausgefordert.
Indessen kann nicht außer Acht gelassen werden, daß der Angeklagte
diese Situation in hohem Maße selbst verschuldet hat, indem er stets in
zumindest vergleichbarer Weise wie [seine Frau] *zu den zwischen ihnen*
häufig ausgetragenen Streitigkeiten beitrug. Dabei wußte er, daß [sie]
zu provozierenden Redewendungen neigte und er selbst ohne den
Einfluß von Alkohol durchweg friedlich reagierte [...]
Ferner muß hinsichtlich der Eifersuchtsreaktionen des Angeklagten
berücksichtigt werden, daß er einen wesentlichen äußeren Anlaß dafür
gesetzt hat [...]

Letzteres bezieht sich auf spezifische Details: auf einem Feuerwehrfest längere Zeit vor der Tat hat er seinem besten Freund den Hausschlüssel in die Hand gedrückt und ihn mit der Bemerkung, er habe doch schon immer gewollt, aufgefordert, zu seiner Frau zu gehen, ist dann jedoch sehr unangenehm überrascht, beide in eindeutiger Situation miteinander vorzufinden. Seine eigenen Verhaltensweisen sind somit geeignet, seine eifersüchtigen Verdächtigungen zu unterstützen. Das konstituiert insgesamt einen moralischen Charakter von Beförderung und Gewähren-Lassen ihr gegenüber und von aggressiven alkoholunterstützten Ausbrüchen, in denen er seine Kränkungen artikuliert. 'Eifersucht' hat hier zwar, psychologisch gesehen, einen nur geringen Erklärungswert (zu erklären wäre vielmehr eine Persönlichkeitsstruktur, die sich die Anlässe, eifersüchtig zu sein, selbst schafft und somit ihre eigenen Ängste bestätigt), für die strafrechtliche Verarbeitung ist sie jedoch hinreichend als Bindeglied zwischen Opfer-Provokation und eigenem Anteil daran.

Vergleichbare Charakterisierungen prägen auch weitere Verhandlungen:

> *Das Zusammenleben der beiden Eheleute gestaltete sich äußerlich harmonisch. Es war vor allem dadurch gekennzeichnet, daß beide sich ihrem gemeinsamen Kind widmeten. Der Angeklagte, der seine Ehefrau über alles liebte, wachte sehr über sie. Nur selten ließ er es zu, daß sie ohne ihn ausging. [...] Es kam dazu, aus welchen Gründen auch immer, daß die Ehefrau des Angeklagten sich innerlich von ihm zurückzog.* (M11).

Sie lernt dann einen anderen Mann kennen und denkt ernsthaft daran, sich scheiden zu lassen:

> *Dem Angeklagten waren alle diese Umstände unbekannt geblieben. Er hatte lediglich den für ihn unerklärlichen Eindruck, daß das Verhältnis zur Ehefrau irgendwie betrübt* [wahrscheinlich gemeint: getrübt] *sei, zumal seine Ehefrau an manchen Tagen kaum noch mit ihm sprach. Weitere Gedanken machte er sich indessen nicht.*

Als der Angeklagte nachts mit ihr sprechen will, kommt es in der gerichtlichen Rekonstruktion zur folgenden Szene:

Sein Verhalten :	Ihr Verhalten :
Er kniete vor ihr auf dem Boden.	*Sie fuhr sofort auf und herrschte ihn an.*
Erklärung, mit ihr reden zu wollen.	*'Was weckst du mich, Idiot!'*
Er versucht sie zur Begütigung zu streicheln und umzustimmen.	*Das weist sie schroff zurück. Alles habe 'sowieso keinen Zweck' mehr.*
	'Laß mich in Ruhe, du Arsch! Ich werde dich verlassen. Dein Kind wirst du dann auch nicht mehr wiedersehen.'
Er liebkost sie mit der Hand.	*Sie schlägt die Hand auf die Seite.*

Die Grundelemente dieser Schilderung stammen vom Angeklagten, aber er hat in der Verhandlung gewissermaßen eine Bleistiftskizze geliefert, während die Kammer daraus ein Aquarell macht.[6]

Die Verwendung von Worten wie 'herrschte ihn an' und 'schroff' einerseits, 'zur Begüti-
gung streicheln' und 'liebkosende Hand' andererseits malen ein Genrebild des ausge-
lieferten und um Zuwendung bettelnden Mannes vor der Couch der unzugänglichen und
herrischen Frau, die auch jetzt nur deutlich macht, daß sie sich zu trennen beabsichtigt,
aber keine Erklärungen dafür abgibt. Daß sie ihn im Anschluß "eine Null" nennt, löst
die Tat aus und wird vom Gericht im Sinne des § 213 StGB erste Alternative als
schwere Beleidigung gewertet; innerhalb des verringerten Strafrahmens wird ihm entla-
stend angerechnet, daß

er ein tadelfreies, allein seiner Familie geltendes Leben geführt hat.

Die hier beschriebenen Männer teilen alle die Situation miteinander, von ihrer Ehefrau
verlassen zu werden. Fast alle von ihnen haben schon lange Zeit vor der definitiven
Trennung gewußt, daß ihre Frau - manchmal höchst demonstrativ - eine andere Beziehung unterhielt und eine Scheidung beabsichtigte. Ihr moralischer Charakter ist geprägt
davon, an 'ihrer' Frau mit Eifersucht zu hängen und das Verlassen-Werden psychisch
nicht aushalten zu können. Virulent wird hier etwas, das man das 'Wenn-ich-sie-nicht-
haben-kann-soll-sie-auch-kein-anderer-haben'-Syndrom nennen könnte, ein Satz, der
manchmal tatsächlich fällt. Es mischen sich dabei Besitzstreben, Autonomieverhin-
derung und infantil unterlegte Verlassensängste, und die Gerichte nutzen diese Mischung zwar zur Begründung eines minder schweren Falles, bleiben jedoch in der oberen Hälfte des damit gegebenen Strafrahmens:

*Der Anwandlung, die in ihm aufkam, hat er sich überlassen, ohne ihr
Widerstand entgegengebracht zu haben.*

'Männlichkeit' als Fähigkeit zur Selbstkontrolle wird hier eingeklagt und als zentrale Erwartung formuliert oder, anders gewendet, bei den Angeklagten als defizitär angesehen.
Dem entspricht auch das Bild, das sie in der Verhandlung bieten: alle Männer, die sich
diesem Muster zuordnen lassen, wirken emotional aufgerührt, und keiner von ihnen läßt
sich (in Ermangelung ähnlich bezeichnender deutscher Begriffe) als 'cool' und 'tough'
bezeichnen. Das ist zwar nur ein subjektiver Eindruck, die Gerichte dürften ihn jedoch
geteilt haben: diese Angeklagten wirken wie 'Mann-Kinder' und machen aus ihrer subjektiven Ausgeliefertheit an die Umstände, die zur Tat führten, keinen Hehl. Das wird
durchaus strafmindernd verrechnet, aber sie haben sich messen zu lassen an einer

---

6   Eine Begründungstechnik, die Handlungen von Angeklagten als liebevoll und zärtlich, die
     ihres weiblichen Opfers als unfreundlich und verächtlich charakterisiert, scheint in diesem
     Zusammenhang Tradition zu haben; vgl. eine Begründung des Reichsgerichts bei Geilen
     (1977), S. 364.

Normalitätsvorstellung, in der Männer weniger weich, weniger abhängig und weniger erschütterbar sind. Sie unterschreiten das Maß dieser Normvorstellung und haben gewissermaßen an Männlichkeit zu wenig. Das beweisen sie auch, so absurd es klingen mag, durch den gesamten Kontext der Tat: als Tat ist ihre Handlung zwar durch 'Machismo' geprägt, aber sie erwächst nicht aus Stärke, sondern aus Schwäche.

6.4   Zwischenfazit : Zur Rekonstruktionslogik milder Strafen und niedriger Strafzumessung

Was eine 'milde Strafe' und eine 'niedrige Strafzumessung' ist, bemisst sich selbstredend nicht an den Wunschvorstellungen von Angeklagten und ebensowenig an unseren eigenen Vorstellungen, sondern ausschließlich an den rechtlichen Möglichkeiten. Im Rahmen einer milden Strafe, wie sie etwa der § 213 StGB ermöglicht, ist dabei durchaus auch eine hohe Strafzumessung im Sinne einer hohen Ausschöpfungsquote möglich. Erstere jedoch steht hier im Vordergrund, und es scheint plausibel, zu den milden Strafen alle Strafverhängungen zu zählen, die die Strafe zur Bewährung aussetzen, sich im Strafrahmen eines minder schweren Falles oder der gefährlichen Körperverletzung bewegen oder den Strafrahmen bis zu höchstens 30 % ausschöpfen.

Bei aller individuellen Unterschiedlichkeit der oben beschriebenen Muster lassen sich auch Gemeinsamkeiten der gerichtlichen Rekonstruktion und Bewertung ausmachen. Diese stehen jetzt im Mittelpunkt.

a)   *Rekonstruktionslogik I : Emotionale Fixierung, eigenes Wohlverhalten und der Egoismus des Opfers*

Diese Rekonstruktionslogik sucht die Muster 1 - 3 und 5 nach ihrer Gemeinsamkeit zu beschreiben; das Muster 4 läßt sich zwar ganz ähnlich verstehen, fällt jedoch wegen der spezifischen Fallkonstellation Vater/Sohn etwas heraus. Drei Ausgangsbedingungen konstituieren die Elemente dieser Logik, und sie müssen als eine psychodynamisch zusammenhängende Interpretation verstanden werden. Was Angeklagte angeht, so bildet ihre emotionale Fixierung auf den Mann bzw. die Frau, die in der Tat zum Opfer werden, eine wichtige Vorbedingung. Gemeint ist damit eine hochgradige emotionale Ausgeliefertheit: Wünsche und Begehren richten sich mit solcher Ausschließlichkeit auf das Opfer, daß persönliche Autonomie weitgehend aufgegeben wird und einzig die Person des Opfers im Mittelpunkt von Gedanken und Handlungen steht. Diese Angeklagten lieben mit einer Verzweiflung, die dem Haß benachbart scheint.
Eine solch starke Emotion verfehlt ihren Eindruck auf die Gerichte nicht, jedoch muß

eine notwendige zweite Bedingung hinzukommen: diese Liebe muß 'rein' sein. Der Begriff findet sich verständlicherweise nicht in den Urteilen, beschreibt jedoch deren Essenz. 'Reine Liebe' schließt egoistische Besessenheit keineswegs aus, sondern besteht vor allem aus dem eigenen Wohlverhalten von Angeklagten. Ihr Verhalten bis zur Tat ist gekennzeichnet dadurch, dem Opfer keinerlei Anlaß für Distanzierungen gegeben zu haben: sie sind 'gute Ehefrauen' oder 'gute Ehemänner' und gehen in diesen Rollen samt ihren Verpflichtungen ganz auf. Das konstituiert ihre eigene Schuldlosigkeit an der Situation: die Opfer haben in diesen Rekonstruktionen keine moralische Berechtigung, Angeklagte verlassen zu wollen.

Wenn sie das doch tun, so tragen sie eine besondere Verantwortung. Typischerweise werden die Opfer in dieser Rekonstruktion dieser Verantwortung nicht gerecht: sie verhalten sich keineswegs einfühlsam und rücksichtsvoll, sondern agieren einen gewissen Egoismus, der sich in langer Unentschlossenheit ebenso äußern kann wie in plötzlich artikulierten Entschlüssen des Verlassens. Sie setzen ohne empathisches Eingehen auf die emotionale Fixierung der Angeklagten ihre eigenen Wünsche durch, und in dieser Situation entsteht eine Diskrepanz zwischen ausgeliefert-emotionalem Festhalten einerseits und kühler Absage andererseits, die in der Tat quasi aufgelöst wird. Diese Diskrepanz aber haben die Opfer mitverursacht und müssen sie deswegen auch mitverantworten. Das gilt ebenso dann, wenn die Opfer sich zwar nicht trennen wollen, die Tat jedoch im Rahmen einer jener tätlichen Auseinandersetzungen geschieht, die solche Ehen prägen: langandauernde männliche Gewalt bildet dann eine 'Vor-Schuld' des Opfers vor der eigentlichen Tat und bedingt deren rechtliche Bewertung (vgl. auch unten c).

Diese Rekonstruktion mit ihren drei gleichermaßen notwendigen Vorbedingungen sieht Angeklagte sehr umfassend in einer Position passiver Viktimisierung. Bis zum Tatmoment hin sind Angeklagte in einer Art von internalisierter Auslieferung die Opfer ihrer Emotionen. Zwar mögen sie gerade mit der Ausschließlichkeit dieser auf das Opfer gerichteten Gefühle zu dessen Distanzierung beitragen, aber dies wird ihnen nicht verantwortlich angelastet, solange sie erwartbare Rollenfunktionen erfüllen. Es wird ihnen in dieser Rekonstruktion keinerlei Verantwortung an der Situation attribuiert: für ihre Gefühle sind sie ebensowenig verantwortlich zu machen wie für die Verhaltensweisen von Opfern. So liegt die Verursachung der Tat, von den Angeklagten aus gesehen, extern; es ist das Verhalten von Opfern, das die Tatsituation begründet und die Tathandlung auslöst. Erst in der Übersprunghandlung der Tat konstituieren die Gerichte in einem rechtlichen Akt normativer Setzung die eigene Verantwortung von Angeklagten am Geschehen, aber diese eigene Verantwortung ist gering, und wenngleich die passive Viktimisierung an dieser Stelle in aktive Täterschaft umschlägt, so hat diese aktive Täterschaft doch eine hohe Verstehbarkeit.

Insgesamt nimmt diese Rekonstruktion durchaus Partei und unterstellt implizit, daß die Tat nicht geschehen wäre, wenn sich Opfer nicht so verhalten hätten, wie sie sich verhalten haben. Betrachtet wird dabei genau genommen nicht eine Psychodynamik zwischen zwei Personen; das müßte implizieren, eine Dyade wahrzunehmen, in der Aktion und Reaktion schon lange Zeit vor der Tat in unauflöslicher Verbindung stehen und sich Verantwortungsanteile nicht sondern lassen, sondern gegenseitig bedingen. Betrachtet werden jedoch vor allem die Verhaltensweisen zweier isolierter Personen, die in quasi naturgesetzlicher Kausalität miteinander kollidieren. Zwei moralische Charaktere stoßen dabei aufeinander: ein Charakter hoher emotionaler Verletzbarkeit und ein Charakter egoistischer Selbstbezogenheit. Es regiert bei dieser Rekonstruktion ein *common sense*, der geschult zu sein scheint an literarischen Modellen einer nicht oder nicht mehr erwiderten Liebe. Damit ist ein identifikatorisches Potential gegeben, bei dem ein humanes Verständnis für eine ubiquitäre menschliche Situation dominiert. Das findet seinen rationalisierenden Ausdruck in einer in den unteren Regionen bleibenden Strafzumessung.

b)   Rekonstruktionslogik II : Eifersucht und eine beidseitig unterhaltene Dynamik

Die hier zusammengefaßten Muster 6 und 7 unterscheiden sich von der vorhergehenden Rekonstruktionslogik eher graduell als qualitativ: auch hier finden wir Angeklagte, die hilflos ihren Gefühlen ausgeliefert sind. Aber - und das macht den ausschlaggebenden Unterschied aus - ihr moralischer Charakter wird nicht im Sinne einer passiven Viktimisierung rekonstruiert, sondern sie spielen in diesen Rekonstruktionen bereits vor der Tat eine aktive dynamische Rolle innerhalb der Beziehung. Sie 'mischen mit', indem sie eifersüchtig reagieren, Vorhaltungen machen, eigenständig ihrerseits Anlässe für Eifersucht liefern, gelegentlich auch ausfällig oder handgreiflich werden. Dies dürfte ein wahreres psychodynamisches Bild abgeben als in den oben beschriebenen Mustern und dient hier dazu, die Verantwortung paritätischer zuzuschreiben. Die Angeklagten sind zwar in hohem Maße, aber nicht ausschließlich den von den Opfern gesetzten externen Umständen unterworfen, sondern auch Erwachsene unter Erwachsenen, die ihre Interessen zu artikulieren vermögen.

Das wirft entsprechend auch auf die Opfer ein anderes Licht. Diese erscheinen nicht mehr als so dominant, und ihr moralischer Charakter entspricht reziprok dem der Angeklagten. Gerade diese relative Gleichrangigkeit, bei der beide Eifersuchtsszenen inszenieren, sich gegenseitig beschimpfen, mit Treue und Untreue mehr oder weniger ernsthaft spielen, macht die Entscheidungsgrundlage dieser Fälle aus: hier fühlen die Gerichte sich nicht aufgerufen, noch im Nachhinein den emotional Unterlegenen zu einem moralischen Recht zu verhelfen, das sie sich selbst nicht verschaffen konnten.

Vielmehr erscheinen in dieser Rekonstruktion vorhergehende Handlungen und die Tat als eine Auseinandersetzung unter zwei Menschen, die sich gegenseitig gewachsen waren. Das entlastet die gesamte Situation im Rahmen der forensischen Beurteilung: man sieht sich vor einer eher alltäglichen Dynamik und fühlt sich nicht gehalten, durch die Sanktionierung der abzuurteilenden Tat eine Art von nachholender Gerechtigkeit herzustellen.

Beides zusammengenommen - alltägliche Dynamik und die fehlende Notwendigkeit, Angeklagten als den 'eigentlichen' Opfern nachträgliche Genugtuung zu geben - dürfte die Strafzumessung im Rahmen dieser Rekonstruktionslogik erklären. Ersteres verweist auf eine mindere Schwere der abzuurteilenden Tat, letzteres darauf, daß Bewährungsstrafen nicht unbedingt in Frage kommen. Eben weil Angeklagte schon vorher nicht nur ausgeliefert waren, sondern auch aktive dynamische Teilnehmer, muß die Tat auf eine etwas nachhaltigere Weise sanktioniert werden, um ihnen die Schwere eines tätlichen Angriffs deutlich zu machen.

Ungeachtet der Tatsache, daß in dieser Rekonstruktion relativ niedrige Strafen verhängt werden, fällt daneben auch auf, daß die Strafen für Frauen durchgehend niedriger sind als die für Männer (vgl. auch Kapitel 3.3). Die Gründe lassen sich eher vermuten als eindeutig benennen. Es ist oben schon erwähnt worden, daß die Männer dieses moralischen Charakters auf spezifische Weise 'weich' wirken und damit vom tradierten Männerbild eher abweichen. Es ist diese Abweichung mit ihren Verhaltenskorrelaten (im Rahmen der biographischen Rekonstruktion wie in der Verhandlung), die einerseits zur minderen Schwere führt: insoweit wird 'Erleiden' belohnt. In deren Rahmen jedoch höhere Strafen zu verhängen, erinnert an normative Erwartungen von Selbstkontrolle und Festigkeit. Psychischem Druck nachzugeben, ohne sich 'zu ermannen', scheint Männern vorwerfbarer als Frauen. Ausschlaggebend dürfte aber die Qualität ihrer Opferrolle sein, die in den gerichtlichen Rekonstruktionen sichtlich von jener Opferrolle divergiert, die Frauen durchleiden: stehen bei diesen physische Gewalthandlungen im Vordergrund, so bei jenen emotionale Kränkungen. Für beides gelten unterschiedliche Anforderungen des Ertragens, wenngleich der Reaktion in der Tat bei beiden Formen mit Verstehen begegnet wird.

c)   *Bedeutungen und Botschaften des § 213 StGB*

Dem obigen Überblick lassen sich einige grundsätzliche Fragen anschließen, die - unabhängig von den unterschiedlichen Rekonstruktionslogiken - strukturelle Bedeutung für die Logik der Strafzumessung haben. Die oben unter 6.1 und 6.3 erörterten Fälle sind mehrheitlich nach § 213 StGB als Totschlag im minder schweren Fall entschieden worden, und im Vergleich läßt sich die Symbolik der strafrechtlichen Reaktion auf jene

Taten, denen die Gerichte mindere Schwere attestieren, näher beschreiben.[7]

Die Anwendung des § 213 StGB signalisiert, pointiert ausgedrückt, Verständnis für zwei Situationen: für die spontane Impulsivität der leicht Kränkbaren oder Tugendhaften (meistens Männer, siehe Muster 3 und 7) und für die Geduld der emotional und/oder unter physischer Aggression Leidenden (meistens Frauen, siehe Muster 2 und 6). Bei differenzierter Betrachtung trägt dies unterschiedliche Botschaften in sich, die sowohl nach dem Geschlecht von Angeklagten wie nach der Rolle in der Tatsituation als Täter und Täterin bzw. Opfer unterschieden werden können.

Soweit der § 213 StGB bei weiblichen Täterinnen angewendet wird, so muß man in Betracht ziehen, daß dabei gelegentlich durch Sachverhaltsrekonstruktionen, die Notwehr als Subsumtion ausschließen, eine spezifische Verantwortungszuschreibung an die Täterinnen hergestellt wird.[8] Ob dies für männliche Täter gleichermaßen gilt, läßt sich nicht sagen, da solche Tatkontexte typischerweise nahezu nur bei Frauen vorkommen. Aber sogar in jenen Fällen, in denen Notwehr nicht in Betracht kommt und sich die Subsumtion relativ zwanglos an die Sachverhaltsrekonstruktionen der Angeklagten selbst anfügt, kann man dies - bei aller Privilegierung der Strafzumessung, die § 213 StGB gestattet - als eine De-Privilegierung durch die strafrechtliche Tatbestandsstruktur begreifen. Wird einerseits der Kontext männlicher Gewalt, aus dem heraus die Tat entstanden ist, anerkannt, so muß andererseits die dagegengestellte Gewalt sanktioniert werden. Bestraft wird damit die oft erst- und einmalige Gegengewalt, während die zahlreichen Körperverletzungshandlungen des Opfers in der Vergangenheit mangels Anzeige ohne Sanktionierung bleiben. Strafrechtlich ist das anders nicht denkbar,

---

7   Vgl. zur tatbestandlichen Struktur des § 213 StGB Kapitel 3.1.

8   Wie dies geschieht, kann an dieser Stelle nur angedeutet werden: einerseits minimalisieren die Gerichte das 'Tatunrecht', indem lang andauernde männliche Gewalt als beziehungsdynamischer Entstehungskontext der Tat zur Begründung des minder schweren Falles genutzt und insoweit nachvollziehendes Verstehen formuliert wird. Faßt man, wie die Gerichte dies tun, die Tat als einen zeitlichen Nullpunkt auf, so ist dies der retrospektive Aspekt solcher Würdigungen, auf dem die mindere Schwere basiert; die Schilderungen der Angeklagten werden dabei als glaubhaft zugrundegelegt. In ihrem prospektiven Aspekt rekonstruieren diese Urteile jedoch andererseits ihre eigene Plausibilität, die von der der Angeklagten abweicht und eine Folgerung auf Notwehr ausschließt. Während vergangene Gewalt geglaubt und für die Strafzumessung relevant gemacht wird, so gilt dies nicht für die durch das Opfer unmittelbar drohende Gewalt, von der viele Frauen sprechen. Das Ergebnis dieses Vorgehens ist eine gewisse Partikularisierung des gesamten Kontextes auf eine Situation, in der die Tat einen janusköpfigen Kulminationspunkt bildet: wegen der vergangenen Gewalt verstehbar, wegen der nicht weiter bevorstehenden Gewalt jedoch strafbar, und auf diese Weise liegt in der Tathandlung selbst der Wendepunkt, an dem sich das bisher passive Opfer in die aktive Täterin verwandelt. Vgl. zu diesem Mechanismus und seinem sozialen Hintergrund ausführlich Legnaro und Aengenheister (1995b).

verweist jedoch auf ein strukturelles Problem: "Nicht so sehr die Persönlichkeit der Frau als die Struktur der sozialen Situation sind dafür verantwortlich, daß Frauen auf durchsetzbare Rechte und Ansprüche verzichten" (also etwa auf männliche Gewalt nicht mit einer Strafanzeige reagieren) "oder sogar mit Gesten der Fürsorglichkeit »bezahlen«" (Hagemann-White 1988, S. 93). Diese Struktur perpetuiert sich in der Balanciertheit der strafrechtlichen Betrachtung.

Die konstellative Mit-Schuld von Täterinnen wird dabei ausgedrückt als die Formulierung einer enttäuschten Erwartung. Während nämlich die in der Tathandlung ausagierte männliche Aggression als quasi-natürlich hingenommen zu werden scheint und nicht weiter kommentiert zu werden braucht, verlangt vergleichbare weibliche Aggression einen Kommentar und darüberhinaus den Hinweis auf mögliche Verhaltensalternativen. Den mehr oder weniger offen ausgesprochenen Urteils-Tenor bildet bei ihnen allen, was sich eine (F11) explizit sagen lassen muß:

Sie muß sich aber insbesondere vorhalten lassen, [...] nicht ein anderes Mittel gefunden zu haben, um die Auseinandersetzung zu beenden.

Dies scheint die geheime Botschaft bei der Anwendung der zweiten Alternative des § 213 StGB an Täterinnen: daß sie Gewalt erlitten haben, wird durchaus gesehen und für die Strafzumessung verständnisvoll und mildernd verwendet. Auf Aggressionen hin jedoch selbst aggressiv zu reagieren, das macht nicht nur ihre Tat-Schuld aus, sondern auch ein weibliches Konformitätsversagen. Angeraten ist ihnen somit eine Form des intra-familären *appeasement*, das zur Vermeidung einer offensiven Gegenreaktion ihrerseits dienen könnte.

Daneben scheint die Anwendung des § 213 StGB auch eine Botschaft an weibliche Opfer zu tragen: die Durchsetzung eigener individueller Interessen hat höchst vorsichtig verpackt zu werden, um das empfindliche Selbstwertgefühl männlicher Täter nicht zu beeinträchtigen und sie nicht 'auf der Stelle hinzureißen'. Die Aufrechterhaltung der männlichen Selbstkontrolle und Beherrschtheit gerät damit offensichtlich auch zu einer Aufgabe der Ehefrau, die nicht nur als Erwachsene in einer Beziehung zwischen Erwachsenen wahrgenommen wird, sondern auch als mütterliche Beschützerin einer männlichen Kindhaftigkeit, bei der sie Mitverantwortung trägt für Reaktionen und Befindlichkeit des Mannes. Diese Zuschreibung ist zwar umgekehrt denkbar, von der systematischen Konstruktion der strafrechtlichen Tatbestände her empirisch aber dennoch eher selten. Die Anwendung des § 213 StGB setzt ja eine Art der offenen Tatbegehung voraus. Frauen sind dagegen, auch dann, wenn die kontextuellen Umstände einen minder schweren Fall in der Form der ersten oder zweiten Alternative nahelegen, aus physischen und wohl auch internalisiert-psychischen Gründen oft nicht in der Lage, ihr Tötungsdelikt in solch offener Weise zu begehen, und es greifen dann die Bestimmungen zur Heimtücke im Rahmen des § 211 StGB. Den Mord im minder schweren Fall gibt es jedoch nicht,[9] und auf diese Weise kommt die Strafzumessungsregel des § 213 StGB im Rahmen von Trennungstaten als Zuschreibung von Mitverantwortung an weibliche Opfer eher männlichen Tätern zugute.

Komplementär richtet sich eine Botschaft an die betroffenen Männer. Sind sie Täter, so scheint diese Botschaft zu besagen, daß die Tötung der Ehefrau nach verkündetem Trennungsentschluß rechtlich zwar nicht entschuldbar ist, aber je nach Verhalten der Ehefrau ein gewisses subsumtiv ausgedrücktes Verständnis finden kann. Tatsächlich werden hier patriarchale Besitzvorstellungen im ehelichen Verhältnis zu einem großen Teil legitimiert: "Die Frau soll nicht nur (...) keinem anderen gehören, sie soll vor allem nicht sich selbst gehören", resümiert Oberlies (1995, S. 82, vgl. auch Geilen 1977; Körner 1992). Die Argumentationsstruktur der Gerichte verkleidet diesen Grundtenor jedoch und entwickelt ihn psychologisierend weiter, wie dies der Text des § 213 StGB auch nahelegt. Der Trennungsentschluß der Frau wird als eine narzißtische Kränkung für den Mann begriffen, die nicht nur implizit beruht auf den männlichen Besitzansprüchen, sondern auch auf der Verzagtheit der Männer, nun alleine in der Welt stehen zu sollen. Es ist dieser Aspekt von Abhängigkeit und Schwäche, der die gerichtliche Argumentation entscheidend prägt. Daß sie dieser Schwäche, die sich mit der Bedrohung des Verlassen-Werdens verbindet, nicht 'Herr' geworden sind, bildet dann den Angelpunkt der Sanktionierung. Sind sie Opfer, so bedeuten ihnen die Urteile einerseits, sich zwar durch ihre physische Gewalt in der Vergangenheit an der Tat mitschuldig gemacht zu haben, andererseits jedoch auch, daß das Strafrecht kompensatorisch eingesetzte und deswegen möglicherweise auch relational unangemessen ausfallende weibliche Gegengewalt nicht zu legitimieren bereit ist. Intrafamiliale Gewaltverhältnisse werden auf diese Weise zwar wahrgenommen, jedoch nicht bündig delegitimiert. Diese Problematik verweist allerdings weit über die Struktureigenschaften des Strafrechts hinaus auf strukturelle Bedingungen von Gewalt in hierarchischen Gesellschaften.

---

9 Allenfalls die vom BGH entwickelte 'Rechtsfolgenlösung' (BGHSt 30, S. 105 ff.) trägt solchen Umständen Rechnung; vgl. hierzu u.a. Frommel (1981), Rengier (1982), SK-Horn § 211 Rn. 6a. Zur Problematik des Mordmerkmals der Heimtücke vgl. Junger (1984); Frommel (1987); Legnaro und Aengenheister (1995a); Oberlies (1995, S. 130ff.).

7. BIOGRAPHISCHE REKONSTRUKTIONEN UND DIE STRAFZUMESSUNG II

7.1 Strafen mit einer Ausschöpfungsquote von über 30 % bis zu 50 %

Strafen dieser Höhe können beträchtlich sein: die Fünfzig-Prozent-Grenze liegt etwa für Totschlag und voller Schuldfähigkeit bei zehn Jahren, für einen versuchten Mord bei neun Jahren. Von einer geringen Strafe läßt sich also nur sehr eingeschränkt sprechen. Für die forensische Argumentation bildet aber die Mitte des Strafrahmens eine immer wieder zu hörende Markierung: diese Mitte bietet Orientierung nach oben wie nach unten, und eine Strafe unterhalb der Mitte oder über der Mitte zu beantragen oder zu verhängen, kommt auch dem Maß an einem imaginären Mittelpunkt von Tatschwere und Tatschuld gleich.

Die hier behandelten Strafen unterhalb der Mitte des Rahmens akzentuieren demnach deutlich eine Abgrenzung nach oben, aber auch nach unten: die zugeschriebene Schuld ist zu groß, um noch einen minder schweren Fall zu rechtfertigen, aber auch nicht so groß, daß die Strafe oberhalb der Rahmenmitte angesiedelt sein müßte. An den Fällen läßt sich deutlich erkennen, daß die Strafzumessung bei einigen sich eher nach unten abgrenzt, bei anderen wiederum eher nach oben. Das weist die hier beschreibbaren Muster als Ergebnis einer spezifischen Tarierung aus: es kommt einerseits - im Vergleich mit den bisher behandelten Mustern - 'etwas' hinzu, während andererseits noch 'etwas' fehlt. Was fehlt, wird sich erst bei der Erörterung höherer Strafzumessung ersehen lassen, was hinzukommt, läßt sich, vorwegnehmend, kennzeichnen als Bewertung der Tat selbst. Während diese Tat in den bisherigen Mustern zwar den Anlaß der Bestrafung bildet, für die vorgenommenen Biographisierungen und die Gesamtbewertung aber keine wesentliche Bedeutung hatte, rückt sie nun merklich in den Vordergrund, ohne jedoch völlig zu dominieren. Die Biographisierung dieser Muster trägt noch deutliche Zeichen der oben behandelten Rekonstruktionslogiken I und II; das entlastende Gewicht solcher Biographisierungen wird jedoch teilweise konterkariert durch die Tathandlung selbst, so daß für die Strafzumessung nicht die gleichen Folgerungen gezogen werden.

Beide Muster beziehen sich vornehmlich auf weibliche Angeklagte; männliche Angeklagte fallen in dieser Stichprobe nur selten unter diese Strafrahmenausschöpfung.

a) Muster 8 : 'für ihre Zwecke eingespannt'

Schon der einer Urteilsbegründung entnommene Titel läßt erahnen, daß in diesem Fall die Anstiftung zu einem Tötungsdelikt sanktioniert wird und nicht seine eigenhändige Ausführung. Die Fälle dieses Musters tragen hierdurch ihre spezifische Akzentuierung: beschrieben sind Frauen, die Männer zu einer Tat veranlassen, und das macht einen beträchtlichen Teil ihrer Schuld aus.

> *Am Anfang ihrer Beziehung liebte die Angeklagte [... ihren Mann.] Er gab ihr das Gefühl, etwas Besonderes zu sein. Sie heiratete ihn, obwohl er sie von Anfang an ausnutzte. Er brachte sie dazu, in Nachtbars zu arbeiten und für ihn der Prostitution nachzugehen. Wenn sich die Angeklagte weigerte, setzte er seine Forderungen mit Schlägen durch. Die Angeklagte litt jahrelang unter der Gewalttätigkeit ihres Ehemannes, brachte aber nicht den Mut auf, sich von ihm zu trennen. [...] Im Laufe der Zeit schlug die anfängliche Liebe der Angeklagten [...] immer mehr in Haß um. Sie haßte ihren Ehemann [...] für all die Dinge, die er ihr, aber auch ihren Kindern angetan hatte. Zu alledem hatte sie von ihrer Tochter [...] auch noch erfahren, daß diese ihren Ehemann mehrmals mit der Hand habe befriedigen müssen. Mit ihren Kindern sprach sie oft über die familiäre Situation. Schon Monate vor der Tat überlegten sie gemeinsam, wie sie [ihren Ehemann] los werden könnten. Mehrmals äußerte sie, daß es besser wäre, wenn er sich den Hals brechen würde. Die Kinder rieten ihr, sich scheiden zu lassen. Dazu brachte sie aber den Mut nicht auf. (F5).*

Diese Rekonstruktion einer Beziehung versammelt bereits alle Ingredienzien dessen, was dann nach Überzeugung des Gerichts geschieht, daß nämlich die Angeklagte ihren Sohn und dessen Freund anstiftet, ihren Mann zu ermorden. Rekonstruiert wird eine dreiphasig-lineare Entwicklung: Liebe zu Beginn, lange Jahre des Ausgenutzt-Werdens, Umschlag von Liebe in Haß und erste Taterwägungen. In dieser Linearität gibt es keine Ambivalenzen, sondern nur eine folgerichtige Zuspitzung auf die Tat hin; darin ist aber auch eine Entlastung angelegt. Die Erwägungen der Strafzumessung beginnen mit den Worten:

> *Nach den Feststellungen der Beweisaufnahme ist zu Gunsten der Angeklagten davon auszugehen, daß sie ohne eigene Schuld von dem später Getöteten über Jahre schwer mißhandelt und gedemütigt und dadurch zu der Tat veranlaßt worden ist.*

Im Anschluß benutzt das Urteil eine Fülle von Vokabeln, die Tyrannisierung und

Ausgeliefertheit signalisieren: es ist von ihrer "als ausweglos empfundenen Situation" die Rede, sie sei "jahrelang rücksichtslos materiell und sexuell ausgebeutet" worden, sie habe "fortdauernde Demütigungen" erfahren. Wie auch die oben zitierte Formulierung andeutet, sie sei "ohne eigene Schuld" in diese Situation geraten, mischen sich hier Elemente der Muster 2 und 4, und es scheint die Anerkennung einer Situation vorzuherrschen, in der sie als hoffnungslos Unterlegene nach 'geduldigem Ertragen' in 'Ausweglosigkeiten' gerät, die einzig durch die Tat aufgelöst werden können. Wenn das Urteil insoweit Verständnis äußert, so wird dieses Verständnis zum Teil jedoch durch eine Strafe von acht Jahren, die den Rahmen zu 41,7 % ausschöpft, wieder zurückgenommen. Die Gründe dafür scheinen bereits im obigen Zitat angedeutet in der zweimal wiederholten Bemerkung der Kammer, die Angeklagte habe für eine Scheidung "den Mut" nicht aufgebracht. Damit ist ein spezifischer Kontrast konstruiert zu dem, was sie dann tut, indem sie die beiden jungen Leute dazu auffordert, ihren Ehemann umzubringen und 'das richtig zu erledigen'. Diese Handlung wird im Urteil nicht direkt qualifiziert, kann jedoch gerade vor dem Hintergrund fehlenden Muts als hinterhältige Gerissenheit und kühles Ausnutzen erscheinen. Entscheidend für das Strafmaß ist dann auch,

daß die Angeklagte ihren Sohn [...,] für den sie verantwortlich war, und den jugendlichen [...] für ihre Zwecke eingespannt hat.

In diesem Fall gehen Verständnis für die Angeklagte als das Opfer einer Tyrannenehe und Mißbilligung der Tatsache, daß sie zwei Jugendliche zur Tat anstiftet, eine spezifische Mélange ein. Gäbe es nur das erstere, wäre das Strafmaß wahrscheinlich geringer ausgefallen, gäbe es nur das letztere, wäre es mit ziemlicher Sicherheit höher ausgefallen. Zwar erscheint die Tat und ihre Motivation, nach den rekonstruierten Ereignissen, als verstehbar, aber dieses Verständnis ist begrenzt durch die Art ihres Umgangs mit den erlittenen Demütigungen. Die passive Viktimisierung, die auch ihr (wie in den beschriebenen Mustern 1 - 5) zugeschrieben wird, erscheint gebrochen durch die Art ihrer zur Tat führenden Aktivität: hätte sie ihren Ehemann selbst getötet, wäre das Bild konsistenter. So hingegen wird das Bild geprägt dadurch, daß sie ihre eigenen Interessen durch andere verfolgen und -fast im Wortsinn - exekutieren läßt. Damit transzendiert sie den Opfer-Status entscheidend, und der moralische Charakter dieser Rekonstruktion zeigt deutlich den Übergang von der Region minderer Schwere zur Region erheblicher Schuldzuschreibung.

Im weiteren Sinne vergleichbar ist hier ein anderer Fall, eine versuchte Anstiftung zum Mord (F19). In diesem Fall hat die Angeklagte versucht, einen Bekannten zur Tötung ihres wesentlich älteren Ehemannes zu bewegen; das Gericht rekonstruiert dafür durchaus egoistische Gründe, die sowohl Habgier beinhalten wie die emotionale

Ambiguität eines großen Altersunterschieds. Diese Tat wird mit acht Jahren geahndet, und angesichts der Tatsache, daß es hier (singulär in der Stichprobe) bei einer versuchten Anstiftung bleibt, also keine unmittelbare Gefährdung des Opfers eintritt und die Tat als vorverlagerte Handlung lediglich im rechtlichen Sinne geschieht, ist das einerseits kein geringes Strafmaß, bleibt andererseits jedoch in der Marge unterhalb der Mitte des Strafrahmens.

Die Instrumentalisierung anderer für egoistische eigene Ziele bildet in diesem Muster die ausschlaggebende Erwägung und liefert die interne, den Angeklagten mitangelastete Verursachung der Tat. Solche Instrumentalisierung wiegt als eigener Anteil teilweise die Anteile des Opfers auf; verhindert das einerseits eine tatsächlich milde Bestrafung, so gebietet es andererseits eine Strafzumessung unterhalb der Mitte.

Vergleichbares gilt auch für einen männlichen Angeklagten, der als einer der wenigen unter diese Strafrahmenausschöpfung fällt (M13). Er ist aktiv beteiligt an der Ermordung des ehemaligen Freundes seiner jetzigen Freundin, und das Gericht rekonstruiert als Tatmotivation:

> *Seine Motivlage war denn auch weniger von Verzweiflung und dem Empfinden von Ausweglosigkeit geprägt als von dem Willen,* [seiner Freundin und jetzigen Mitangeklagten] *aus Mitleid und in der Hoffnung diese für sich zu gewinnen bzw. zu helfen.*

Ungeachtet der sprachlichen Krummheit wird die gerichtliche Intention deutlich: die Tat ist primär aus durchaus egoistisch geprägten Motiven heraus begangen worden, und Mitleid hat demgegenüber motivational ein geringeres Gewicht. So instrumentalisiert der Angeklagte zwar keine anderen Menschen, nutzt die in der Tat angelegte Hilfe jedoch als emotionale Werbung für sich.

b)   *Muster 9 : Pathologie der Person und Pathologie der Tat*

Pathologie der Person in einem besonders prägnanten Ausmaß bestimmt die Fälle dieses Musters. Diese Pathologie steht in einem engen Zusammenhang mit der Tat und macht zwar die Handlungsweisen von Angeklagten erklärlich; das rückt die Bestrafung in die Region unterhalb der Mitte. Andererseits jedoch erscheint die Tat als ein so exzessiver Ausbruch, daß sie eine die Verantwortung von Angeklagten relativierende Biographisierung nicht völlig aufhebt und mehr Schuld zuschreibt, als man für diese Art der Biographisierung erwarten sollte.

> *In einer Gaststätte in* [...] *lernte sie im Juli 1992 den 27-jährigen* [...] *kennen, dessen Tod durch ihre Hand Gegenstand des vorliegenden*

Verfahrens ist. [...] Die Angeklagte erlebte die Beziehung zu [...] zunächst als sehr harmonisch [...] (F22).

So beginnt eine Beziehungsgeschichte, die an ihrem Anfang keine Eigenheiten verrät. Die unüblicherweise schon in die Zukunft verweisende Formulierung, derjenige, den die Angeklagte da kennenlernt, habe den "Tod durch ihre Hand" gefunden, nimmt die Tat aber bereits als Element dieser Beziehung wahr, als sie sich noch "harmonisch" anläßt. Den weiteren Verlauf skizziert das Urteil eher nebenbei:

Sie fühlte sich von ihrem Freund zunehmend schlecht behandelt und tief gekränkt, etwa dadurch, daß er sie aufforderte, Gewicht abzunehmen.

Nicht die Dynamik zweier Menschen steht hier im Vordergrund der weiteren Rekonstruktion, sondern die individuelle Psychopathologie der Angeklagten als

schwerwiegende dissoziale Persönlichkeitsentwicklung, die sich in einer - im Grenzbereich zwischen Neurose und Psychose anzusiedelnden - Borderline-Persönlichkeitsstörung manifestiert hat.

Die Elemente dieser Zuschreibung werden anhand biographischer Versatzstücke aus dem gesamten Leben der Angeklagten vorgenommen, und die Tat sei vor diesem Hintergrund zu sehen. Es

steigerten sich ihr Ohnmachtsgefühl und ihre Aggressivität. Diese Aggression entlud sich zur Selbstentlastung der Angeklagten in einem sadistisch-aggressiven Verhalten, dem Anzünden des Opfers.

Das rekonstruiert die Tat als Explosion, deren Anlässe primär in der spezifischen Umweltwahrnehmung der Angeklagten zu sehen sind und weniger in tatsächlichen Verhaltensweisen anderer. Die Art dieser Tat aber - sie hat ihren schlafenden Freund mit Benzin übergossen und angezündet - veranlaßt eine spezifische Zuschreibung von Verantwortlichkeit, nämlich daran,

daß das Tatopfer bis zu seinem Tod fürchterliche Qualen gelitten hat.

In den knapp gehaltenen Strafzumessungserwägungen ist dies das einzige strafschärfend angeführte Argument, und dabei wird die Pathologie der vorangehenden Biographisierung argumentativ abgespalten. Wäre angesichts der im Urteil beschriebenen Psychopathologie zu erwarten, daß diese Art der Biographisierung auch die Betrachtung der Tat prägt, so hat vielmehr die Tatausführung ihr eigenes Gewicht. Unterhalb der Mitte des Strafrahmens zu bleiben (und zusätzlich Unterbringung nach § 63 StGB anzuordnen) balanciert somit zwei eher unverbunden betrachtete rekonstruktive

Versatzstücke: die Pathologie eines Lebens und die Pathologie einer Tat.

Ähnliche Bewertungszusammenhänge regieren auch andere Fälle, die unter diese Strafrahmenausschöpfung fallen (F14; F28). Bei beiden werden schwere Persönlichkeitsstörungen rekonstruiert, die für die Tat eine gewichtige Bedeutung haben; aber die Spezifika der Tat selbst relativieren die Folge, die aus dieser Biographisierung gezogen werden müssen. Zu solchen Spezifika zählen etwa die Natur des Opfers ("ein wehr- und hilfloses Kleinkind") oder der Exzess einer länger hingezogenen Tatausführung und die Ausnutzung physischer Überlegenheit.

c)   Rekonstruktionslogik III : Strafzumessung unterhalb der Mitte des Strafrahmens

Der *common sense*, der die Rekonstruktionslogik solcher Strafzumessung regiert, hat zwei Facetten, die beziehungslos nebeneinander zu stehen scheinen. Eine Facette bezieht sich auf die Biographisierung bis zur Tat hin. In ihrem moralischen Charakter, wie ihn die Urteile rudimentär zeichnen, erscheinen diese Angeklagten als nur unwesentlich unterschieden von bisherigen Mustern; der prinzipielle Unterschied liegt darin, daß nicht ausschließlich emotionale Fixierung und affektive Auslieferung in der Beziehung zum Opfer im Vordergrund stehen, sondern in manchen Fällen auch die bereits frühkindlich angelegte Pathologie von Persönlichkeit. Neben dieser Pathologie, und das ist die zweite Facette, abgetrennt von der ersten und ein eigenständiges Element bildend, erkennen die Gerichte einen gewissen Egoismus, eine gewisse Aktivität bei der Verfolgung eigener Ziele, einen Überschuß der Tathandlung. Damit setzt - und das konstituiert den gravierenden Unterschied zu den bisher besprochenen Mustern - eine interne, den Angeklagten selbst zugeschriebene Verantwortlichkeit ein: die Art der Tat selbst prägt zusätzlich die strafrechtliche Bewertung. Darauf baut eine Strafzumessung auf, die einerseits die Pathologie von Persönlichkeit oder die psychische Belastung durch das Opfer zum Anlaß nimmt, eine Strafe aus der unteren Hälfte des Rahmens zu wählen, andererseits die konkrete Tat von der Pathologie abspaltet und diese zum Anlaß nimmt, in dieser unteren Hälfte eine höhere Strafe zu verhängen. Das entspricht den rechtlichen Bedingungen, da "die Gesinnung, die aus der Tat spricht, und der bei der Tat aufgewendete Wille" nach § 46 StGB Elemente der Strafzumessung sind; bezeichnend ist aber, daß "Gesinnung" und "Wille" nicht durch die vorhergehende Biographisierung gefiltert werden.

So bildet vor allem die Tat selbst den Ausgangspunkt von Strafzumessung, und das setzt diese Muster gegenüber den vorher behandelten deutlich ab. Ein wesentlicher Grund für diese Gewichtung der Tat dürfte darin liegen, daß die meisten Opfer weitgehend unbeteiligt sind an der Genese der Tatsituation: sie verhalten sich alltäglich, tragen nicht durch eigene Provokationen zur Entstehung dieser Situation bei und sind in der Tatsituation selbst immer völlig ahnungslos, viele sogar im rechtlichen Sinne arg- und wehrlos; jedenfalls ist es nicht ihr aktuelles Verhalten, das die Tat auslöst. So spricht die Tat 'an sich' für eine Strafzumessung, die die Fünfzig-Prozent-Grenze überschreitet; die biographische Rekonstruktion wiederum mit ihren Entschuldungsanteilen, die ebenso gravierend sind wie in den bereits besprochenen Mustern, senkt im Ergebnis die verhängte Strafe unter diese Grenze. Das wirkt nicht unbedingt widerspruchsfrei, wenn man es (wie es chronologisch und psychologisch geboten wäre) anders herum liest: einerseits deutet die biographische Rekonstruktion entweder aufgrund einer Persönlichkeitsstruktur von hoher, in jedem Falle 'krankheitswertiger' Pathologie oder aufgrund der rekonstruierten Anteile des Opfers auf weitgehende persönliche Entschuldung hin, andererseits wird die konkrete Tatausführung selbst zum Angelpunkt individueller Schuld gemacht. Die Tat erscheint damit tendenziell als eine autonome Hervorbringung von Angeklagten, die die Ent-Schuldung der Biographisierung teilweise wieder aufhebt. Gerade solche Abspaltung der Tat von der Biographisierung ist das neue argumentative Element dieser Muster.

7.2 Strafen mit einer Ausschöpfungsquote von über 50 % bis zu 80 %

Dies sind definitiv die oberen Regionen der Strafzumessung, und wenngleich diese Ausschöpfungsquote noch Spielraum nach oben läßt, insofern also auch das Vorhandensein von Taten mit größerer individueller Schuld anerkennt, so bewegen wir uns hier doch in einer Ausschöpfung, die nicht mehr den Durchschnittsfall sanktioniert, sondern Taten mit einer Schwere über diesem (gedachten) Durchschnitt. Die Frage ist, was für die Gerichte diese 'Schwere' ausmacht und in welcher Art der Biographisierung und damit verbundenen Tatbeschreibung sie gefunden wird.

Die Darstellung der Rekonstruktionslogik I (Muster 1-5) hat gezeigt, in welchem Ausmaß emotionale Verwicklungen von den Gerichten unter der Bedingung strafmildernd verrechnet werden, daß Angeklagte ohne eigene Mitwirkung und Mitverursachung in die Tatsituation geraten sind. Diese höchst einseitig angenommene Dynamik, in der es primär eine handelnde Person gibt (nämlich diejenige, die in der Tathandlung zum Opfer wird), beschreibt Rekonstruktionslogik II (Muster 6 und 7) etwas realitätsnäher: hier handeln zwei moralische Charaktere, die sich gegenseitig gewachsen sind, und gerade dies macht den Tenor aus Milde einerseits und strafender Mahnung andererseits aus (vgl. oben 6.4). Typisch für eine Strafrahmenausschöpfung zwischen 50 % und 80 % wird nun eine Umdefinition der Dynamik, die als Handelnde vor allem Angeklagte in den Mittelpunkt rückt und in diversen Partikeln ihre Verantwortung dafür konstituiert, daß es zu jener Situation, in der die Tat geschieht, überhaupt kommt. Tatsächlich läßt sich hier in jedem Punkte eine Umkehrung der Bewertung sehen: was in Rekonstruktionslogik I als 'emotionale Fixierung' beschrieben wurde, kehrt sich hier zu einer 'egozentrischen Fixierung' um; das oben beschriebene eigene Wohlverhalten bis zur Selbstaufgabe kehrt sich um in einen ignoranten Egoismus, dem es nur um sein eigenes Wohlbefinden geht; und anstelle der wenig einfühlsamen Verhaltensweisen von Opfern, die disparat im Vergleich zur Ausgeliefertheit der Angeklagten erscheinen, rekonstruieren die Urteile berechtigte Interessen der Opfer. Daß sie gerade bei der Verfolgung und Durchsetzung dieser berechtigten Interessen getötet werden, wird in diesen Urteilen mit erheblichen Strafen sanktioniert. Hier kehrt sich auch die Rolle derjenigen um, denen nachträglich Genugtuung zu verschaffen ist: waren es in den obigen Mustern die Angeklagten, so sind es hier die Opfer. Zugleich - und das setzt die Linie von Rekonstruktionslogik III (Muster 8 und 9) fort - steigt bei der Bewertung das Gewicht der konkreten Tathandlung, die zunehmend von Biographisierungen abgetrennt wird und ein eigenständiges Faktum bei der Strafzumessung bildet.

Die zu beschreibenden Muster konzentrieren sich auf die Elemente dieser den Angeklagten zugeschriebenen Verantwortlichkeit für die Entstehung der Tatsituation: welche Verhaltensweisen werden in diesem Sinne gewertet, und welche Klasse von Ereignissen bedingt jenes kausale Verschulden von Angeklagten am Geschehen schon vor der eigentlichen Tat ? Die verschiedenen Muster zeigen dabei in Facetten immer wieder die gleiche, bereits angedeutete Konstellation. Rekonstruktionen dieser Art, die die Verantwortlichkeit von Angeklagten für die Entstehung der Tatsituation in den Mittelpunkt rücken, zehren dabei zwar einerseits von der Abgrenzung zum minder schweren Fall, der ja gerade verlangt, "ohne eigene Schuld" in diese Situation geraten zu sein, kehren dies jedoch auch demonstrativ um, indem sie sehr betont eine eigene Schuld daran hervorheben.

Beschreibbar sind anhand dieser Stichprobe ausschließlich Männer; keine einzige Frau fällt unter diese Ausschöpfungsquote des Strafrahmens. Das war schon beim Vergleich der Ausschöpfungsquoten zu sehen (vgl. Kapitel 3.3); die möglichen Gründe dafür werden sich beim Vergleich der unterschiedlichen Muster eröffnen (vgl. Kapitel 9).

a)   *Muster 10 : 'ohne sich zu kümmern'*

Die Ehe des Angeklagten mit [...] verlief nur im Anfang harmonisch. Probleme der Ehepartner ergaben sich alsbald aus den Trinkgewohnheiten des Angeklagten. Dieser hatte es sich [...] zur Angewohnheit gemacht, täglich etwa 10 Flaschen Bier zu je 0,5 l und einige Schnäp-

se zu verzehren; ein Umstand, der ihm in seinem Bekanntenkreis den Spitznamen "Körnchen" eingetragen hatte. Von dieser Gewohnheit ließ der Angeklagte auch nach seiner zweiten Eheschließung nicht ab. Von der Arbeit [...] zurückgekehrt, suchte er die eheliche Wohnung in der Regel nur kurzzeitig auf, um sich umzuziehen, eine rasche Mahlzeit einzunehmen und alsdann sein [...] Stammlokal anzusteuern [...] Nach Hause zurückgekehrt, suchte der Angeklagte sodann unmittelbar das Bett auf, ohne sich weiter um die sexuellen und sonstigen Belange seiner Ehefrau zu kümmern. Dies verbitterte [diese] und gab Anlaß zu wiederholten Auseinandersetzungen [...] Ein weiterer Gegenstand der Auseinandersetzung zwischen den Eheleuten waren die Vorwürfe [seiner Frau,] der Angeklagte vernachlässige sie sexuell, weil er "fremd gehe". Dieser Vorwurf ärgerte den Angeklagten, der - jedenfalls nach seiner nicht sicher widerlegten Darstellung - außereheliche Beziehungen nicht unterhielt, sondern nur den Alkohol liebte. (M4).

Diese knappe Geschichte einer Ehe skizziert für den Angeklagten einen eindeutig bestimmten moralischen Charakter. Wer, wie hier, "nur den Alkohol liebte" und sich in seiner freien Zeit offensichtlich ausschließlich mit dieser "Gewohnheit" beschäftigt, gibt das Bild eines egoistischen Trinkers ab, und die beschriebenen Streitigkeiten bereiten den Trennungsentschluß der Ehefrau bereits vor. Zwar wird er auch als "arbeitsam" beschrieben, aber dies hebt seine emotionale Gefühllosigkeit innerhalb dieser Ehe nicht auf. Vor dem Hintergrund seiner Verhaltensweisen erwächst der Ehefrau vielmehr die moralische Berechtigung, sich aus dieser Ehe zu trennen, wenngleich sie

angesichts ihrer nur zum Teil berechtigten Vorwürfe (Alkoholmiß-brauch; "Fremdgehen") eine subjektiv zwar nicht gewollte, objektiv aber vorhandene Mitverursachung an der Verstrickung des Angeklagten in die Tat

trifft. Diese Relativierung setzt die Tat zwar in einen dynamischen Zusammenhang, aber es gilt:

Es liegt im Falle des Angeklagten ein sich zumindest über ein Jahr hinweg hinziehender, freilich weitgehend selbst verschuldeter Partnerkonflikt vor.

Hinzu kommt die konkrete Tathandlung: der Angeklagte erstickt seine schlafende Frau, nachdem sie erste Anstalten zum Auszug aus der gemeinsamen Wohnung getroffen hat.

[D]ie besondere Gefühllosigkeit der Tat, die in der Tötung des lang-

jährig vertrauten, arglosen Ehepartners zu sehen ist

ebenso wie "Kaltschnäuzigkeit und Unbeeindrucktheit" im Verhalten nach der Tat lassen dies als weitaus gravierender erscheinen denn jede Mitverursachung durch die Ehefrau. Diese "besondere Gefühllosigkeit" als Vorwurf wird auch nur dann verständlich, wenn man die durch seine egoistisch geprägten Verhaltensweisen gegebenen vorherigen Anteile des Angeklagten am Verlauf dieser Ehe berücksichtigt: da primär er die Anlässe für Streitigkeiten und damit für den schließlichen Trennungsentschluß des Opfers gesetzt hat, kann er nur sehr eingeschränkt Kränkung, Überraschtheit und Verletzung reklamieren.

b)   *Muster 11 : Der schwache und gekränkte Patriarch*

> *Am [...] heiratete der Angeklagte die Zeugin [...] in der Türkei. Beide leben seit dieser Zeit in Deutschland. Die Zeugin [...,] die in der Türkei als Lehrerin tätig gewesen war, arbeitete in Deutschland [...] als Arbeiterin. [...] lebte der Angeklagte von dem Verdienst seiner Frau. Er arbeitete nicht und betrieb auch sein Studium nicht intensiv weiter. (M17).*

Schon diese einleitende Vorstellung einer Ehe enthält die moralischen Charakere beider Beteiligten: sie, obwohl Lehrerin, scheut nicht Jobs als Arbeiterin, er hingegen studiert auf ihre Kosten eher müßig vor sich hin. Der Ton von Vorwurf ist kaum zu überhören und verstärkt sich noch durch sein weiteres Verhalten:

> *Das von der Ehefrau im Laufe der Jahre ersparte Geld in Höhe von ca. 50.000 DM verspielte der Angeklagte in Spielcasinos. Seinem Studium ging der Angeklagte nicht mehr nach.*

Damit sind gravierende Rollenvernachlässigungen seinerseits skizziert, die ganz den angesprochenen egozentrierten Verhaltensweisen entsprechen. Hinzu kommt ein weiterer Zug seines moralischen Charakters, der ihn nahezu als egomanisch kennzeichnet:

> *Der Angeklagte fühlte sich durch die Existenz seiner Kinder in seiner Bequemlichkeit und in seinem Leben eingeengt. Er beschimpfte die Kinder als "Bastarde" und seine Ehefrau als Hure. Er hielt seine Familie durch seine verbalen und tätlichen Aggressivitäten in Schach und versuchte dadurch jeden Widerspruch zu unterdrücken.*

Beschrieben ist der Typus des schwachen Patriarchen, dem die Familie nur zur

Absicherung der eigenen Bedürfnisse dient und dessen Durchsetzungsfähigkeit lediglich auf Gewalt beruht. Seine Ehefrau trennt sich von ihm, nimmt die Kinder mit und wird von da an von ihm bedroht und verfolgt. Als er seiner Frau auflauert, trifft er zufällig auf seine Tochter und ersticht diese.

> *Der Angeklagte hat sowohl seine Ehefrau als auch seine Kinder über viele Jahre mißhandelt und beschimpft. Nach der Trennung drohte er seiner Ehefrau und seinen Kindern sie zu töten, falls sie nicht zu ihm zurückkehren würden. Strafschärfend wirkt auch die Tatsache, daß der Angeklagte sich weiterhin lediglich in der Rolle eines verlassenen und gekränkten Ehemannes und Familienvaters sieht, aber bis jetzt keinerlei Reue für seine Tat und den Tod seiner Tochter empfindet [...] da er sich immer noch als Herrscher über das Leben seiner ehemaligen Familie begreift.*

Die Rekonstruktion dieses Musters ähnelt dem oben beschriebenen Muster 10 sehr, akzentuiert jedoch noch deutlicher die ausschließliche Verantwortung des Angeklagten für alles, was vor der Tat und in der Tat geschieht.

c)　　*Muster 12 : 'über die berechtigten Belange egoistisch hinweggesetzt'*

> *Während seiner Strafhaft in [...] lernte [der Angeklagte] durch ein Zeitungsinserat die damals 42 Jahre alte, geschiedene [...] kennen. [...] Nach seiner Entlassung am [...] nahm [sie] den Angeklagten bei sich auf und heiratete ihn im Dezember [...] (M18).*

Die Ehe besteht schnell vor allem aus Streitigkeiten; unter anderem über die Kinder beider aus vorhergehenden Ehen und Geld. Der Angeklagte erwähnt als Streitpunkt auf Befragen des Gerichts vor allem

> *das Tapezieren der Wohnung. Frau [...] verlangte dieses von ihrem Mann, obwohl er nach der Tagesarbeit seine Ruhe haben wollte. Als er nachgab und die Tapeten nach lustloser Arbeit teilweise wieder abfielen, führte dies zu Auftritten.*

Gut zwei Jahre später verläßt der Angeklagte seine Frau:

> *[...] verließ der Angeklagte eines Tages die eheliche Wohnung unter Mitnahme seiner Schlüssel und ohne Hinterlassung einer Nachricht für seine Frau. Er begab sich nach [...] und wohnte dort [...] bei der 27 Jahre alten, arbeitslosen Küchenhilfe [...] Diese hatte er einige*

Monate vorher [...] in einem Park kennengelernt, woraus sich eine
anhaltende Beziehung entwickelte. Seine Frau wußte davon zumindest
nichts näheres.

Als sie schließlich den Aufenthaltsort ihres Mannes in Erfahrung gebracht hat, erscheint sie "fast täglich, und manchmal auch zweimal am Tag" vor dessen Wohnung:
sie will sich mit ihm aussprechen und ihn zur Rückkehr bewegen oder aber Unter-
haltszahlungen bewirken. Der Angeklagte weigert sich längere Zeit mit ihr zu sprechen; dann vereinbart man doch eine Aussprache in ihrer Wohnung, nach der es zur
Tat kommt:

> *Er wollte sie, gereizt durch die fruchtlose Aussprache und die soeben*
> *stattgefundene Auseinandersetzung, töten und damit zugleich ihren*
> *Nachstellungen und den ständigen Szenen, denen er sich dadurch*
> *ausgesetzt sah, ein Ende machen. Auch war er wütend über ihre Geld-*
> *forderungen und wollte dieses Problem aus der Welt schaffen.*

Zwar äußert die Kammer "ein gewisses Verständnis" dafür, daß die Nachstellungen
seiner Frau für ihn schwer erträglich gewesen seien, und insoweit entspricht dies auch
einem Anteil des Opfers. Das reicht jedoch bei weitem nicht aus, seine eigenen Anteile
zu relativieren:

> *[...] hatte sie den Angeklagten, der sonst auf der Straße gestanden*
> *hätte, bei sich aufgenommen und noch eine Lebensversicherung zu*
> *seinen Gunsten abgeschlossen, wofür er wenigstens Dank geschuldet*
> *hätte. Er hatte jedenfalls nicht das Recht, sie mit ihren geringen*
> *Einkünften einfach sitzen zu lassen, was zur Zuspitzung der Lage stark*
> *beitrug. Er hat sich über die berechtigten Belange seiner Frau, wie es*
> *seiner Wesensart entspricht, egoistisch hinweggesetzt. [...] ist wieder*
> *zu betonen, daß die in die Tat einmündende Zuspitzung des Konflikts*
> *vor allem vom Angeklagten selbst zu verantworten war [...]*

Sein egoistisches Verhalten liefert den Grundtenor der Bewertung und konstituiert
nahezu ausschließlich seine Verantwortung an allem, was geschieht. Diese Verantwortung steht zwar in einem Gegensatz zu dem, was als seine "Wesensart" angesprochen wird, aber, und das entspricht dem schon beschriebenen Muster 9, unabhängig
von jeder Biographisierung und der Ent-Schuldung, die sie beinhalten könnte, über-
steigt der gerichtliche Widerwillen gegen manche Verhaltensweisen merklich jedes aus
der Biographisierung ableitbare Verständnis. So wird der Egoismus der Wesensart
dieses Angeklagten zum tragenden Vorwurf, und die Frage nach den Zusammenhängen von Biographie, Persönlichkeitsstruktur und Egoismus wird (mit dem psych-

iatrischen Sachverständigen) als rechtlich irrelevant verworfen: zwar weise der Angeklagte "psychopathische Wesenszüge" auf, diese seien jedoch nur "eine Variante der noch üblichen menschlichen Wesensformen". Und weil demnach seine "Wesensart" zu den "noch üblichen" zählt, kann sein daraus erwachsender Egoismus als 'nicht mehr üblich' gewertet werden. Die Fixierung der Ehefrau auf ihn wiederum konstituiert ihren eigenen Anteil, dem das Gericht jedoch sein Verständnis nicht versagt: sie klagt lediglich ein, was ihr zusteht, und befindet sich damit in einer ähnlichen Position wie die Angeklagten bei Rekonstruktionslogik I.

d)   *Muster 13 : Die Unfähigkeit zu klaren Verhältnissen*

Der Angeklagte lernte sein späteres Opfer [...] Ende des Jahres 1990 bei der Firma [...] in [...] kennen. (M1).

Beide beginnen eine Beziehung miteinander, in deren Verlauf der verheiratete Angeklagte zunehmend mehr Zeit mit seiner Freundin zubringt und seine Ehefrau nur gelegentlich sieht, damit sie ihm die schmutzige Wäsche reinigt. Mit dieser Konstellation ist seine Freundin nicht zufrieden:

Die damals 25-jährige Frau, die davon wußte, daß der Angeklagte verheiratet war und im übrigen mehrere Kinder hatte, drängte auf die Herbeiführung klarer bzw. geordneter Verhältnisse. Der Angeklagte war jedoch seinerseits nicht bereit, seine Familie aufzugeben und sich von seiner Ehefrau scheiden zu lassen. Es kam aus diesem Grunde zwischen ihm und [der Freundin] zu Mißstimmungen und auch Streitigkeiten. [...] Da der Angeklagte sich von seiner Ehefrau nicht scheiden lassen wollte, sah [seine Freundin] in der Beziehung zu dem fast 20 Jahre älteren Mann keine Perspektiven mehr.

Sie trennt sich gegen seinen Wunsch von ihm, worauf er beginnt, ihr

nach dem Abbruch der Beziehung nachzustellen, er lauerte ihr auf und drohte ihr wiederholt, sie zu töten, wenn sie nicht zu ihm zurückkehre.

Diese Drohung macht er schließlich auch wahr: morgens vor ihrer Arbeitsstelle ersticht er sie und unternimmt danach einen Suicidversuch. Das zeige zwar seine "innere Betroffenheit",

[a]ndererseits ist zu berücksichtigen, daß der Konflikt, in dem der Angeklagte sich befunden hat, im wesentlichen von ihm selbst herbeigeführt worden ist.

Die Essenz seiner eigenen Schuld liegt hier vor allem in seiner Mischung aus anfänglicher Unentschlossenheit und, als seine Freundin daraus die Konsequenzen zieht, seinem Nicht-Los-Lassen-Können. Damit werden (in konsequenter Umkehrung von Muster 5) Ambivalenzen und widersprüchliche Signale diesmal dem Angeklagten verantwortungsvoll angerechnet (während gleiche Verhaltensweisen im Rahmen des Musters 5 als Anteil des Opfers gelten).

e)   Rekonstruktionslogik IV : Strafzumessung oberhalb der Mitte des Strafrahmens

Der gemeinsame Nenner der beschriebenen Muster 10-13 liegt ausnahmslos in Verhaltensweisen von Angeklagten insbesondere vor der Tat, die in der (gelegentlich rücksichtslosen) Verfolgung eigener Interessen bestehen. Das Verhalten dieser Täter vor und während der Tat ist dabei durch jene Charakteristika gekennzeichnet, die bei männlichen Opfern für die Täterinnen zur Anwendung des § 213 StGB führen. Beides steht komplementär zueinander: männliche Gewalt, bestehend aus physischen Übergriffen und/oder egoistischen Vernachlässigungen der Pflichten materieller Reproduktion, beinhaltet in jedem Falle eine Art der Schuld, sei es die Tat-Schuld des Täters, sei es die Mit-Schuld des Opfers. So sind die Ausgangslagen vieler Fälle, die nach § 212 bzw. nach § 213 StGB entschieden werden, ganz vergleichbar, und der Unterschied besteht nur darin, daß bei den einen Männer mit solchen Verhaltensweisen zu Tätern, bei den anderen Männer mit solchen Verhaltensweisen zu Opfern werden.

Die Konturen des 'normalen' Totschlags, wie er diese Rekonstruktionslogik ausmacht, bestehen also vor allem daraus, daß Täter sich bereits vorher 'falsch' verhalten haben. Diese 'Falschheit' wird alltäglich oder moralisch gefaßt: sie haben sich physische Übergriffe zuschulden lassen und de-legitimieren damit die Berechtigung ihrer Kränkung, wenn das Opfer sie verlässt; sie haben die Erfüllung ihrer rollenkonformen Verpflichtungen versäumt; sie haben sich moralisch falsch verhalten, indem sie selbst das Opfer schnöde verlassen haben. Denkbar sind ersichtlich alle Spielarten egoistischen und im weiteren Sinne brutalen Verhaltens, die dann zu einer rechtlichen Bewertung führen. Pointiert gesagt: es ist die in der Tathandlung
überspitzte Ausagierung 'männlicher' Verhaltensweisen, die den Totschlag nach
§ 212 StGB ausmacht.[1]

---

1   Auf den ersten Blick steht diese Interpretation konträr zu derjenigen, die Oberlies (1995, S. 148-151) gibt. Sie betont die rechtliche Privilegierung männlicher Gewalttätigkeit, wie sie in der Anwendung und Auslegung des Mordmerkmals der Heimtücke und bei der Zuschreibung verminderter Schuldfähigkeit zum Ausdruck komme; Gesichtspunkte, die wir an

(Fortsetzung...)

In solchem Handeln finden die Gerichte regelmäßig das, was geradezu stereotyp mit den Termini: 'selbst verschuldet', 'selbst zu verantworten', 'von ihm selbst herbeigeführt' umschrieben wird, nämlich die interne Verursachung der Situation, die zur Tat führt. An der Tat selbst tragen die Opfer in diesen Rekonstruktionen dann gelegentlich zwar ein Mitverschulden, aber es wiegt gering, weil sie - im Gegensatz zu den Angeklagten - in dieser Situation berechtigte Interessen einfordern: etwa ihr Recht auf Trennung aus einer Beziehung, die an den Verhaltensweisen der Angeklagten selbst gescheitert ist. Die Opfer verhalten sich in diesen Mustern als vernünftige Menschen nach vernünftigen Maßstäben: sie handeln aus billigenswerten Motiven, und das setzt sie ab gegen die Opfer der vorherigen Muster, vor allem 1-3, aber auch 5 und 8. So wird ihnen an der Tat nur ein unwesentlicher Anteil zugeschrieben.

Im *common sense* dieser Rekonstruktion wird also ebenfalls versucht, dynamische Anteile zu scheiden, und was die Gerichte etwa in Rekonstruktionslogik I ausschließlich den Opfern anlasten, lasten sie hier den Angeklagten an: werden in den Urteilen jener Muster eher die Opfer mit Mißbilligung bedacht, so hier die Angeklagten. Ganz unabhängig vom Tatereignis selbst enthalten diese Rekonstruktionen somit auch ein Element jenes Schuldprinzips, wie es einmal das Scheidungsrecht beherrschte. Daß dabei, wie Dobberthien (1978, S. 166ff.) für den Bereich des Ehe- und Familienrechts feststellt, primär emotionale und sexuelle Anpassung von Frauen an Männer gefordert würde, läßt sich hier nicht belegen. Allerdings scheint das Verständnis für emotionale Ausgeliefertheiten, wie es Frauen als Angeklagten zugutekommt, für Männer nur bedingt zu gelten: solche Ausgeliefertheit tritt bei ihnen eher versteckt auf, weniger als Fixierung denn als Ambivalenz, Unschlüssigkeit oder Festhalten am Gewohnten. In der Tatsituation bricht die bisher demonstrativ agierte Fassade autonomer Männlichkeit zusammen, und es kommt eine bisher versteckte Heteronomie zum Vorschein, in der das Verlassen-Werden, das Alleine-Leben-Sollen, die Kränkung der Trennung weder akzeptiert noch verarbeitet werden kann. Das wird forensisch auch wahrgenommen, aber angesichts des vorherigen Verhaltens der Angeklagten nicht entscheidend gewichtet. Das läßt sich nicht als die Forderung nach weiblicher Anpassung an männlich vordefinierte Standards interpretieren; vielmehr scheint es (diese Tendenz ist jedenfalls in manchen Fällen nicht zu übersehen) eine Festschreibung geschlechtsspezifischer Charaktere zu beinhalten. Sind Frauen darin die emotionalen Wesen, deren Gefühle sie

---

(...Fortsetzung)

anderer Stelle (vgl. Legnaro und Aengenheister 1995a) ebenfalls beschrieben haben. Konzentriert man sich jedoch auf die tatsächlich verhängten Strafen, ihre jeweiligen Ausschöpfungsquoten und die damit verbundene Rekonstruktion moralischer Charaktere, ergibt sich ein anderes Bild, und Privilegierung erscheint in diesem Zusammenhang nicht als der adäquate Begriff.

bis in die Tat hinein treiben, so wirken Männer wie kühl-egoistische Wesen, die ihren eigenen Vorteil anstreben, und dazu kann auch (in einer spontan-kurzfristigen Perspektive) die Tat gehören. Die Anerkennung affektiver Aufwallung bei dieser Tat widerspricht dem nicht: diese Affekte sind die Begleiterscheinung einer emotional aufgeladenen Situation, in der es zur Tat kommt.

Die Rekonstruktion einer Verantwortlichkeit von Angeklagten an der Genese der Tatsituation färbt dann auch in entscheidender Weise die Betrachtung der Tat selbst. Diese ist in den meisten Fällen durch längere Verfolgungen und Auflauern gekennzeichnet, und das prägt entscheidend ihre Bewertung. Aus der Rekonstruktion eines moralischen Charakters, der schon immer eigene Ziele verfolgt hat und keineswegs als liebenswürdig erscheint, ergibt sich konsequent eine Qualifizierung der Tat, die diese als verächtlichen Schlußpunkt bereits vorher verächtlicher Verhaltensweisen erscheinen läßt.

Gegen den Angeklagten spricht die besondere kriminelle Energie der Tatausführung, die in der Tötung des im Bett liegenden Opfers ohne die Möglichkeit der Gegenwehr Ausdruck gefunden hat und die seine Straftat in die Nähe des Mordtatbestandes ("Heimtücke") rückt. (M4).

Oder:

Der Angeklagte hat die Tat geplant und ist bei der Tatausführung planvoll vorgegangen. [...] Bei der eigentlichen Tatausführung hat er ein erhebliches Maß an krimineller Energie an den Tag gelegt. (M17).

"Kriminelle Energie" oder "das brutale Vorgehen des Angeklagten" bilden die Schlüsselbegriffe dieser Bewertung. Das rekonstruiert auf ähnliche Weise wie in Logik I, wenngleich spiegelbildlich umgekehrt, eine Konsistenz zwischen der allgemeinen Biographisierung und der Tat: reicht dort die emotionale Ausgeliefertheit der Angeklagten bis in die Tat hinein, die als eine verständliche Übersprunghandlung erscheint, so ist hier die Tat die egoistische Hervorbringung von Angeklagten, deren gesamtes Leben vor allem aus solchen Handlungsweisen besteht. Sie haben schon vorher nicht ihre Handlungen daraufhin kontrolliert, wie sie auf andere wirken und was sie bei anderen auslösen, und aus solcher egozentrischen Fixierung erwächst auch die Tat:

Um Beherrschung seiner Gefühlsaufwallungen hat er sich kaum bemüht. (M1).

In diesen in sich konsistenten Rekonstruktionen von Biographisierung und Tat liegen die Zuschreibungen an Verantwortung entschieden höher als in allen vorher beschriebenen Mustern und entsprechend auch die Erwartungen an eine konforme Auflösung der Konflikte. In ihrer Essenz besteht diese Rekonstruktionslogik aus zwei sich gegenseitig ergänzenden Zuschreibungen an Angeklagte bzw. Opfer: erstere provozieren durch eigene Verhaltensweisen die Situation, in der es zur Tat kommt, und letztere haben verständliche Wünsche und Intentionen. Vor diesem Hintergrund gewinnt dann die Tathandlung selbst ihre eigenständige Qualität als Faktor der Strafzumessung.

8. BIOGRAPHISCHE REKONSTRUKTIONEN UND DIE STRAFZUMESSUNG III

8.1 Strafen mit einer Ausschöpfungsquote von über 80 % bis zu 100 %

In diesen obersten Regionen der Strafrahmenausschöpfung finden sich nicht mehr viele Fälle, nämlich nur eine Frau und drei Männer. Es kehren hier, betrachtet man lediglich die rekonstruierten Biographisierungen, bereits beschriebene Muster wieder; sie werden jedoch gefiltert durch die Tat selbst, die ein außerordentlich großes Gewicht erlangt. Der Grund dafür läßt sich vorwegnehmend bereits dadurch andeuten, daß es sich ausschließlich um vollendete Morde handelt, bei denen eine vertypte Milderung überhaupt erst den Rückgriff auf einen Strafrahmen erlaubt: diese rechtliche Einordnung schattiert hier - vor dem Hintergrund einer Tatausführung, die als besonders heimtückisch aufgefaßt wird - die gesamte Bewertung.

a) Muster 14 : Die Außerordentlichkeit der Umstände und die Außerordentlichkeit der Tatschwere

Der Titel sucht eine gewisse Spannbreite von biographischen Darstellungen einerseits und spezifischer Tatbetrachtung andererseits begrifflich zu fassen. Im Zentrum stehen hier, bei unterschiedlichen motivationalen Ausgangspunkten, Ohnmacht gegenüber Gewaltverhältnissen, aus denen einzig die Tat einen Ausweg zu eröffnen scheint, emotionale Fixierungen, bei denen die Tat auch *zugunsten* eines anderen erfolgt, und in einem sehr umfassenden Sinn biographische Sackgassen, in denen es subjektiv zur Tat keine Alternative gibt. Das konstituiert im Rahmen der Biographisierung nicht nur keinen Unterschied, sondern große Ähnlichkeiten zu Rekonstruktionstypus I und teilweise auch III, führt jedoch bei der Betrachtung und Bewertung der Tat über alles bisherige hinaus. Gravierender Entschuldung (wie in vorherigen Mustern) steht dabei eine gravierende Beschuldung gegenüber.

Ähnlichkeiten und spezifische Unterschiede werden beim folgenden Fall ersichtlich (F8):

> [...] *hat die Angeklagte über Jahre hinweg unter den Mißhandlungen und Drangsalen ihres Opfers schwer leiden müssen. Das durch starke Eifersucht oder gesteigertes "Besitzdenken" ausgelöste Verhalten* [des Opfers] *hat* [die Angeklagte] *letztlich in ihrer persönlichen Freiheit,*

zu der es auch gehörte, sich von [dem Opfer] *trennen zu können, unerträglich eingeschränkt. Drohungen und Mißhandlungen durch* [das Opfer] *hatten schließlich eine solche Qualität und ein solches Maß erreicht, daß* [die Angeklagte] *befürchtete, durch* [das Opfer] *weiter schwer verletzt oder gar getötet zu werden. Daß dies nicht lediglich übersteigertes subjektives Empfinden* [der Angeklagten] *darstellte, ist eindrucksvoll belegt worden durch die auch von verschiedensten Zeugen dargestellte Gewalt, die* [das Opfer] *ausübte und die sich auch auf die Familienmitglieder* [der Angeklagten] *erstreckte. [...] Das Wechselbad der Gefühle* [der Angeklagten] *mit Angst und Hoffnung, dem sie sich etwa zur Zeit ihrer Schwangerschaft ausgesetzt sah, ist für* [die Angeklagte] *bald umgeschlagen in Angst vor der Brutalität* [des Opfers] *und angesichts der Erfolglosigkeit ihrer eigenen Lösungssuche von ihm in ein Erleben von Ohnmacht und Ausgeliefert-Sein, welches schließlich auch - nachvollziehbar - anhielt, wenn es eine Phase gab, in der* [das Opfer die Angeklagte] *einmal nicht körperlich mißhandelte. Nach Jahren der Qual und der Nötigung durch* [das Opfer] *ist schließlich die Situation mit der Tötung* [des Opfers] *durch* [die Angeklagte] *eskaliert.*

Diese Schilderung, die das Fazit einer sich über Jahre hinziehenden Beziehungsgeschichte zieht, erinnert in Teilen lebhaft an besprochene Muster: es mischen sich, analog zu Muster 8, 'geduldiges Ertragen' (Muster 2) und Ausweglosigkeiten (Muster 4). Insgesamt erscheint diese Angeklagte im Sinne einer umfassenden passiven Viktimisierung als ohnmächtig und ausgeliefert, und die Kammer macht dies zu einem tragenden Bestandteil ihrer Überlegungen, indem sie - zwar mit Zögern - hier die Rechtsfolgenlösung[1] anwendet. Da die Sachverständigen eine volle Schuldfähigkeit annehmen, bietet das die einzige Möglichkeit, nicht eine lebenslängliche Freiheitsstrafe verhängen zu müssen, sondern in einen Strafrahmen einsteigen zu können. Mit diesem Einstieg sieht das Gericht dann jedoch die Entschuldigungen von Biographie und Situation als weitgehend verbraucht an:

Der die Schuld der [Angeklagten] *am einschneidensten mindernde*

---

1 Nach der Rechtsprechung des BGH kann bei außergewöhnlichen Umständen und einer notstandsnahen Tat trotz Verwirklichung des Mordmerkmals der Heimtücke auch bei voller Schuldfähigkeit anstelle der lebenslangen Freiheitsstrafe eine zeitige Freiheitsstrafe verhängt werden; vgl. BGHSt 30, S. 105 (115 f.).

131

Faktor, nämlich ihre besondere Zwangslage, ist [...] in ganz entschei-
dender Weise bereits dazu herangezogen worden, von einer lebens-
langen zu einer zeitigen Freiheitsstrafe überzugehen. Angesichts der
außerordentlichen Schwere der Tat, nämlich der heimtückischen
Ermordung eines Menschen, hat die Kammer keine Möglichkeit mehr
gesehen, diesem Faktor innerhalb des gemilderten Strafrahmens eine
entscheidende weitere strafmildernde Wirkung zuzusprechen.

Heimtückische Morde sind in dieser Stichprobe nicht selten, und dieser Tatqualifi-
zierung alleine läßt sich nicht ansehen, was die außerordentliche Schwere ausmacht.
Ausschlaggebend ist hier eine elaborierte Tatplanung, bei der das Opfer nichtsahnend
in eine Höhle gelockt und dort hinterrücks erschossen wird. Wenngleich die Angeklagte gar nicht selbst schießt (das tun ihr Bruder und ihr Freund), so besteht doch ihre
Tatbeteiligung

> *darin, daß sie in bezug auf die Tatbestandsverwirklichung in der Rolle*
> *der gleichberechtigten Partnerin mithalf, [das Opfer] in die Höhle zu*
> *locken und dessen Arglosigkeit noch dadurch zu verstärken, daß sie*
> *[das Opfer] an der Hand hielt.*

Diese letztere Rekonstruktion, durchaus ein Ergebnis freier Beweiswürdigung und
nach der Beweisaufnahme keine zwingende Feststellung, wirft auf den rechtlichen
Begriff der Heimtücke ein zusätzlich schillerndes Licht: an dieser Stelle erscheint der
moralische Charakter der Angeklagten auch in einem ganz alltäglichen Sinne als
heimtückisch und verschlagen, und ihre Teilnahme an der ausgefeilten Planung wie ihr
Verhalten in der Tatsituation relativieren die Ausgeliefertheit des biographischen
Vorlaufs.
    Es läßt sich hieran ersehen, daß das Mordmerkmal der Heimtücke viele unter-
schiedliche Facettierungen aufweist. In diesem Falle handelt es sich um eine besonders
schwer wiegende Heimtücke: die Handlung geschieht nicht spontan und ohne Überlegung, sondern planvoll, durchdacht und hinterhältig täuschend. Das macht dieses
Muster zu einer Fortentwicklung des beschriebenen Musters 8: der Unerträglichkeit
der Lebensverhältnisse mit dem Opfer steht eine berechnete und gezielte Vorbereitung
der Tat und Vorgehensweise bei ihrer Ausführung gegenüber. Beide Rekonstruktions-
elemente stehen wiederum, wie schon in Rekonstruktionslogik III, relativ unverbunden
nebeneinander, und die "außergewöhnlichen Umstände" dieser Lebens- und Bezie-
hungsverhältnisse korrespondieren "der außerordentlichen Schwere der Tat". Wenn
derart sowohl die Biographisierung bis zur Tat hin wie auch die Tat selbst als "außer..." gekennzeichnet werden, so halten sich offenbar zwei nahezu gleich schwere Gewichte die Waage: das eine wird für den Einstieg in einen Strafrahmen verwendet, das

andere liefert dann die konkrete Strafzumessung, die mit 14 Jahren an der oberen Grenze angesiedelt wird.

Vor dem Hintergrund einer etwas anderen motivationalen Kette gilt entsprechendes auch für den Bruder dieser Angeklagten, der auf das Opfer geschossen hat (M12). Ihm wird, wie seiner Schwester, die Rechtsfolgenlösung zuerkannt, und auch in der Strafzumessung wird er völlig gleich behandelt:

> *Die Kammer hat auch beim Angeklagten* [...] *noch das Vorliegen außergewöhnlicher Umstände erkannt* [...] *Zwar war* [er] *durch die Gewalt und die Nötigungen* [des Opfers] *nicht in der Unmittelbarkeit betroffen wie* [seine Schwester.] *Die Kammer hat jedoch mit der Sachverständigen* [...] *ein schon symbiotisch zu nennendes Verhältnis des* [Angeklagten] *zu seiner Schwester gesehen, indem die durch* [das Opfer] *ausgeübten Mißhandlungen* [seiner Schwester] *gegenüber auch* [ihn] *in einer außerordentlichen Weise trafen.* [...] *Wie tief* [ihn] *die jahrelange unwürdige Behandlung seiner Schwester durch* [das Opfer] *getroffen hat, zeigte sich für die Kammer auch gerade in dem Umstand, daß er sich dazu entschlossen hat,* [das Opfer] *zu töten und dies schließlich auch selbst in die Hand genommen hat. Denn zu diesem Entschluß und zu dieser Vorgehensweise mußte* [er] *zunächst die in seiner Persönlichkeit begründeten erheblichen "Sperren" überwinden.* [...] *Die Kammer ist davon überzeugt, daß sich* [der Angeklagte,] *als seine Schwester ihn schließlich* [...] *um Hilfe anflehte, aufgrund seines engen Verhältnisses zu* [ihr] *und infolge des "Sich-Verpflichtet-Fühlens", dieser zu helfen, in einer ihm nahezu ausweglos erscheinenden Situation befand, in welcher er sich nunmehr erst entschloß, bei der Tötung* [des Opfers] *"zu helfen".*

Argumentativ ergibt hier ein "schon" symbiotisch zu nennendes Geschwisterverhältnis "noch" als außergewöhnlich geltende Umstände. Kraft Symbiose erleidet er ebenfalls, was sie erleidet, und 'ausweglos' ist in dieser biographischen Rekonstruktion das zusammenfassende Schlüsselwort. Für die Gewichtung zwischen Ausweglosigkeit und Tathandlung gilt dann für ihn alles, was auch für sie gilt, und symbiotische Geschwister werden auch rechtlich symbiotisch behandelt.

Im Mittelpunkt eines dritten Falles steht eine etwas andere Art der subjektiven Ausweglosigkeit, nämlich die emotionale Fixierung des Angeklagten auf seine mitangeklagte Freundin (M25):

Die Angeklagten lernten sich am [...] in [...] kennen. Schon eine Wo-
che später nahmen sie intime Beziehungen zueinander auf. [...] Der
Angeklagte war heftig in [sie] verliebt und sah in ihr "die Frau des
Lebens" vor allem auch aufgrund der sexuellen Erlebnisse mit ihr [...]

Die weitere Entwicklung dieser Beziehung, in der beide sich nach gemeinsamen Ferien "zusammengeschweißt" fühlen, wird erheblich belastet durch ihre Mutter, die den Angeklagten als potentiellen Schwiegersohn überhaupt nicht wünscht. Daraus entwickelt sich die gemeinsame Tatplanung, ihre Mutter zu töten, und die Tatdurchführung:

Diese Verstrickung mit der Angeklagten stellt auch den Hintergrund
der zu beurteilenden Tat dar. In [der Mitangeklagten] *glaubte der*
Angeklagte "die Frau fürs Leben" gefunden zu haben. Durch [ihre
Mutter] sah er seine Liebe zu [der Mitangeklagten] *als in höchstem*
Maße gefährdet an und war aufgrund der Klagen und Tränenaus-
brüche seiner Freundin auch überzeugt, daß diese unter der Mutter
erheblich zu leiden hatte.

Des weiteren bildet dann,

[...] aus Liebe zu [seiner Freundin] *gehandelt und unter ihrem Einfluß*
zu dieser Tat gekommen zu sein,

das die Strafzumessung tragende Argument, die insgesamt ausschließlich mit Milderungsgründen versehen ist (vgl. die Begründung in Kapitel 4.4). Selbst der zu erwartende Vorwurf, er habe aus eigenen Interessen heraus gehandelt und mit der Tat eine egoistische Problemlösung gewählt, fehlt völlig. Auch die Tat selbst erscheint keineswegs als übermäßig verwerflich:

Die Tatausführung selbst zeichnet sich nicht durch ein über das zur
Tötung erforderliche Maß hinausgehendes Quälen des Opfers aus. [...
Die Tat] erforderte keine ungewöhnliche kriminelle Energie; die
gewählte Art des Vorgehens bot sich in gewisser Weise vorliegend an.

Dann erstaunt allerdings die hohe Ausschöpfung des Strafrahmens (84,2 %, ein Strafrahmen eröffnet sich hier durch die Anwendung von Jugendstrafrecht). Die Strafzumessung bei ihm dürfte allerdings nicht unwesentlich durch die Strafzumessung bei ihr beeinflußt worden sein (sie wird nach Erwachsenenstrafrecht zu lebenslänglicher Freiheitsstrafe verurteilt). Die Milderungsgründe, die neben seinem oben zitierten Motiv seine Arbeitsamkeit und seine Besorgnis um seine Mutter und seinen kleinen Bruder aufführen, dienen in diesem Zusammenhang offenbar einzig der Begründung, warum nicht auch er zur Höchststrafe verurteilt wird (vgl. auch Kapitel 11.3). Allein unter diesem dyadischen Gesichtspunkt erscheint die Argumentation als konsistent; betrachtet man ihn als Einzelnen, dann drängt sich allerdings der Eindruck auf, daß emotionale Ausgeliefertheiten bei Männern anders bewertet werden als bei Frauen. Ihre Fixiertheit auf die geliebte Frau, derentwillen sie - geradezu wörtlich zu nehmen - zu jeder Tat fähig sind, gilt zwar wie bei Frauen auch als ein strafminderndes Faktum, mindert jedoch relativ gesehen erheblich weniger. Jedenfalls ist das, was diesen Angeklagten von den in Rekonstruktionslogik I beschriebenen Angeklagten unterscheidet, bei einer nur auf ihn bezogenen Betrachtung nicht recht ersichtlich.

b)   *Muster 15 : Ein nichtiger Anlaß zur Tat*

Die Annahme einer besonderen Disparität zwischen dem Anlaß einer Tat und der Tat selbst konstituiert ein anderes Muster, bei dem Ohnmacht und Ausweglosigkeit zwar noch von ferne mitschwingen, die biographische Betrachtung aber nicht mehr prägen. Gravierend und für die Strafzumessung im oberen Bereich ausschlaggebend wird somit allein die Tatausführung selbst und der dem Gericht als nichtig erscheinende Anlaß.

Das ist der Fall bei einem Angeklagten, der seine Großmutter, mit der er zusammenwohnt, tötet (M6). Das Gericht skizziert die Motivlage dieser Tat folgendermaßen:

Bei der Getöteten handelte es sich, was dem Angeklagten auch durchaus bewußt war, um den einzigen Menschen, der sich des Angeklagten näher angenommen hat. Bei ihr hatte der Angeklagte nicht nur kostenlose Wohnung, Verpflegung und Besorgung der Wäsche erhalten, die Getötete hat auch auf ihre Art versucht, dem Leben des Angeklagten eine positive Wendung zu geben, sie hat sich seiner tatsächlich "angenommen", was auch die vielfältigen Bemühungen zeigen, den Angeklagten vor Unannehmlichkeiten, ja vor Strafanzeigen zu bewahren. Auch dies war dem Angeklagten bewußt, wenngleich er sicherlich gelegentlich Anstoß an der bestimmenden oder gängelnden Art der Großmutter nehmen konnte. Dem aber hätte sich der Angeklagte leicht entziehen können, wenn er nur bereit gewesen wäre, die Bequemlichkeiten aufzugeben, die ihm seine Großmutter bot, um auf eigenen Füßen stehen zu können. Wenn nun am Tatabend die Großmutter dem Angeklagten seine Lebensführung vorhielt, [...] so war dies dem Angeklagten im Grunde nichts Neues. [... Er] war es einfach satt, die gleichen - berechtigten - Vorwürfe zu hören [...] Wenn er sich in dieser Situation entschloß, die Großmutter zu töten, so ist der Anlaß zur Tat im Verhältnis zu dieser Tat derart nichtig, daß fast daran hätte ge-

dacht werden können, das Mordmerkmal der niedrigen Beweggründe
festzustellen [...].

Soweit - man "hätte" zwar "fast" daran gedacht - geht die Kammer nicht. Aber sie skizziert eine eindeutige Sicht, die vor allem aus der vorwurfsvollen Feststellung von Undankbarkeit seitens des Angeklagten besteht und ihm vorhält, was als dissoziale Persönlichkeit vorher bereits beschrieben worden ist:

> *[...] dickfelliges Unbeteiligtsein gegenüber den Gefühlen anderer,*
> *Mangel an Empathie, die eigenen Bedürfnisse in den Vordergrund*
> *stellend, deutliche Verantwortungslosigkeit,*

Eigenheiten, die als "stabile Verhaltensmuster" gekennzeichnet werden. Die gleichen Eigenheiten kommen auch in der Tat zum Ausdruck und führen zwar einerseits aufgrund der verminderten Schuldfähigkeit zu einer Strafrahmenverschiebung, werden andererseits jedoch für die konkrete Strafzumessung straferhöhend verwendet:

> *Wenn der Angeklagte nunmehr die Großmutter, die gerade im Moment*
> *um sein Wohlergehen besorgt war, mit dem Hammer niederschlug, so*
> *hat dieses Tun eine andere Qualität als wenn er die - dann gleichfalls*
> *arglose - Großmutter beispielsweise beim Fernsehen erschlagen hätte.*

Diese Argumentation wird nur möglich, wenn man die Dynamik der gesamten Tathandlung außer acht läßt: während die Großmutter die Wäsche sortiert, macht sie dem Angeklagten Vorhaltungen über seinen Lebenswandel, und die gesamte Ambivalenz aus Fürsorge, Kontrolle und Infantilisierung, die das Urteil sehr wohl erkennt, muß an dieser Stelle motivisch belanglos bleiben. Wollte man diese Motivkonstellation berücksichtigen, dann entfaltet die Tat ihre eigene Logik, gerade dann zu geschehen, als die Großmutter "um sein Wohlergehen besorgt war", und die Koinzidenz dieser Handlung mit der Tat erscheint als gar nicht zufällig, wie es andererseits der Fall wäre, wenn sie beim Fernsehen erschlagen worden wäre.

Insgesamt erscheint dieses Muster als eine Weiterentwicklung von Muster 12: Egozentrik von Angeklagten ist in beiden das Leitmotiv, die Opfer verfolgen in beiden berechtigte Belange und sind den Angeklagten emotional zugewandt, in beiden erscheint der Anlaß der Tat als relativ belanglos, und Dankbarkeit für das, was die Opfer für die Angeklagten getan haben, vermissen die Gerichte in beiden. Beide Muster teilen darüberhinaus, daß eine Biographisierung, die jeweils dissoziale Persönlichkeiten als 'schwere andere seelische Abartigkeit' im Sinne des § 21 StGB beschreibt, zwar insoweit strafmindernde Bedeutung gewinnt, für die konkrete Tatbetrachtung und Strafzumessung innerhalb des dann gegebenen Strafrahmens jedoch weitgehend folgenlos bleibt. Der Unterschied liegt alleine in der noch höheren Ausschöpfung des Strafrahmens bei Muster 15: das läßt sich möglicherweise verstehen als ein 'Opfer-Zuschlag', da die Tötung der eigenen Großmutter noch mehr tabuiert ist als Tötung überhaupt, und reflektiert zudem die dem Opfer zugeschriebene Motivation, die aus fürsorglichem Altruismus besteht und damit über die berechtigten, aber im eigenen Interesse verfolgten Belange der Opfer in anderen Mustern noch hinausgeht.

c)   *Rekonstruktionslogik V : Strafzumessung im oberen Fünftel des Strafrahmens*

Es finden sich hier Biographisierungen und moralische Charaktere, die mit vorherigen Mustern große Ähnlichkeit haben, und die Unterschiede - mit Ausnahme der Strafrahmenausschöpfung - sind gering. Dabei lassen sich allerdings zwei argumentative Linien unterscheiden, die aus ganz unterschiedlichen Richtungen zu einer spezifischen Betrachtungsweise konvergieren. Die eine dieser Linien ist als Fortführung der Rekonstruktionslogik I zu begreifen: eine umfassende und höchst verständnisvoll angelegte Biographisierung kennzeichnet die Angeklagten als die Opfer von Situationen und Umständen, die sich ihrem Einfluß und letztlich auch anderen Lösungsmöglichkeiten als der Tat entziehen. Die andere Linie ist zu verstehen als Fortführung der Rekonstruktionslogik IV: immer nur auf ihr eigenes Wohl bedachte Angeklagte, egozentrisch ausschließlich auf ihre Bedürfnisse orientiert und ignorant gegenüber den Ansprüchen anderer, bringen sich durch ihre Verhaltensweisen selbst in jene Situation, in der die Tat ebenfalls als Aufwallen von Egozentrik betrachtet wird.

Beides konvergiert in der die gesamte Bewertung dominierenden Betrachtung der Tat, die diesen Typus ausmacht. Zwar hat Biographisierung für die Schuldfähigkeit (oder, mit analoger Wirkung, die Anwendung der Rechtsfolgenlösung) hier weiterhin ein hohes Gewicht, verhindert die Verhängung einer lebenslänglichen Freiheitsstrafe und führt zum Einstieg in den Strafrahmen; für die weitere Abwägung im Rahmen der Strafzumessung kann sie dann aber rechtlich folgenlos bleiben. Damit überwölbt diese Tat alles, und ihre Betrachtung zeichnet sich dadurch aus, daß sie von jeglicher Biographisierung völlig losgelöst erscheint. Das kennzeichnet den § 21 StGB (zumindest bei Morddelikten) nicht nur als eine Strafzumessungsregel, sondern zudem als eine Regel der psychologischen Segmentierung, die sowohl Berücksichtigung von Biographisierung erlaubt wie auch eine relativ isolierte Tatbetrachtung (vgl. zu diesem Mechanismus auch Legnaro und Aengenheister 1995c).

Der *common sense* dieser Rekonstruktion beruht primär auf der Bewertung einer vorweg sorgfältig geplanten Tötung oder darauf, daß das Opfer zwar spontan, aber in einer eher von Fürsorge als von besonderer Konflikthaftigkeit geprägten Situation getötet wurde. Diese Bewertung wirkt spontan und in gewisser Weise distanzlos: sie ist dominiert von der alltäglichen Vorstellung, daß eine in hoher affektiver Erregung begangene Spontantat ubiquitäre Verständlichkeit reklamieren kann, jede vorherige Überlegung, Planung, anscheinend rationale Vorbereitung oder ein besonderer affektiver Überschuß jedoch die Verwerflichkeit immens erhöht. Es scheint hier eine Vorstellung vom 'rationalen Bösen' auf, wie sie der gesamten Konstruktion von Heimtücke (und unter dieses Mordmerkmal fallen alle hier behandelten Fälle) zugrundeliegt. Das Ausmaß an biographischer Abspaltung, das solche Bewertungen kennzeichnet, ist beträchtlich: die in den Urteilen beschriebene Biographisierung hat für einen distanzierten Nachvollzug des Tatgeschehens keine Bedeutung mehr, und dieses Tatgeschehen wird als die souveräne Hervorbringung einer autonomen Persönlichkeit wahrgenommen (vgl. auch Kapitel 11.2).

8.2   Strafen mit einer Ausschöpfungsquote von mehr als 100 %

In dieser Stichprobe kommt im Rahmen der Zeitstrafen keine Ausschöpfung von 100 % vor, was wohl eine gewisse Scheu vor der absoluten Obergrenze reflektiert (vgl. aber Kapitel 11.1). Bei Verurteilungen nach § 211 StGB wiederum ist - sofern keine vertypten Milderungsgründe wie Versuch oder verminderte Schuldfähigkeit vorliegen - die Strafzumessung (mit der Ausnahme der Rechtsfolgenlösung) zwingend, so daß sich von einer Strafrahmenausschöpfung nicht reden läßt. Zu behandeln sind deswegen nur die beiden Fälle (ausschließlich männliche Angeklagte), bei denen nach § 57a StGB eine "besondere Schwere der Schuld" festgestellt wird, so daß die reale Verbüßungsdauer mehr als 15 Jahre beträgt. Bei dieser Entscheidung handelt es sich nicht um die Bestimmung einer konkreten Strafe aus einem Rahmen, sondern um eine duale Option: lebenslängliche Freiheitsstrafe als fünfzehnjährige oder höhere Strafe.

Dies ist das gravierendste Verdammungsurteil, das das Strafrecht kennt, und die lebenslängliche Freiheitsstrafe, die in der Regel fünfzehn Jahre lang vollstreckt wird, ist hierdurch von vornherein auf unbestimmte Zeit länger terminiert. Im Rahmen dieses Kapitels ist zu fragen nach der Beschreibung jener moralischen Charaktere, die die Zuschreibung solcher Schwere der Schuld rechtfertigen und zu gebieten scheinen. Es finden sich dabei keine qualitativen Unterschiedlichkeiten zur vorher beschriebenen Rekonstruktionslogik V. Auch hier (wie in V) erinnern die grundlegenden Linien an Logiken geringerer Strafrahmenausschöpfung, vor allem I und IV, aber es findet ein Sprung in der Strafhöhe statt, der auf höherer Ebene den Abstand zwischen Logik V und jenen Logiken, deren Grundelemente sie enthält, wiederholt.

a)   *Muster 16 : Im Chaos der Gefühle*

Aus einer Ehe heraus, in der sie als Zweitfrau wie in einem Ghetto gehalten wird und ihr Mann paschahaft sowohl mit ihr wie mit ihrer Mutter schläft, sie brutal mißhandelt und wie sein persönliches Eigentum hält, lernt die Angeklagte einen Freund ihres Mannes kennen:

> *Man mochte sich und faßte Vertrauen zueinander. Unbemerkt von ihren jeweiligen Ehepartnern wurden sich die beiden Angeklagten zunehmend in einem Maß sympathischer, das über den Bereich der Freundschaft hinausging und das schließlich in einem intimen Ver-hältnis, der Grundlage der dann folgenden Tat, endete. [...] Zwischen den beiden Angeklagten entwickelte sich eine intensive Liebesbezie-hung, in der dem sexuellen Bereich eine große Bedeutung zukam. [...] Während für die Angeklagte [...] dabei vor allem das Erleben von Verständnis und menschlicher Wärme im Vordergrund stand, erlag der Angeklagte [...] immer stärker der sexuellen Faszination seiner Intimpartnerin [...] Er war betört von der Art und Weise, wie sie mit ihm schlief; er gierte danach, wieder in ihren Armen zu liegen. [...] Auch die Angeklagte [...] stand vor einem Chaos ihrer Gefühle. Je intensiver die Beziehung zu [dem Mitangeklagten] wurde, umso weni-ger konnte sie sich ein Leben ohne ihn vorstellen ("dafür war das Erlebnis zu schön, von den Gefühlen und der Sexualität") [...]* (F3/M3).

Diesen Urteilstext zeichnet eine gewisse Zielstrebigkeit bei der Zeichnung zweier ge-schlechtskonformer Moralcharaktere aus: während sie vor allem "Verständnis" und "Wärme" sucht, "gierte" und "erlag" er. Angesichts der widersprüchlichen Aussagen dazu, wer anfänglich wen verführte, unterstellt die Kammer aber *in dubio*, dies sei vom jeweils Anderen ausgegangen.

Beide planen in der Folgezeit dann die Ermordung ihres Mannes und führen sie auch aus, und beide werden zu lebenslänglicher Freiheitsstrafe verurteilt. Als Gründe, ihm - im Gegensatz zu ihr - auch eine besondere Schwere der Schuld anzulasten, nennt die Kammer dabei,

> *- daß der Angeklagte die Tat über einen langen Zeitraum hinweg zumindest mitgeplant und schließlich trotz aufgetretener Schwierigkeiten [...] zielstrebig durchgeführt hat; er hat dabei eine erhebliche kriminelle Energie an den Tag gelegt, wie sich insbeson-dere aus dem vorbereitenden Ausheben des "Grabes", dem Beschaffen der Tatwaffe, dem Bemühen um einen Schalldämpfer sowie der planvollen Beseitigung von Tatspuren bis hin zu der Konstruktion von*

Des weiteren stellt die Kammer seinen Egoismus fest:

Selbst wenn man zu seinen Gunsten berücksichtigt, daß er die Tat auch begangen hat, um die Mitangeklagte [...] aus einem von ihr ihm möglicherweise in drastischen Farben geschilderten Martyrium zu befreien, so kann angesichts der langen Planung und der zielgerichteten, zumindest auch eigennützigen (der Angeklagte wollte jedenfalls auch den Nebenbuhler ausschalten, um in Zukunft die geliebte Frau nur für sich zu haben) Vorgehensweise nicht von einem solchen Ausnahmefall gesprochen werden [...]

Das verwebt einige Themen von Muster 14: ritterliche Hilfe, Liebe und Eigennutz, elaborierte Tatplanung und zudem noch, von der Kammer gesondert angeführt, die Mitverwicklung eines Dritten in die Tat, was einen besonderen Akzent von egoistischer Ausbeutung anderer setzt. Das konstelliere eine so hohe Schuld,

daß ein Verzicht auf die Weitervollstreckung bereits nach Ablauf der [...] Mindestfrist aus Gerechtigkeitsgründen unvertretbar erscheint.

Es ist selten, daß in Urteilen so pompös die Gerechtigkeit bemüht wird; außerdem suggeriert der Text, daß eine Entlassung "bereits" nach Ablauf der Mindestfrist lediglich eine Kurzzeitstrafe beinhalte. Aber auch dieses Urteil ist vor allem dyadisch zu verstehen (sie wird zu einer lebenslänglichen Freiheitsstrafe ohne besondere Schwere der Schuld verurteilt); bei der Abwägung ihrer und seiner Anteile wird seine Eigennützigkeit als höher unterstellt denn die ihre, tötet er doch auch zur Sicherung einer ungestörten Beziehung mit seiner Geliebten, ohne gleichzeitig in gleichem Ausmaß zu leiden. Von den argumentativen Linien her werden hier jedoch bereits bekannte Muster auf einem höheren Niveau der Strafzumessung fortgeführt, und die Rekonstruktion weist gegenüber der Logik V keine Unterschiede auf: vielmehr wird die "besondere Schwere der Schuld" hier eingesetzt, um dem gerichtlichen Bedürfnis nach Abstufung der Strafe zwischen zwei Angeklagten Rechnung zu tragen. Hätte er alleine vor Gericht gestanden, wäre ihm vermutlich nicht besondere Schuldschwere zugeschrieben worden, die argumentativ gegenüber Logik V auch kaum entwickelt ist. Es handelt sich um eine typische 'dyadische Verurteilung' (vgl. auch Kapitel 11.3).

b)   Muster 17 : Die Unschuld des Opfers

Wie Muster 16 als eine Fortführung von Muster 14 erscheint, so bedeutet Muster 17 eine Weiterführung der in Muster 15 entwickelten Linien. Was dort der als nichtig erscheinende Bezug zwischen der Tat und ihrem Anlaß darstellt, das bildet hier die mangelnde Dynamik zwischen dem Angeklagten einerseits und einem Opfer exemplarischer Unschuld andererseits:

> *Der Angeklagte ist vielfach wegen Vergewaltigungen vorbestraft. Der Ursprung der vorliegenden Tat sollte wiederum zu einer Vergewaltigung führen. Der Angeklagte hat [...] ein ihm blind vertrauendes Kind in einen Hinterhalt gelockt. Schließlich darf im Rahmen der Beurteilung nach § 57a I S. 1 Nr. 2 StGB nicht unberücksichtigt bleiben, daß das Opfer ein Kind im Alter von 7 Jahren war. (M9).*

Diese kühle Beschreibung läßt das Bild eines hartgesottenen Vergewaltigers vermuten, der nicht einmal davor zurückschreckt, kleine Mädchen zu mißbrauchen. Wie bereits angesprochen, wird dabei jedoch die Biographisierung, die das Urteil selbst enthält, als obsolet übersprungen, und ist dort einige Seiten vorher

> *die schwere und schwerste Persönlichkeitsstörung*

des Angeklagten beschrieben, so bleibt diese angesichts der Tat völlig folgenlos. Folgenlos bleibt hier auch die verminderte Schuldfähigkeit, die zwar zuerkannt wird, für das Strafmaß aber in doppeltem Sinne folgenlos bleibt: weder führt sie zu einem Einstieg in einen Strafrahmen, noch wird sie bei der Zuschreibung einer besonderen Schwere der Schuld berücksichtigt. Letztere wird vielmehr mit den gleichen Argumenten begründet wie der versagte Einstieg in einen Strafrahmen, was ein eher dubioses Verfahren darstellt.

c)   Rekonstruktionslogik VI : Strafzumessung von mehr als 100 %

Strukturell lassen sich gegenüber der Rekonstruktionslogik V keine Änderungen sehen, und zur Beschreibung der Logik kann auf die obige Zusammenfassung von Kapitel 8.1 verwiesen werden. Es kommt allerdings in diesem Muster noch 'etwas' hinzu, was die Gerichte veranlaßt, die größtmögliche Näherung an die grundgesetzlich abgeschaffte Todesstrafe zu verhängen. Dieses 'Etwas' besteht in spezifischen Qualifizierungen: die Tat besonders zielstrebig geplant, ausgeführt und nachbereitet zu haben, ansonsten an der Dynamik unbeteiligte Dritte mit hineinverwickelt zu haben, ein Tabu-Opfer, wie es ein kleines Kind darstellt, getötet zu haben. Gerade letzteres stempelt Angeklagte zu einem moralischen Monstrum. Diese Logik unterscheidet sich von den anderen Logiken der höheren Ausschöpfungsquoten dabei nicht in der isolierten Betrachtung der Tat, sondern überhöht diese Betrachtung noch einmal. Es ist die Tat und ausschließlich diese, die hier für die Strafzumessung relevant wird, sie erscheint als isoliert-rationale

Ungeheuerlichkeit, de-kontextuiert und zusammenhanglos mit der Persönlichkeit derjenigen, die sie begehen, und die Gerichte sind bar jedes Verständnisses und auch bar jedes Verstehens für die Psychodynamik der Ereignisse. Eine solche Dynamik wird zwar erwogen, aber nicht für gewichtig genug gehalten, um die besondere Schwere der Schuld auch nur annähernd aufzuwiegen.

9. REGELN DES SCHÖPFENS I : DIE REKONSTRUKTIONSLOGIK DER STRAFZUMESSUNG UND DIE DAMIT VERBUNDENEN MORALISCHEN CHARAKTERE

Die in den vorangehenden Kapiteln beschriebenen Fälle und die dort gegebenen Schilderungen des 'Mechanismus' von Urteilsfindung und Strafzumessung geben einen Einblick in die Rekonstruktionslogik, wie sie der Strafzumessung zugrundeliegt. Dieses Kapitel faßt die bisher präsentierten Befunde zusammen und sucht den empirischen Zusammenhang zwischen dem Grundsatz der freien Beweiswürdigung gemäß § 261 StPO und der Strafzumessungsvorschrift des § 46 StGB auf den Begriff zu bringen.

In ihrer grundsätzlichen Beschreibung der Strafzumessung als attributionspsychologisches Problem weist Oswald (1988) auf die allgemeine Tendenz der Überattribution personaler Verantwortung vor allem bei normabweichendem Verhalten hin. Das heißt, daß Betrachter bei gravierenden Straftaten, um die es sich hier handelt, generell eher dazu neigen werden, eine personale Verantwortung für diese Handlung festzuschreiben und diese somit als einen Bestandteil der autonomen Verfügungsmasse des Individuums zu betrachten: er oder sie hätte auch anders handeln können, als er oder sie gehandelt hat, und weil dies so ist, trägt er oder sie die persönliche Verantwortung für das tatsächliche Handeln. Das beschreibt (sieht man von den wenigen Fällen zugeschriebener Schuldunfähigkeit ab) die grundlegende Voraussetzung strafrechtlichen Denkens und Sanktionierens überhaupt: um dieses Grundprinzip braucht es hier - aller psychologischen Fraglichkeit ungeachtet - nicht zu gehen. Von Bedeutung sind jedoch die Differenzierungen innerhalb der generellen Voraussetzung von Verantwortlichkeit, also die Abstufungen und Graduierungen, die die eine Tat geradezu als eine läßliche Sünde, die andere als eine verabscheuungswürdige Bösartigkeit erscheinen lassen, die Zusammenhänge solcher Differenzierungen mit der Rekonstruktion von moralischen Charakteren und ihre Auswirkungen auf die Strafzumessung.

Betrachtet man im Überblick den *common sense*, wie er in den beschriebenen Mustern und den darauf basierenden bereits abstrahierten Rekonstruktionslogiken aufscheint, so zeugt er vor allem von moralischen Evidenzen und beruht auf mehreren Dimensionen der Bewertung. Diese Dimensionen lassen sich mithilfe polarer Begrifflichkeiten beschreiben: im Mittelpunkt der Rekonstruktionen stehen einmal Heteronomie versus Autonomie als Persönlichkeitsverfassung, dann auf einen Anderen bezogene (auf *alter* zentrierte) versus auf sich selbst bezogene (auf *ego* zentrierte) Handlungsorientierungen und schließlich Spontaneität versus Planung als Handlungsausführung. Im Rahmen der Urteilsfindung werden die ersten beiden Dimensionen vierfach rekonstruiert: innerhalb zweier zeitlicher Ebenen, nämlich für die dynamischen Geschehnisse, in deren Rahmen letztlich die Tat entsteht ('weiterer Tatkontext') und für die Situation, in der die Tat geschieht ('engerer Tatkontext'), und dies für jeweils zwei Beteiligte, nämlich Angeklagte und Opfer. Für die Tatsituation selbst wird dann der Modus der Tatausführung rekonstruiert. Das ist die rekonstruktive Folie, vor deren Hintergrund sich die Strafzumessung abspielt und in deren Rahmen sie begründet wird.

Die folgende Übersicht abstrahiert die bisher beschriebenen Muster und die diese zusammenfassenden Rekonstruktionslogiken, um einen resümierenden Überblick zu ermöglichen:

Rekonstruktionslogik / Muster	Angeklagte / r	Opfer
I (Bewährungsstrafen und Strafrahmenaus-schöpfungen bis zu 30 %) : - Übermacht der Umstände (1); - 'geduldiges Ertragen' (2); - Kränkung durch eine Frau (3); - Ausweglosigkeiten (4); - eine Welt bricht zusammen (5)	Weiterer Tatkontext: Hochgradige Heteronomie; völlige Zentrierung auf das Opfer; emotionale Abhängigkeit vom Opfer Engerer Tatkontext/Tatausführung : Verhalten (drohende Haltung) oder Entscheidung des Opfers (Trennungsentschluß) veranlaßt in spontaner Emotionalität die Tathandlung	Weiterer Tatkontext: Autonomes Agieren eigener Bedürfnisse ohne Rücksicht auf die Emotion der Angeklagten; immer egoistische Selbstbezogenheit, auch physische Aggressionen Engerer Tatkontext/ Tatausführung : Kränkt durch aggressives oder uneinfühlsames Verhalten und setzt damit den Stimulus der Tat

Rekonstruktionslogik / Muster	Angeklagte / r	Opfer
II (minder schwere Fälle oder Körperverletzung mit Strafen von 2 bis zu 5 Jahren):	**Weiterer Tatkontext :** Beidseitig aktiv unterhaltene Psychodynamik; gegenseitige Abhängigkeiten ohne klare Dominanzen	
- 'zur Eskalation beigetragen' (6); - Eifersucht und die Unerträglichkeit des Verlassen-Werdens (7)	**Engerer Tatkontext/Tatausführung :** gegenseitige Vorwürfe und Kränkungen, aus denen heraus die Tathandlung sich spontan entwickelt	
III (Strafrahmenausschöpfung von über 30 % bis zu 50 %) :	**Weiterer Tatkontext :** Langes Erdulden tyrannischer Verhaltensweisen des Opfers oder ausgeprägte Psychopathologie	**Weiterer Tatkontext :** Tyrannisierung und brutale Aggressivität oder keinerlei dynamische Bedeutung
- 'für ihre Zwecke eingespannt' (8); - Pathologie der Person und Pathologie der Tat (9)	**Engerer Tatkontext/ Tatausführung :** Instrumentalisierung anderer für die Tat; Tathandlung als 'egoistische Befreiung' geplant oder mit besonderen Leiden des Opfers verbunden	**Engerer Tatkontext/ Tatausführung:** Oft schlafend, in jedem Fall ahnungslos

Rekonstruktionslogik / Muster	Angeklagte / r	Opfer
IV (Strafrahmenaus-schöpfung über 50 % bis zu 80 %): - 'ohne sich zu kümmern' (10); - Der schwache und ge-kränkte Patriarch (11); - 'über die berechtigten Belange egoistisch hin-weggesetzt' (12); - Die Unfähigkeit zu kla-ren Verhältnissen (13)	**Weiterer Tatkontext :** Ausgeprägte Autonomie; egoistische Verfolgung eigener Interessen ohne jegliche Rücksichtnahme auf das Opfer **Engerer Tatkon-text/Tatausführung :** Kränkung durch Tren-nungsentschluß oder Vorhaltungen des Op-fers, woraus sich (mei-stens) ein längerer Tat-vorlauf mit Verfolgung und Auflauern oder be-sondere Intensität der Tathandlung entwickelt; daher ihre Bewertung (kriminelle Energie/bru-tal/planvoll)	**Weiterer Tatkontext :** Lange Zeit heteronom auf Angeklagte orien-tiert; schließlich Auto-nomisierung durch Trennung, da deren Verhalten unerträglich erscheint **Engerer Tatkontext/ Tatausführung:** Distanzierung oder Vor-würfe, was zur affekti-ven Aufladung der Si-tuation beiträgt; in je-dem Falle moralisch le-gitimiertes Verhalten und berechtigte Inter-essen

Rekonstruktionslogik / Muster	Angeklagte / r	Opfer
V (Strafrahmenaus-schöpfung über 80 % bis zu 100 %) :	Weiterer Tatkontext : Langes Erdulden tyrannischer Verhaltensweisen des Opfers / emotionale Fixierung auf Dritte	Weiterer Tatkontext : Tyrannisierung und brutale Aggressivität
- Außerordentlichkeit der Umstände und Außerordentlichkeit der Tatschwere (14); - Ein nichtiger Anlaß zur Tat (15)	oder egoistisch-konflikthafte Beziehung zum Opfer	oder fürsorglich-entmündigende Verhaltensweisen
	Engerer Tatkontext/ Tatausführung : Elaborierte Planung und besonders heimtückische Ausführung oder Wiederholung einer permanenten Konfliktlage und Tat als 'egoistischer Überschuß'	Engerer Tatkontext/Tatausführung : Meistens ohne konkreten Situationsbeitrag; ahnungslos überrascht
VI (Strafen mit einer Ausschöpfungsquote von mehr als 100 %) :	Weiterer Tatkontext : Emotionale Fixierung auf Dritte und Planung der Tat als Hilfe und im eigenen Interesse	Weiterer Tatkontext : Keine direkten Konflikte mit dem Täter
- Im Chaos der Gefühle (16); - Die Unschuld des Opfers (17)	Engerer Tatkontext/ Tatausführung : Elaborierte Vorbereitung, zielgerichtete Durchführung oder egoistisch-spontane Tat	Engerer Tatkontext/Tatausführung : Kein Situationsbeitrag; situative oder 'ontologische' Unschuld

Verfolgt man die im Rahmen der jeweiligen Rekonstruktionslogik gegebenen gerichtlichen Feststellungen, so zeigen sich relativ deutlich argumentative Linien, die sowohl
das Verhalten von Angeklagten wie Opfern wie auch deren dynamische Beziehung
miteinander betreffen. Daß beider Verhalten nach dem Prinzip kommunizierender
Röhren betrachtet und komplementär bewertet wird, die Beschuldung des einen also
die Entschuldung des anderen bildet, wird dabei ebenfalls deutlich.

Was Angeklagte angeht, so bildet eine dieser Linien die Dimension Heteronomie -
Autonomie ab. Heteronomie als Fremdbestimmung eigenen Handelns findet sich als
dominante Interpretationsfolie der Befindlichkeit von Angeklagten in Rekonstruktionslogik I, und in den weiteren Logiken und somit höherer Ausschöpfungsquote des
Strafrahmens nimmt diese Heteronomie bei zunehmender Autonomisierung kontinuier-
lich ab. Die Linie der Dimension 'Zentrierung auf das *alter* des Opfers' bzw.
'Zentrierung auf *ego*' verläuft hierzu parallel. Zwar hat auch eine auf ein *alter* gerichtete Orientierung ein selbstzentriertes Fundament, aber, und das hebt sie ab von
den egoistischen Orientierungen, sie richtet sich mit hoher affektiver Besetzung auf die
jeweils andere Person der Dyade, während egoistische Orientierungen von diesem Bin-
nenverhältnis aus gesehen nach außen gerichtet sind. In dieser Dimension unterscheiden die gerichtlichen Rekonstruktionen je nach Strafzumessung höchst deutlich:
Zentrierungen auf *alter* wirken immer entschuldend, Zentrierungen auf sich selbst
immer beschuldend.

Die dritte Linie zeigt die Unterschiede der Tatbewertung: die Bedeutung der Tathandlung selbst nimmt dabei immer mehr zu. Je emotional-spontaner die Tat, desto
leichter wiegend; alle Formen von Planung, Einbeziehung anderer, überschießender
Affektivität hingegen wiegen schwer. Nur aus diesem Grunde wirkt die Rekonstruktionslogik V so merkwürdig zusammengesetzt: einerseits trägt sie alle Züge niedrigerer
Strafzumessungsbegründungen, andererseits jedoch wird die Tathandlung hier gravierend gewichtet.

Insgesamt ergibt sich damit unter jeweils verschiedenen Gesichtspunkten eine
Argumentationsstruktur, die - nicht verwunderlicherweise - die Verursachung mit
höherer Ausschöpfung des Strafrahmens ständig zunehmend internalisiert und auf diese
Weise persönliche Verantwortung attribuiert. Gerade unter dem Aspekt, daß die
Persönlichkeitsstruktur von Angeklagten als Pathologie zwar strafmindernd berücksichtigt, danach jedoch dem vermindert Schuldfähigen die Schwere seiner Tat
vorgehalten wird, ist die Tendenz zur Überattribution unübersehbar: was im biographischen Vorlauf als extern erscheint, erscheint nun plötzlich als intern, und diese Volte
der Beurteilung reflektiert deutlich die Mühe, die die Gerichte mit manchen Angeklagten und manchen Taten haben.

Die jeweiligen Zuschreibungen an die Opfer verlaufen etwa komplementär: von Autonomie zu Heteronomie, von einer Zentrierung auf *ego* zu einer Zentrierung auf *alter*. Unabhängig hiervon wird zudem ihr Verhalten und ihre Befindlichkeit in der Tatsituation bedeutsam, und während sie in den Regionen niedriger Strafzumessung einen dynamischen Anteil an dieser Tatsituation haben, verschwindet dieser in den höheren Regionen ganz. Das relativiert dann auch ihr vorheriges Verhalten; die völlige Ahnungslosigkeit in der Tatsituation (rechtlich oft als Arg- und Wehrlosigkeit beurteilt) entschuldet sie an der Tat selbst, wenngleich nicht an ihrer Genese.

Konkrete Strafzumessung entfaltet unter dem Aspekt ihrer biographisierenden Begründung somit eine deutlich sichtbare und von der jeweiligen Subsumtion weitgehend unabhängige Stringenz der Rekonstruktionslogik. Zwar entscheidet diese Subsumtion über den anwendbaren Strafrahmen, innerhalb dieser (mit der Ausnahme von Mord bei voller Schuldfähigkeit jedoch nur wenig trennscharfen) Eingrenzung aber gewinnt die Biographisierung ihr Eigengewicht. Nicht die Subsumtion selbst erweist sich demnach (mit wenigen Ausnahmen) als ausschlaggebend, sondern die Ausschöpfungsquote eines Strafrahmens, der die Rekonstruktion eines moralischen Charakters entspricht.

Schon die Übersichten der konkreten Strafzumessung (vgl. Kapitel 3.3) haben gezeigt, daß die bei weiblichen Angeklagten verhängten Strafen bei gleicher Subsumtion nahezu immer niedriger sind als die bei männlichen Angeklagten verhängten, und dieses Ergebnis steht in Einklang mit einer Fülle ähnlicher Befunde (vgl. Kapitel 1.1). Entsprechend dominieren Frauen in der Rekonstruktionslogik I bei weitem, während die Logiken IV und VI ausschließlich auf Männer zutreffen. Die Gründe für solche vermeintlich 'ritterliche' oder 'paternalistische' Strafzumessung sind vor dem Hintergrund der dargestellten Rekonstruktionslogiken deutlicher zu erkennen: eher als bei Männern lassen sich bei Frauen heteronome Verhaltensweisen, auf *alter* bezogene Orientierungen und spontane Tathandlungen rekonstruieren. Sie entsprechen damit offenbar in wichtigen Partikeln der vorherrschenden forensischen Moral und erscheinen oft als hilflos Ausgelieferte. Wenn Böttger (1992, S. 201) in seiner Analyse von Schuldfähigkeitsgutachten den Typus der 'durch Schicksalsschläge geprägten Biographie' eher bei Frauen als bei Männern findet, so reflektiert dies das gleiche rekonstruktive Muster.[1]

---

1 Er prüft leider nicht den Zusammenhang der jeweiligen typologischen Schuldfähigkeitsaufbereitung mit der konkreten Strafzumessung, so daß sich keine direkten Vergleichsmöglichkeiten ergeben. Im übrigen ist dieser Typus der einzige, der sich relativ bruchlos mit den hier beschriebenen in Zusammenhang bringen läßt; das spricht dafür, daß Rekonstruktionen im Rahmen der Schuldfähigkeitsbeurteilung eine andere Logik aufweisen als solche

(Fortsetzung...)

Insgesamt zeigt sich der *common sense*, der als forensische Moral die argumentativen Linien der Strafzumessung ausmacht, nicht unterschieden von alltäglichen Bewertungen: in dynamischen Beziehungen zwischen Menschen erweckt spontanes Handeln aus Hilflosigkeit eher Mitgefühl und Verständnis als geplantes Handeln zum eigenen Vorteil. Nur in seinen Ritualisierungen und Entscheidungsweisen, nicht jedoch in der Struktur seiner Bewertungen erweist sich das forensische Universum damit als eine Ausdifferenzierung des sozialen Universums überhaupt; in diesen Bewertungen ist der *sense*, den die Akteure anwenden und verwenden, durch und durch *common*, nämlich allgemein. Aus Gründen der Legitimation kann dies wohl auch nicht anders sein: juristisches Handeln zeigt sich unter dem hier behandelten Aspekt als eine Sonderform des Alltagshandelns, die diese Gemeinsamkeit prozedural kaschiert, so daß ein Wiedererkennen der zugrundeliegenden alltäglichen Bewertungsstruktur diese als Produkt besonders elaborierter und rational legitimierter Logik erscheinen läßt.

(...Fortsetzung)

im Rahmen der Strafzumessung. Vergegenwärtigt man sich die Abspaltung von Biographisierung und Tat gerade bei höheren Ausschöpfungsquoten, ist das auch nicht verwunderlich.

10. REGELN DES SCHÖPFENS II : DIE WAAGE DER SCHULD UND DIE BEDEUTUNGEN DER FORENSISCHEN MORAL

10.1 Rechtskräftiger Prolog

Die Würde des Menschen liegt nach Sachlage in Arbeit und Disziplin, Fleiß, Demut und Bescheidenheit, Verantwortung vor Gott und den Menschen.
(Aus einer Urteilsbegründung des LG Ingolstadt, zitiert nach *Spiegel* 45/1993).

Diese Beschreibung forensischer Moral, nicht aus der Stichprobe stammend und in ihr auch keine verbalisierte Entsprechung findend, beleuchtet immerhin deutlich, welche Tugenden forensisch geschätzt werden. Es mischen sich hierin Elemente der Protestantischen Ethik mit Versatzstücken einer ständischen und vorsäkularen Gebundenheit, in der alles seinen Platz hat und Auflehnung als Hybris erscheint.

Die Facettierungen der forensischen Moral - oder: die Struktur des *common sense*, der forensischen Bewertungen zugrundeliegt - stehen im Mittelpunkt dieses Kapitels. Von diesem *common sense* als Grundlage der Strafzumessung hat Haffke (1980, S. 153) angenommen, er folge "quasi naturwüchsigen Regelhaftigkeiten" und werde vermutlich "einfacher und schlichter" sein, als daß die Strafrechtswissenschaft wahrhaben wolle. Tatsächlich sind es alltäglich vertraute Bewertungsstrukturen, die den Maßstab liefern, nach dem forensisch bestimmt wird, was an 'Schuld' wem zugeschrieben und verantwortlich angerechnet wird. Denn Schuld ist, wie in den vorangehenden Kapiteln zu sehen war, ein dyadisches Konstrukt. Auf der Waage der Justitia liegen dabei immer die Anteile zweier Personen, werden gegeneinander aufgewogen, und die Anteile des Opfers werden strafzumessungstechnisch zugunsten von Angeklagten verrechnet. An die Verhaltensweisen beider wird dieser Maßstab angelegt; welche einzelnen Bewertungen sich dabei aus der forensischen Moral ergeben, ist bereits beschrieben worden. Im folgenden soll der zugrundeliegende Mechanismus noch einmal abstrahiert betrachtet werden, der entweder zu einem 'Opfer-Abschlag' oder zu einem 'Opfer-Zuschlag' der Strafzumessung führt. Das expliziert die Facetten forensischer Moral noch einmal in ihren Auswirkungen; im Anschluß ist nach ihren Bedeutungen zu fragen.

10.2 'Ontologische Unschuld' und Formen der Mitschuld von Opfern

Bei der Frage nach der Mitverantwortung von Opfern geht es nicht um die rechtsdogmatische Bedeutung des Opfers für die Strafzumessung (hierzu vgl. etwa Hillenkamp 1981; Maeck 1982), die in neuerer Literatur zur Theorie der Strafzumessung nur am Rande (Streng 1991) oder gar nicht (Schäfer 1990) behandelt wird. Angesprochen ist auch nicht die Frage nach unterschiedlichen Viktimisierungswahrscheinlichkeiten (vgl. Sessar 1979); es geht vielmehr um die Frage, ob sich - im Rahmen der Verurteilung von Täterinnen und Tätern - Opferhierarchien ausmachen lassen, ob also die soziale Natur von Opfern unabhängig von ihrem situativen Verhalten einen (mindernden oder schärfenden) Einfluß auf die Strafzumessung hat. Dies stellt einen in der viktimologischen Forschung nur selten angesprochenen Gesichtspunkt dar (vgl. etwa den Überblick bei Kaiser, Kury und Albrecht 1991). Strafrechtstheoretisch gesehen fügt er sich ein in die von Sessar (1985) beschriebenen Ambivalenzen zwischen dem Strafrecht einerseits und seinem Anspruch, als sittenbildende Kraft zu wirken, und den Interessen von Opfern andererseits, die auch bei gutem Willen keine Chance zu Formen privater Einigung und Befriedung erhalten, weil sie auf diese Weise dem Strafrecht seine normierende Bedeutung entwenden würden. So zentral dieser Gedanke für viele Deliktformen ist, so hat er allerdings bei den hier untersuchten Tötungsdelikten enge Grenzen. Immerhin lassen sich unterschiedliche Grade der Opfervertretung durch die Gerichte ausmachen; Grade, die von einer moralisch getönten Identifikation mit dem Opfer bis zur weitgehenden Ignorierung des Opfers reichen. Bei ersteren rückt das Opfer weitgehend unabhängig von seinem Verhalten in eine quasi-mythologische Position ontologischer Unschuld, wie dies in den schillernden Implikationen des Begriffs 'Opfer' schon mit angelegt ist (vgl. hierzu Marth 1989).

Es läßt sich deutlich ein Kontinuum ausmachen, das von solcher 'ontologischen Unschuld' über eine situative Mitschuld am Anlaß der Tat bis zu einer Mitschuld reicht, die den Grund der Tat setzt. Bei einem Opfer von 'ontologischer Unschuld' liegt jegliche Verantwortung bei Angeklagten, was die Strafzumessung erheblich schärfend beeinflußt; alle Formen der Mitschuld von Opfern gehen mindernd, wenngleich keineswegs linear mindernd, in die Strafzumessung ein.

a)   Die Konstruktion der 'ontologischen Unschuld'

Kinder, besonders kleine Kinder, weisen exemplarisch eine solche 'ontologische Unschuld' auf: sie sind mangels sozialer Kompetenz an der Dynamik nicht beteiligt, die damit als intrapsychische Dynamik einzig auf Angeklagte zurückfällt. Die Tötung eines kleines Kindes erscheint als das Böse an sich und wird entsprechend sanktioniert. Einer solchen Tat Angeklagte mobilisieren einen ebenso ehrlichen wie völlig undistanzierten

Abscheu, und ihre persönliche Schuld besteht ausschließlich aus der Tat, völlig ungefiltert durch vorhergehende Biographisierung. Die Reaktion der Justiz auf solche Taten rationalisiert nur mühsam jene Empfindungen, die auch die öffentliche Reaktion darauf beherrschen. Konstruiert wird in solchen Fällen eine Schuld, die sich einzig vom Opfer her definiert, keine täterspezifische Individualisierung mehr kennt und ausschließlich die Tat zum Angelpunkt der Strafzumessung macht.

Auch bei Eltern oder Großeltern gilt primär eine Vermutung ontologischer Unschuld, die allerdings, dies im Unterschied zu Kindern, prinzipiell dementierbar ist. Bei einer Dynamik zwischen Erwachsenen gelten andere Regeln der Bewertung; daß die Tat aber über alle strafrechtliche Kodifizierung hinaus einen besonderen sozialen Tabu-Bruch darstellt, machen die Verhandlungen immer deutlich. Angeklagte tragen hier gewissermaßen die Beweislast für die Tatanteile ihrer Opfer und müssen diese Primärvermutung der ontologischen Unschuld widerlegen.

b)   *Die Tat als intermediäre Variable zwischen der Schuld von Tätern und der Schuld von Opfern*

Die Spielarten der Mitschuld von Opfern reichen von der situativen Mitschuld durch tätlichen Angriff oder verbale Beleidigung bis zu jener Mitschuld, die sich aus der gesamten Dynamik zwischen Angeklagten und Opfern herleitet. Ungleich zur Konstruktion der ontologischen Unschuld, die Schuld ausschließlich bei Angeklagten lokalisiert, wird deren Schuld dann durch die Schuld des Opfers relativiert. Dabei existiert jedoch nicht immer eine Beziehung linearer Schuldminderung; als intermediäre Variable wird vielmehr noch die Tat in ihrer konkreten Ausführung berücksichtigt. Zentral für deren Bewertung ist in der forensischen Betrachtung die aufgewandte Planungsenergie. Bei spontanen, aus der situativen Emotion heraus begangenen Taten ist die Planungsenergie gering, bei allen Taten, die mit Vorüberlegung und Vorbedacht begangen werden, ist sie hoch. Diese Rekonstruktion ist völlig opferunabhängig, und durch sie werden die auf der Waage liegenden Anteile gefiltert.

Generell ließe sich die Formel aufstellen, daß die Schuld von Angeklagten und damit die Strafzumessung eine Funktion der Mitschuld von Opfern und der Planungsenergie der Tat darstellt. So gilt für alle niedrigen Strafrahmenausschöpfungen eine Konstellation aus hoher Mitverantwortung von Opfern und ungeplant-spontaner Tatausführung. Wesentlich höher liegt die Angeklagten zugeschriebene Schuld, wenn die Mitschuld von Opfern als gering eingeschätzt und die Planungsenergie der Tat ebenfalls als gering bewertet wird. Groß ist ihre Schuld und die Strafrahmenausschöpfung entsprechend hoch, wenn die Planungsenergie der Tat hoch ist. Die Mitverantwortung von Opfern verliert dann ihre ausschlaggebende Gewichtung und relativiert zwar noch, bildet aber nicht mehr das entscheidende Moment.

Im Rahmen der forensischen Prämisse, daß Angeklagte sich anders hätten verhalten können, bedeutet die Tat das Vermeidbare, und das erklärt ihre Stellung als eine intermediäre Variable. Ihr jeweiliges Vermeidbarkeitspotential liegt nach dieser Annahme um so höher, je planvoller diese Tat angegangen worden ist. Dabei wird 'Planung' mit 'Rationalität' gleichgesetzt, 'Spontaneität' mit 'emotionalem Handeln', beides nicht immer psychologisch plausibel, aber eine die Verurteilungen tragende Annahme. Dadurch ist das Mordmerkmal der Heimtücke nicht berührt; heimtückisches Handeln muß keineswegs geplantes Handeln sein, da auch ein spontanes Ausnutzen der Arg- und Wehrlosigkeit rechtlich als Heimtücke gilt. Umgekehrt ist allerdings eine geplante Tat oft im rechtlichen Sinne heimtückisch, und unabhängig von der Opferverschuldung finden sich solche Tatausführungen regelmäßig bei den hohen Strafrahmenausschöpfungen. Je nach den Verhaltensweisen des Opfers gibt es auch hier 'Opfer-Abschläge' der Strafzumessung, die jedoch durch die Tatausführung als intermediäre Variable erheblich relativiert werden.

10.3   'Fremdnutz' und Eigennutz : Die vormoderne Individualisierung

a)   Geschlechtscharaktere als forensische Mytheme

Frauen begehen (in dieser Stichprobe, aber auch generell, wie Überblicke zeigen, vgl. Oberlies 1989a) seltener Taten, die nach § 212 StGB,[1] sondern vor allem solche, die nach § 211 StGB abgeurteilt werden bzw. solche, bei denen der Strafrahmen des § 213 StGB zugrundegelegt wird, während bei Männern die Verurteilungen nach § 212 StGB dominieren. Dies ist die formale Erklärung dafür, daß Frauen die Logiken niedriger Strafzumessung dominieren bzw. wegen der zwingend verhängten lebenslänglichen Freiheitsstrafe von Strafrahmenausschöpfung nicht gesprochen werden kann. Die inhaltliche Erklärung liegt in der lebhaften Mißbilligung, mit der die forensische Moral alle Verhaltensweisen sanktioniert, die auf egoistischen Eigennutz gerichtet sind oder zu sein scheinen, während alle Verhaltensweisen, die sich auf Andere richten und deren Wohl im Auge zu haben scheinen, mit Verständnis aufgenommen werden. Wie sich dies für Angeklagte und für Opfer in der Bewertung auswirkt, ist bereits beleuchtet worden. Hier soll versucht werden, die Essenz des zugrundeliegenden Gesellschaftsdenkens zu beschreiben.

Typischerweise werden Frauen forensisch vor dem Hintergrund ihrer tatsächlichen oder vermeintlichen Heteronomie wahrgenommen; ihr Handeln zeichnet sich in den

---

1   Diese Stichprobe enthält nur zwei Fälle (F18, F28).

gerichtlichen Rekonstruktionen primär durch ein "Dasein für andere" aus, wie es Beck-Gernsheim (1983) als Folie des traditionellen weiblichen Lebenszusammenhanges beschrieben hat. Frauen definieren sich in einem solchen Zusammenhang über den jeweils verbundenen Mann, und erst die Tat erbringt eine autonome Eigendefinition als eigenständig Handelnde. Für Männer hingegen gilt eine andere Folie, nämlich die der egoistisch getönten Eigenverantwortung, bei der autonom eigene Interessen verfolgt werden und die Tat als die letzte Überspitzung dieses Egoismus erscheint. Die ihnen zugeschriebene Autonomie setzt also weit vor der eigentlichen Tat ein, während sie sich bei Frauen erst in der Tat realisiert.

Entsprechend ist die Struktur der (pädagogisch gemeinten) Vorhaltungen bei Männern anders als bei Frauen. Die Struktur einer Rekonstruktion, in der Männer als verantwortlich an der Tatsituation und an ihrem gesamten Leben gelten, färbt die gesamte Betrachtung. Das wird nicht immer so prägnant artikuliert wie im folgenden Beispiel (M28):

> Der gelegentlich heftig Alkohol trinkende Angeklagte berichtet, er habe einmal auf einer Party vor 20 Jahren Haschisch probiert. Das habe ihm nichts gebracht, und er habe es dann gelassen. Der Vorsitzende bemerkt vorwurfsvoll, er (der Angeklagte) schaffe sich die Probleme selbst, ihm (dem Vorsitzenden) sei derlei noch nie passiert. Der Angeklagte habe sich selbst alkoholkrank gemacht, er gehe immer über die Grenzen des "gesellschaftlich Normalen" hinaus und wundere sich dann über die Folgen.

Die Selbstzufriedenheit derjenigen, die die Grenzen des "gesellschaftlich Normalen" fraglos akzeptieren, entfaltet hier ihre Bedeutung; dieses Verhandlungsfragment läßt sich zudem als Beispiel für den (eher erfolglosen) Versuch der Verständigung zwischen zwei höchst unterschiedlichen Lebenswelten sehen. Vor allem jedoch zeigt es beispielhaft eine Denkfigur, die vor allem bei Männern verwendet wird und ihnen umfassende biographische Eigenverantwortung zuschreibt: sie tun aus freien Stücken das, was sie tun, obgleich sie genau wissen oder wissen sollten, was das für Folgen hat. Konstituiert wird damit eine Interpretationslogik von Lebensführungsverantwortung und moralisierend vorgeworfener Lebensführungsschuld, die wenig Entsprechungen bei weiblichen Angeklagten findet. Zwar gilt: "Grundlage der Strafzumessung ist die in der Tat wirksam gewordene Schuld des Täters, nicht der unzureichende Einsatz der Willens- und Charakterkräfte im Rahmen seiner allgemeinen, noch nicht strafbaren Lebensführung vor der Tat" (Theune 1985, S. 162), und das Privatleben darf Tätern nur insoweit strafschärfend angelastet werden, als es in innerem Zusammenhang mit der Tat steht (Theune 1985, S. 206 mit Rechtsprechungsnachweisen); Anklänge an solche Vorhaltungen und Vorwürfe lassen sich jedoch in manchen Verhandlungen durchaus vernehmen, typischerweise bei Männern mit der psychiatrischen Zuschreibung eines 'dissozialen Charakters'. Das schlägt sich auch in den Strafzumessungserwägungen schärfend nieder.

Keine der zahlreichen Frauen, die ihren prügelnden Ehemann töten, muß sich ähnliche Kommentare anhören: ihnen wird nicht in vorwurfsvollem Ton vorgehalten, gerade diesen Mann geheiratet oder bei ihm solange widerspruchslos ausgeharrt zu haben, und auch exzessiven Alkoholkonsum nimmt man bei ihnen lediglich zur Kenntnis, ohne moralisierend zu werden. In solcher vorwurfsfrei-neutralen Haltung verbirgt sich eine berechtigte Anerkennung der Tatsache, daß biographische Entscheidungen bzw. Entwicklungen zumindest nicht ausschließlich der freien Erwägung entspringen. Ähnliche Überlegungen werden jedoch bei den Männern seltener angestellt. Während bei den Frauen 'das Schicksal', 'unglückliche Verkettungen' oder jener Mann, der zum Opfer der Tat geworden ist, als prägende Faktoren des jeweiligen weiblichen Lebenszusammenhanges erscheinen, werden die Männer als eigenverantwortliche Gestalter ihres Lebenszusammenhanges wahrgenommen.

In diesem Zusammenhang entscheidend ist dann aber die Frage, ob Frauen bzw. Männer primär über abstrahierte geschlechtsstereotype Zuschreibungen wahrgenommen werden oder ob nicht die jeweiligen Lebenswelten, wie Angeklagte sie präsentieren, solche unterschiedlichen Zuschreibungen ermöglichen und nahelegen. Nur das erstere ließe einen Rückschluß auf eine Rechtsprechung zu, die sich am sozialen Geschlecht orientiert, während das letztere eher auf eine Bewertung des jeweiligen Einzelfalls verwiese. Tatsächlich sind die gerichtlichen Rekonstruktionen primär an Verhaltensweisen von Angeklagten bzw. Opfern verankert. Wenngleich die explizit beschriebene emotionale Ausgeliefertheit eines Mannes mit einigem Erstaunen registriert wird und zu intensiven Nachfragen veranlaßt, so wird sie doch registriert und in ähnlicher Weise wie bei vielen Frauen verwendet. Auch kühl anmutender Egoismus bei Frauen wird gerichtlich auf ähnliche Weise verarbeitet, wie das bei männlichen Angeklagten der Fall ist. Nicht das soziale Geschlecht *per se* ist es, was zu bestimmten Rekonstruktionen Anlaß gibt, sondern eine geschlechtsspezifische Verteilung von Lebenswelten und Verhaltensweisen: weitaus eher Frauen schildern sich und ihr Leben auf eine Weise, durch die sie als ausgeliefert und als Opfer ihrer Lebenssituation verstanden werden können, weitaus eher Männer lassen (ohne davon explizit zu sprechen) eine Rekonstruktion von egoistischer Autonomie zu. Vor dem Hintergrund forensischer Moral entspricht sich die Bewertung solcher Verhaltensweisen dann geschlechtsunspezifisch.

Grundsätzlich also ist die dem Urteil zugrundeliegende Rekonstruktionsleistung primär die der Angeklagten; die Gerichte erzählen im Rahmen ihrer Rekonstruktion nach, dies allerdings mit semantischen Pointierungen, um die Kohärenz zwischen der Geschichte und der Subsumtion und Rechtsfolge zu gewährleisten. Eine spezifische

Verschiebung zwischen den Rekonstruktionen kommt jedoch dadurch zustande, daß das vorherrschend von Frauen gezeichnete Bild ihrer Ausgeliefertheit ohne Um- und Neubewertung auch die gerichtlichen Rekonstruktionen prägt, während die Gerichte die Verschiebung der Verantwortung auf das Opfer, wie auch Männer sie vornehmen, anders akzentuieren und rekonstruktiv ihre aktive Beteiligung am Beziehungsverlauf feststellen. Die Frau als umfassend ausgeliefertes Opfer und der Mann als aktiver Täter prägen somit in vielen Urteilen das Bild, und diese Zuschreibungen lassen sich als die zentralen Mytheme der Verhandlung betrachten. Wenn ein psychiatrischer Sachverständiger über die Angeklagte äußert, sie sei warm, wach, empfindsam und verletzbar und habe "intakte weibliche Werthaltungen", so bringt dies mit geradezu erfrischender Unbekümmertheit das in Verhandlungen vorherrschende Frauenbild auf den Punkt. Einer solchen Betrachtungsweise ist Ausgeliefertheit als psychischer, physischer und sozialer Zustand bereits inhärent, während 'egoistisches' Handeln, wie die Gerichte es bei den meisten Männern rekonstruieren, als verantwortliches Handeln wahrgenommen wird.

Bei abstrahierendem Überblick erscheint es so, als wenn in diesen Rekonstruktionen sowohl vielen Frauen wie vielen Männern eine Dimension ihres Handelns 'entwendet' würde: fehlt bei Frauen oft eine Betrachtung ihres eigenen Anteils an jenen dynamischen Verhältnissen, in denen sie leben, so bei Männern eine Betrachtung ihrer psychischen Begrenzungen. Werden die einen dominierend als extern beeinflußt gesehen, so die anderen dominierend als intern, und beide Betrachtungsweisen blenden jene Dimensionen aus, die vor der Folie der beiden Mytheme das Bild differenzieren könnten. In einer Differenzierung müßte sich erkennen lassen, daß das Leben vor der Tat immer auch eigene Verantwortung impliziert. Eine solche Verantwortung wird bei Frauen einzig in der Tathandlung selbst wahrgenommen. Ebenso müßte sich erkennen lassen, daß es auch männliche 'Ausgeliefertheiten' gibt, die sich allerdings auf eine egoistisch anmutende Weise äußern. Wenngleich sich die gerichtlichen Rekonstruktionen eng anlehnen an die unterschiedlichen Lebenswelten, die Angeklagte präsentieren, und rekonstruktive Differentialität insoweit eine forensisch-empirische Basis hat, tragen diese Rekonstruktionen auch Züge von Überhöhung, die ihren mythemischen Charakter ausmachen.

Befund wie Deutung klingen auch in anderer Forschung an. So betont Gelsthorpe (1993) in ihrer Übersicht britischer Untersuchungen, daß Frauen in gerichtlichen Rekonstruktionen oft als Opfer anderer Menschen dargestellt, Männer hingegen als aktive und zielgerichtete Wesen wahrgenommen würden. Vor diesem Hintergrund sind auch die Ergebnisse von Farrington und Morris (1983) zu verstehen, wonach bei weiblichen Angeklagten die Strafhöhe von gegenwärtigen Lebensproblemen ('current problems'), bei männlichen Angeklagten hingegen von der Art der Straftat beeinflußt werde. In den Daten dieser Stichprobe erschließt sich prägnant, was das vor dem Hintergrund eines Tötungsdelikts bedeutet: die gegenwärtigen Lebensumstände und deren Problematik bestehen bei Frauen vorrangig aus der Beziehung mit dem Opfer und dessen persönlichen Eigenheiten, während bei Männern die konkrete Tat im Vordergrund steht.

In der These, daß die Struktur der forensischen Moral mit ihrer strafrechtlich tendenziell entschuldigend wirkenden Bewertung von Heteronomie der Struktur einer traditionellen 'weiblichen' Moral entspricht, könnte immerhin die Auflösung der Frage zu sehen sein, warum Frauen im Vergleich zu Männern so oft niedrige Strafen erhalten. Forensisch wird jegliches Verhalten, das sich auf andere orientiert, prämiiert, während alle Spielarten eines selbstbezogenen Verhaltens negativ bewertet werden. Diese differentielle Bewertung koinzidiert mit den mythemischen Folien differentieller Geschlechtscharaktere, und in dem, was sie Frauen zuschreiben und an Frauen als Verhalten wahrnehmen, erkennen die Gerichte eigene Wert- und Erwartungsmuster wieder.

Das gilt selbstredend nicht in jedem Falle uneingeschränkt und läßt sich nur als eine Tendenz verzeichnen, für die die vorhergehenden Kapitel hinreichende Anhaltspunkte geliefert haben. Neben dem mythemischen 'weiblichen Charakter' von Heteronomie und Ausgeliefertheit zeigen einige Fälle durchaus auch eine andere mythemische Folie, nämlich die Frau als Verführerin zum Sündenfall. Typischerweise schwingen solche Lesarten in jenen Fällen mit, in denen eine Frau gemeinsam mit einem Mann der gleichen Tat angeklagt ist. Es finden sich hier nahezu immer Konstellationen, bei denen die angeklagte Frau einen Mann oder mehrere Männer zur Tat angestiftet hat. Das gilt im rechtlichen Sinne bei jener Frau, die ihren Sohn und dessen Freund angestiftet haben soll, ihren tyrannischen Ehemann zu ermorden (vgl. Muster 8 ['für ihre Zwecke eingespannt']). Es gilt aber im sozialen Sinne auch dann, wenn Frauen darüberhinaus bei der Tatausführung eine aktive Rolle spielen, wie etwa jene die ihren Liebhaber dazu bewegt, ihren Ehemann zu töten, oder im Falle einer anderen, die ihren Bruder und einen Freund veranlaßt, ihren sie tyrannisierenden Freund zu ermorden (vgl. Muster 14 ['Außerordentlichkeit der Umstände und Außerordentlichkeit der Tatschwere']). Alle drei Fälle teilen miteinander, daß solche 'Verführung' nicht primär aus egoistischen Motiven, sondern aus einem langen Leidensdruck durch Gewalt und Entrechtung seitens des Opfers heraus geschieht. Es ist somit die befreiende Reaktion aus heteronomen Auswegslosigkeiten, die die Betrachtung prägt und für die Strafzumessung auch ihr Gewicht hat; bei der Abwägung zweier Komplexe überwiegt in diesen Fällen das Gewicht von Heteronomie das Gewicht von Verführung bei weitem.

Das zeigt sich bei zwei anderen Fällen gerade umgekehrt. So sitzt zwar eine

Angeklagte alleine auf der Anklagebank, aber nur deswegen, weil der Mann, den sie versuchte anzustiften, die Polizei vor der Tatausführung von der Planung informierte (F19). Rechtlich ist demnach versuchte Anstiftung zum Mord angeklagt. Soweit sich bei einer in der Hauptverhandlung schweigenden Angeklagten überhaupt ein Bild vom Geschehen ergibt, handelt es sich bei dem vorgesehenen Opfer, ihrem wesentlich älteren Ehemann, keineswegs um einen Tyrannen im Sinne vieler anderer Fälle; man erfährt einige Kleinkariertheiten über ihn, die ihn als einen anstrengenden Lebenspartner kennzeichnen, aber nichts, was in der gerichtlichen Sicht die Planung eines Mordes motivational erklären bzw. gar in ein mildes Licht rücken könnte. Rekonstruiert wird vielmehr ein anderes Motiv, nämlich Habgier auf ein beträchtliches Vermögen, und von dieser 'Gier' getrieben hat die Angeklagte versucht, einen losen Bekannten gegen einen Geldbetrag zur Tatausführung zu überreden. Daß sie dabei die "treibende Kraft" eines Planes von "besonderer Kaltblütigkeit" und "Raffiniertheit" ist, wie das Gericht formuliert, prägt die gerichtliche Bewertung des Falles.

Vergleichbare Bewertungen finden sich auch in einem anderen Fall (F25/M27). Hier ist nach der gerichtlichen Rekonstruktion die Habgier einer Frau ein Motiv dafür, einen Mann zur Tatplanung und schließlich tatsächlichen Ermordung ihrer Mutter zu überreden. Sie nutzt dabei seine emotionale Abhängigkeit von ihr und erscheint im wesentlichen als jemand, der die Gefühle anderer kühl instrumentalisiert. Wie im oben erwähnten Fall hat man Mühe, diese gerichtliche Wahrheit für die ganze Wahrheit zu halten, aber - diesmal nicht bei einer schweigenden, aber bei einer leugnenden Angeklagten - es erschließt sich auch hier nicht, welche aus der Beziehung zu ihrer Mutter rührenden Motive es für die Tat geben könnte, und somit prägen Verführung, Ausnutzung und Egoismus das gesamte Bild und keineswegs eine irgendwie geartete Heteronomie.

In den beschriebenen Fällen rücken einige der Männer in eine 'weibliche' Position: zwar verfolgen sie auch ein eigenes Interesse, wenn sie sich zur Tat bewegen lassen, aber es schwingt auch ihre Ausgeliefertheit an die jeweilige Frau mit. Die relative Heteronomie dieser Position wird zwar bei der Strafzumessung berücksichtigt, gewinnt jedoch keine ausschlaggebende Bedeutung. Ausgeliefertheit bei Männern scheint forensisch aber keine gleich gewichtige Rolle zu spielen wie ähnliche Verfassungen bei Frauen. Erklärbar wäre dies mit der These der Gegenläufigkeit: da derlei nicht primär die Erwartungsstruktur an Männer prägt, wird es als Abweichung nicht genauso betrachtet wie bei Frauen, zu deren Rollenbild es traditionell gehört.

Es entspricht insgesamt nicht unserem Eindruck, daß die Gerichte bei der Darstellung von Frauen (seien sie Opfer oder Täterinnen) deren Verhalten in einer Weise darstellten, die ihre Mitschuld konstituiert, und Männer eher mit Empathie begegneten, während bei Frauen Verstehenschancen ausgelassen würden, wie Oberlies dies mehrfach (1989b, 1990b) nahelegt.[2] Zumindest als summarische Behauptung läßt sich dies aus den Verhandlungen und den Urteilen dieser Stichprobe nicht ableiten. Die Frage ist allerdings, was man in diesem Zusammenhang unter 'Verstehen' verstehen will. Nach unserem Eindruck hat das gerichtliche Verstehen relativ enge Grenzen, die überwiegend bestimmt sind durch das, was sich in einem ganz traditionellen Sinne als 'Rollen-Tugend' bezeichnen ließe: Frauen sind danach für das Innen (Ordnung und Sauberkeit im Haushalt, Kinder) zuständig, Männer für das Außen (die ökonomische Reproduktion). Beider Verpflichtung ist es, aufeinander einzugehen und sich (verbal und physisch) respektvoll zu begegnen. Dies sind die *essentials*, und vor ihrem Hintergrund 'verstehen' die Gerichte einen Konflikt und auch eine Tat. Verstanden wird dabei jedoch nicht eine Struktur, verstanden wird ein Einzelfall, aber als solchen betrachten ihn auch die Angeklagten selbst. Für die Gerichte kommt hinzu, viele vergleichbare Einzelfälle gesehen und abgeurteilt zu haben, so daß sich diese Einzelfälle zu einer Vorstellung vom 'Typischen' akkumulieren.

In vielen Verhandlungen haben wir - und das beleuchtet das gerichtliche Verstehen zusätzlich - einen Mechanismus der differentiellen Identifikation wahrgenommen: Männer als Richter grenzen sich von Männern als Tätern und auch von Männern als Opfern ab, um sich und der Welt zu bedeuten, daß sie andere Männer sind, soll heißen, nicht schlagen und prügeln, was psychodynamisch nicht ausschließt, daß diese Abgrenzung eine Abspaltung eigener Wünsche bedeutet.[3] Solche Abgrenzung schimmert durch viele der zitierten Urteile hindurch und wird während der Verhandlung, als Demonstration von Unverständnis, auch interaktiv deutlich:

---

2   Allerdings finden wir in unserem Datenmaterial zu dem von ihr zitierten Urteil, das durch die Figur der Frau als 'Schlampe' geprägt ist, keine direkte Entsprechung. Nur indirekt, aus der Bedeutung nämlich, die Gerichte der auf den Fotos der Kriminalpolizei erkennbaren 'Ordnung und Sauberkeit' beimessen, läßt sich diese Figur hier erschließen : wenn Sauberkeit als sowohl hygienische wie moralische Anforderung die Betrachtung prägt und ein Indiz der Tugendhaftigkeit von Frauen darstellt, so dürfte 'Schlampigkeit' den umgekehrten Effekt haben. Als übermäßig typisch erscheint der von Oberlies zitierte Fall vor dem Hintergrund unserer Stichprobe jedoch nicht, und er dürfte es auch in der ihren nicht sein.

3   Wir verzichten - mit der Ausnahme der folgenden wenigen Bemerkungen - auf Spekulationen über die 'Männlichkeit' und 'Weiblichkeit' von Urteilen. Es ist schon darauf hingewiesen worden, daß die 'Modal-Kammer' ein Männer-Frauen-Verhältnis von 3:2 aufweist; keine der beobachteten 32 Kammern war ausschließlich mit Frauen besetzt, und nur ganz wenige haben ausschließlich aus Männern bestanden. Da jede Beobachtung an der Türe des Beratungszimmers endet, lassen sich Urteile nur als Urteil der gesamten Kammer betrachten, und die Frage, ob dabei "männliche Wirklichkeitssicht zurechtgerückt" worden sei (eine Hoffnung, die Jutta Limbach, die Präsidentin des Bundesverfassungsgerichts, im *Spiegel* 28/1994 mit einem höheren Richterinnenanteil verbindet) ist hier unentscheidbar. Drewniak (1994) relativiert diese Hoffnung aus empirischer Sicht allerdings deutlich.

Das Opfer, der ehemalige Liebhaber der Angeklagten, sagt als Zeuge aus (F27). Er schildert die mehrjährige Liebesbeziehung zwischen beiden, von der die jeweiligen Ehepartner nichts wußten, als ein Geschehnis, in das er sich ohne eigenes Wollen verwickelt habe, und seine Erzählung stellt seine eigene Beteiligung an der Dynamik nicht recht faßbar dar. Der Vorsitzende verbirgt nicht seinen Unmut: der Zeuge solle nicht um den Brei herumreden. Er beantworte die Fragen, die er, der Vorsitzende, allgemein stelle, noch allgemeiner, und dabei könne man auf die Idee kommen, er, der Zeuge, weiche aus. Das sei zwar günstig für die Angeklagte, aber menschlich nicht in Ordnung, "ein gewisses Format" könne man bewahren. Nach diesem Appell, zum eigenen Teil an der Dynamik zu stehen, umkreist der Zeuge das Thema weiterhin, worauf der Vorsitzende bemerkt, er sei auch ein Mann, und die Angaben des Zeugen seien blauäugig. Der Zeuge versucht zu erklären: er sei dahingeschmolzen, wenn er in den Armen der Angeklagten gelegen habe, wie das sonst nur Frauen passiere. Daraufhin merkt der Vorsitzende trocken an, der Zeuge scheine ein "archaisches Männerbild" zu haben.

Solche interaktiven Zuspitzungen sind zwar selten, und daß Vorsitzende auf ihre eigene Geschlechtszugehörigkeit als Interpretationsressource explizit hinweisen, ist ebenso selten; diese Verhandlungssequenz beleuchtet aber deutlich die Art solcher Abgrenzungen.

Wenngleich nur spekulativ lassen sich Vermutungen über jene Fälle anstellen, in denen Frauen als Richterinnen eine bedeutsamere Rolle spielen. Es mag völliger Zufall sein, aber es mag auch eine Struktur andeuten, wenn in solchen Fällen eine andere Art der Distanzierung die Urteilsfindung zu bestimmen scheint, Distanzierung von weiblichen Angeklagten nämlich, die in diesen Urteilen nicht nur als völlig heteronom ausgelieferte Wesen beschrieben sind, sondern als eigenständige Personen mit einer Verantwortung für ihr Tun. Das gilt etwa für jene beiden Angeklagten, die in Muster 6 ['Zur Eskalation beigetragen'] näher beschrieben sind. Bei ersterer ist der männliche Vorsitzende von zwei Beisitzerinnen flankiert, deren expressives Verhalten uns zu signalisieren schien, daß sie eine letzte Milde des Urteils als Bewährungsstrafe zu verhindern entschlossen waren. Im zweiten Falle ergeht das Urteil von der einzigen Kammer dieser Stichprobe mit einer weiblichen Vorsitzenden, flankiert von zwei Männern. Auch hier werden die Anteile der Angeklagten betont und demzufolge die Strafe nicht zur Bewährung ausgesetzt. Noch einmal: derlei ist spekulativ, wenngleich auch andere Untersuchungen ähnliches zeigen (vgl. Farrington und Morris 1983). Sozialpsychologisch ließen sich solche Über-Kreuz-Effekte plausibel erklären: so wie ein Richter schon kraft eigenen Selbstbildes die Notwendigkeit der Distanzierung von maskulinistisch überzogenen Verhaltensweisen verspüren dürfte, so würde für Richterinnen gelten, daß sie sich selbst nicht als hilflos ausgelieferte Frauen verstehen und demgemäß eine solche Hilflosigkeit auch bei anderen Frauen nicht sehen. Bei Richterinnen fiele das Mitleid mit solchen Ausgeliefertheiten nicht so entscheidend ins Gewicht wie in der Wahrnehmung von Richtern.[4]

Da jedoch in den meisten Kammern mehrheitlich die Wahrnehmung von Männern die Urteilsfindung bestimmt, führt ihr Verstehen in seinen oben abgesteckten Grenzen zu einer Art von Mitleid mit den als Täterin angeklagten Frauen; dabei 'verstehen' die Gerichte durchaus, was diesen Frauen angetan wurde, und entwickeln daran ihre Empathie, 'verstehen' jedoch andererseits nicht eine Dynamik des Pendelns, der Ambivalenz, der Trennung und des Zurückkommens. Einer solchen Dynamik wird zwar in den Verhandlungen immer nachgefragt, und warum Angeklagte sich ohne Trennungsversuch haben schlagen lassen, warum ihre Trennungen nur so kurzzeitig gewesen sind, warum sie sich nicht haben scheiden lassen, wird immer erörtert; man stellt die Nachfragen jedoch achselzuckend schnell ein, da es vonseiten der Angeklagten darauf keine befriedigend erscheinenden Antworten gibt: diese ziehen sich meistens auf 'Liebe' und 'Gerne-Haben' zurück, betonen die guten Seiten ihrer prügelnden Männer und lassen die Zuhörerschaft ratlos. So hat das forensische Verstehen kaum eine psychologische Basis, sondern orientiert sich im Rahmen seiner rechtlichen Bindung an dem, was man verstehen konnte, und dokumentiert innerhalb dieser Bindung die allgemeine Bewertung von Verhaltensweisen nach den forensischen Standards. Die Bewertung wird erleichtert durch das Wiedererkennen eines Typischen im Einzelfall, so wie die Reaktion im Urteil (meistens nach § 213 2. Alternative StGB) dann auch auf geradezu vertypte Weise erfolgt. Wenn ein Vorsitzender in der mündlichen Begründung in einer der vielen Verhandlungen, deren Anlaß der Tötungsversuch einer Frau an ihrem öfter handgreiflich werdenden Ehemann bildet, anmerkt, das sei "geradezu ein klassischer Fall" dieser Vorschrift, so wird daran deutlich, daß sich auch in der gerichtlichen Wahrnehmung das Singuläre im Typischen auflöst. Und diesem Typischen wird mit einer typischen Reaktion begegnet, nämlich dem Erkennen eines minder schweren Falles und nicht einer Rekonstruktion, die Notwehr beinhalten könnte. Hier liegen die Grenzen eines Verstehens, das sich gegenüber einer strukturellen Betrachtungsweise abschließt und von daher seine spezifische Ambivalenz gewinnt. Aber auch wenn Frauen nach § 211 StGB verurteilt werden, erstreckt sich das gerichtliche Verständnis

---

4   Oberlies (1995, S. 188) stellt vergleichbar fest, daß Richterinnen bei weiblichen Angeklagten nicht notwendig zur Milde neigen, was sie als "nicht eben rühmlich" klassifiziert. Darüber läßt sich aus der Sicht unserer Interpretation streiten. Komplementär erwähnt sie auch, daß ihre Milde eher männlichen Angeklagten zugute komme, wofür unsere Stichprobe mangels von Frauen dominierten Kammern keine Beispiele aufweist. Aus einem anderen Blickwinkel heraus hat jüngst allerdings Drewniak (1994) gezeigt, daß Frauen als Richterinnen keineswegs andere Wert- und Entscheidungshaltungen vertreten als männliche Richter.

auf den Vorlauf der Tat, der bei diesen Frauen oft keine andere Qualität aufweist, bricht sich dann jedoch in der Betrachtung der Tatplanung und Tatausführung.

b) Rechtliche und soziale Individualisierung

Es stellt eine bekannte Kritik am strafrechtlichen Denken dar, daß es individualisiert: einzig die Handlungen einzelner Individuen werden be- und abgeurteilt, und strukturelle Kontexte bleiben außerhalb der Betrachtung. Diese rechtliche Individualisierung wirkt monadisierend und sieht die Einzelnen außerhalb gesellschaftlicher Strukturen. Im Rahmen solcher Individualisierung sind die skizzierten geschlechtsspezifischen Folien zu sehen: diese rechtliche Individualisierung bildet 'Geschlechtscharaktere' ab, deren Ursprung historisch weit vor den sozialen Individualisierungsprozessen der späten Moderne liegt.[5] In solchen vor-modernen Betrachtungsweisen treffen sich allerdings Angeklagte und die Gerichte oft, so daß die Geschichten von Angeklagten bei den Gerichten die Verständlichkeit des Vertrauten wecken. Eine spezifische Art von Wert- und Strukturkonservativismus zeichnet oft beide aus, und derart kann es in Verhandlungen eine Verständigung geben, die keiner expliziten Artikulierung bedarf. Solche Verständigung basiert auf geteilten kulturellen Mustern, wenngleich keineswegs immer auf geteilten Bewertungen.

So erkennen die Gerichte auf dem Wege impliziter Verständigung männliches Besitzdenken gegenüber Frauen durchaus, mißbilligen es jedoch in der Strafzumessung ganz explizit. Diese Mißbilligung hat aber zur Voraussetzung ein vorheriges männliches Fehlverhalten nach den Standards der forensischen Moral. Autonomisierung des weiblichen Opfers erscheint nur dann als gerechtfertigt, wenn es dafür Gründe im Verhalten des Mannes gibt; sehen die Gerichte solche Gründe nicht oder nur in geringem Umfang, fällt die Mißbilligung auch wesentlich weniger gravierend aus, und die Frauen tragen eine Mitverantwortung an der Tat. Gleiches gilt ebenfalls für Männer als Opfer, sofern sie den Typus des 'Haustyrannen' repräsentieren, im alltäglichen Leben immer wieder handgreiflich Gewalt ausüben oder ambivalente oder beleidigende Signale aussenden. Als 'unschuldig' in diesem Sinne werden nur wenige männliche Opfer rekonstruiert, weibliche Opfer jedoch in überwiegendem Maße. Prinzipiell bedeutet dies jedoch, daß Trennung eine (moralische) Legitimation braucht, und Gerichte und Angeklagte unterscheiden sich nicht in dieser Betrachtungsweise an sich, sondern vor

---

5   Vgl. zur historischen Ausdifferenzierung dieser Charaktere Hausen (1976) und zur konkreten Ausformung im empirischen Überblick Neuendorff-Bub (1979) und Hagemann-White (1984); vor dem Hintergrund von Kriminalitätskonstruktionen Gransee und Stammermann (1992); eine prägnante Gesamtdarstellung focussiert auf Männer bei Böhnisch und Winter (1993).

allem in der Rekonstruktion dieser Legitimation: sehen männliche Angeklagte diese Legitimation nicht als gegeben an, weil sie auch ihr vorheriges Verhalten nicht als trennungsauslösend zu begreifen gewillt sind, so setzen Gerichte hier die Gewichte anders:

> [...] *daß Selbstjustiz in Familien von der Rechtsordnung nicht hingenommen werden kann und auch die Opferbelange zu berücksichtigen sind. Es kann nicht zugelassen werden, daß ein Mensch mit einem Recht auf seine freie Persönlichkeitsentfaltung getötet wird.*

Dies formuliert die Kammer als einen strafschärfend gemeinten Merksatz, dessen Bedeutung durch die gerichtliche Praxis jedoch relativiert wird: tatsächlich wird das Verhalten von Angeklagten und von Opfern an den Standards forensischer Moral gemessen und in seiner jeweiligen Berechtigung bewertet. Und nach welchen vorherigen Verhaltensweisen Opfer dieses Recht in Anspruch nehmen, hat für das Gesamtbild entscheidende Bedeutung.

Solche Rekonstruktionen sind unabdingbar immer in der Gefahr, Aussagen darüber treffen zu wollen, wer nun 'wirklich' schuld war, eine Frage, die nicht nur unlösbar, sondern auch von vornherein falsch gestellt ist. Beim Austarieren der 'Waage der Schuld' stehen die Gerichte jedoch eben vor dieser Aufgabe, und manchmal mutet Strafrecht bei der hier vorliegenden Deliktauswahl als eine Sonderform des Familien- und Scheidungsrechts an. Es bedient sich dabei einer manchmal einfach anmutenden Bewertungsstruktur und rekonstruiert (denkt man an die oben dargestellten Rekonstruktionslogiken zurück) Geschichten geringer Komplexität, wie sie nach Böttger (1992) auch für Schuldfähigkeitsbegutachtungen kennzeichnend sind. So haben sowohl die rekonstruierten Geschichten einen hohen alltäglichen Wiedererkennungs- und Empathiewert wie auch die an sie angelegte Bewertung den Mustern eines *common sense* folgt, wie er uns alltäglich vertraut ist.

10.4 ... wesentlich Ungleiches ungleich

Nach der ständigen Rechtsprechung des Bundesverfassungsgerichts verbietet es der Gleichheitsgrundsatz, *wesentlich Gleiches ungleich* zu behandeln, und er gebietet, *wesentlich Ungleiches ungleich* zu behandeln. Nur wenn das erstere vorläge, ließe sich von geschlechtsspezifischen Benachteiligungen bzw. Bevorzugungen sprechen, und nur dann hätte es einen Sinn, mildere Strafen, wie sie meistens Frauen erhalten, mit der 'Ritterlichkeit' oder dem 'Paternalismus' der Strafverfolgungsbehörden, die sie zu einem 'Frauenbonus' verleite, zu erklären.

Betrachtet man rückblickend die unterschiedlichen Rekonstruktionslogiken, so dominiert bei weitem das Ungleiche, und die gesamte Gestalt von Biographie und Tat ist bei Frauen nur selten vergleichbar mit der bei Männern. Das wird zwar forensisch vor dem Hintergrund mythemischer Folien noch etwas überhöht und ins Ideale typisiert; man kommt jedoch nicht umhin, tiefgreifende Unterschiedlichkeiten von Lebenswelten und Tatbedingungen zu sehen, die eine auf den ersten Blick unterschiedlich anmutende Strafzumessung erklären. Wenn Oberlies (1990b, S. 330 f.) feststellt: "Frauen werden nicht begünstigt, weil sie Frauen sind, sondern sie sind mittelbar begünstigt, weil bei ihnen Faktoren häufiger vorliegen, die sich - für Männer wie für Frauen - allgemein günstig auswirken",[6] so beschreibt dies auch die Daten dieser Stichprobe. Von einer differentiellen Strafzumessung läßt sich kaum reden; deren letzte Feinheiten sind zwar auch zufällig und gerichtsspezifisch, im Gesamtüberblick jedoch läßt die Strafzumessung eine überraschende Regelhaftigkeit und Regelmäßigkeit erkennen, die sich vor allem ausrichtet nach den beschriebenen Standards forensischer Moral und einem ganz alltäglichen *common sense*.

Das schließt jedoch eine bemerkbare Stereotypisierung bei der Wahrnehmung und Beurteilung von weiblichen bzw. männlichen Angeklagten ein: erstere erscheinen noch mehr viktimisiert, letztere noch aktiv-unabhängiger, als dies psychologisch und dynamisch plausibel ist. 'Gerecht' werden die Gerichte damit beiden nicht, und die niedrigen Strafen, die aufgrund solcher Rekonstruktionen die meisten Frauen erhalten, haben ihren 'Preis' in solcher typisierenden 'Verweiblichung'. Ähnlich gilt für Männer, daß sie aufgrund solcher 'Vermännlichung' oft vergleichsweise hohe Strafen erhalten. Um Mißverständnissen vorzubeugen: diese Beschreibung der forensischen Argumentationslogik darf nicht dahingehend verstanden werden, daß für Frauen höhere Strafen 'angemessen' wären. Beschrieben ist vielmehr ein Mechanismus der Rekonstruktion, der mythemische Folien nutzt und aufgrund des strafrechtlichen Strukturprinzips, höhere Strafen an höhere persönliche Verantwortlichkeit zu binden, dann zu den verhängten Strafen führt.

In direktem Zusammenhang hiermit sind die gerichtlichen Versuche zu sehen, durch Urteil und Strafe eine Form der Wiedergutmachung zu leisten. Bei den zahlreichen Täterinnen, deren Tat vor dem Hintergrund permanenter physischer Gewalt von Männern begreifbar wird, gelingt dies aus der Perspektive der Gerichte um so eher, als es leichtfällt, diese Gewalt in den Opfern zu personalisieren und sich von ihnen und ihren der Tat vorangehenden Verhaltensweisen zu distanzieren. Angesichts solcher Personalisierung kann dabei der strukturelle Aspekt solchen individuellen Verhaltens,

---

6   In einer anderen Veröffentlichung spricht sie davon, es gebe "einen Tatbonus, genauer: einen Situationsbonus" (1995, S. 183). Das entspricht komplementär dem, was wir bei hohen Strafrahmenausschöpfungen die rechtliche Fetischisierung der Tat genannt haben (vgl. unten Kapitel 11.2).

gesellschaftlich geprägte geschlechtsspezifische Ausnutzungs- und Gewaltverhältnisse, ganz unberücksichtigt bleiben. Den gleichen Mechanismus des strukturellen Auslassens wenden die Gerichte auch bei männlichen Angeklagten an; die Personalisierung richtet sich jetzt jedoch primär auf die Angeklagten, da deren Opfer weitgehend als schuldlos an der Tat gelten und Distanzierung von ihnen somit nicht geboten ist. Geboten ist vielmehr Distanzierung von Tat und Täter, und beides wird in der Tendenz als originär 'böse' rekonstruiert, wobei die deformierten und defizitären Persönlichkeitsstrukturen dieser Angeklagten nur partiell in Betracht gezogen werden.

Solche Personalisierungen, die sich jeweils auf Angeklagte und Opfer richten, sind intendiert als Näherung an das Gegebene und als Versuch, einen gerechten Ausgleich herzustellen. Daß Gerichte dabei nahezu prinzipiell scheitern müssen, ist Teil ihrer Handlungsbedingungen. Ihr Handeln und Entscheiden im Rahmen dieser Bedingungen, die Art ihrer Rekonstruktionen und die Folgerungen daraus, scheinen jedoch geeignet, gerade im Bemühen um Gerechtigkeit die gegebenen strukturellen Verhältnisse nicht zu dementieren, sondern eher zu verfestigen.

Bei weiblichen Angeklagten zeigt sich das weniger an der Höhe der verhängten Strafen als im subsumtiven Entscheidungsprozeß, etwa an der Art des Umgangs mit männlicher Gewalt und jenen Entscheidungen, die sorgsam den Sachverhalt um eine Notwehrsituation herum rekonstruieren (vgl. Legnaro und Aengenheister 1995b).[7] Für die in der Literatur vertretene These, Frauen würden bei Anwendung physischer Gewalt sogar härter bestraft als Männer, weil dies eine eklatante Rollenabweichung darstelle (vgl. Kapitel 1.1), finden sich dabei keine Belege, denn härtere Strafen lassen sich in dieser Stichprobe nicht feststellen. Feststellen läßt sich jedoch, in welchem Ausmaß das Strafrecht gerade für weibliche Angeklagte eine symbolische Funktion der nachhaltigen Ermahnung und Bekräftigung innehat. Sanktioniert wird bei ihnen der Ausbruch aus der Feminität, den die Tat bedeutet, dies allerdings nicht ohne Verständnis für solche Ausbrüche. Dieses Verständnis zeigt sich in der Zuerkennung eines minder schweren Falles und vergleichsweise niedrigen, oft auch zur Bewährung ausgesetzten Strafen, bricht sich jedoch an der Tat selbst: dieser wird Verstehbarkeit, aber nicht Legitimität durch eine Rechtfertigungslage attestiert.

Bei männlichen Angeklagten läßt sich von Symbolik nur noch selten sprechen; bei höheren Strafrahmenausschöpfungen rücken merklich Sühne und Tatvergeltung in den Mittelpunkt. Die Taten, die hier abgeurteilt werden, sind weder im rechtlichen Sinne zu rechtfertigen noch in einem irgendwie gearteten moralischen Sinne, und einzig die Überschreitung von Maskulinität prägt das Urteil. Nicht Symbolik, sondern Disziplinie-

---

7   Oberlies (1995, S. 149-151, 184) kennzeichnet diesen Mechanismus als 'Gnade statt Recht'.

rung bildet hier die strafrechtliche Botschaft. Gerade das erscheint als der kritische Punkt: die bereits beschriebenen Abspaltungen von Biographie und Tat unterschlagen die Bedingheit solcher Taten aus strukturellen, im Psychologischen verfestigten Verhältnissen und statten die Täter mit einer Eigenverantwortung aus, die angesichts der in den Urteilen rekonstruierten Sozialisationsbedingungen und Persönlichkeitsprofile überzogen wirkt (vgl. Legnaro und Aengenheister 1995c).

So wird Ungleiches als ungleich wahrgenommen und ungleich sanktioniert; aber die Art, in der solche Ungleichheit sich rekonstruktiv entfaltet, bildet auch die soziale Erwartungsstruktur an 'natürliches' Verhalten ab. Daß Frauen sich 'natürlicherweise' wie Frauen, Männer sich 'natürlicherweise' wie Männer verhalten, spiegelt nicht nur die Tatsächlichkeit der Hauptverhandlung, sondern verweist auch auf die interpretative Folie solcher Natürlichkeiten.

11. REGELN DES SCHÖPFENS III : GRENZEN DER STRAFZUMESSUNG UND GRENZEN DES STRAFENS

11.1 Obere und untere Grenzen der Strafzumessung

In den vorhergehenden Kapiteln sind anhand von Einzelfällen und unter dem Gesichtspunkt der jeweiligen moralischen Charaktere die Bewertungs- und Begründungsstrukturen abgebildet worden, die Gerichte jeweils zu ihrer konkreten Strafzumessung bewegen. Solche Konkretisierung dessen, was im Einzelfall als angemessen betrachtet wird, steht jedoch auch unter abstrakten und im Urteil nicht explizierten Vorgaben. Probleme einer allgemeinen 'Strafzumessungsarithmetik' zählen ebenso dazu wie die Frage nach der Näherung an die oberen und vor allem die unteren Grenzen des Strafrahmens.

a) 'Strafzumessungsarithmetik'

Unter diesem Aspekt weist Albrecht (1990) auf die sogenannte 'Prägnanztendenz' hin: danach tendieren Gerichte dazu, Strafhöhen in runden Zahlen auszudrücken, also drei, sechs, neun, zwölf Monate oder ganze Jahre zu verhängen. Der Grund dürfte in wahrnehmungspsychologischen Zusammenhängen zu suchen sein; rechtliche Gründe dafür gibt es nicht. In dieser Stichprobe finden sich Differenzierungen des Strafmaßes nach Monaten nur selten, dann jedoch vor allem im unteren Bereich bis zu zwei Jahren. In diesem Bereich scheinen die Gerichte das Bedürfnis nach Feinabstufung zu haben, und das hat eine gewisse sozialpsychologische Plausibilität: wenn man sich in Strafrahmen bewegt, die bis zu drei Jahren neun Monaten (etwa bei der Konstellation §§ 213, 21, 49 StGB) oder allenfalls bis zu fünf Jahren reichen und innerhalb dieses Rahmens in der unteren Hälfte zu bleiben gedenkt, dann bewirkt solche Abstufung eine feine Differenzierung der jeweiligen Mißbilligung, täuscht über die relative Beliebigkeit der konkreten Strafzumessung hinweg und vermittelt den Eindruck einer fast mathematischen Präzision, die an die Beliebtheit zweier Stellen hinter dem Komma in statistisch dominierter sozialwissenschaftlicher Forschung erinnert. Bewegt man sich allerdings in den breiter angelegten Strafrahmen zwischen drei und fünfzehn oder zwischen fünf und fünfzehn Jahren, dann werden die Abstände grobrasteriger, und die Gerichte verhängen nahezu ausschließlich Strafen in ganzen Jahren. Tatsächlich ist der Anspruch einer vernünftigen und nachvollziehbaren Begründung des Strafmaßes schon in der Differenzierung zwischen, zum Beispiel, acht und neun Jahren kaum noch einzulösen; wollte man darüberhinaus noch die Angemessenheit einer Strafe von acht Jahren und drei Monaten begründen gegenüber einer Strafe von acht Jahren und zehn Monaten (immerhin sind bei Strafen von über einem Jahr gemäß § 39 StGB Abstufungen nach Wochen nicht möglich), geriete man vollends in eine willkürliche Beliebigkeit hinein. Das dürfte den Gerichten als ein Problem der Darstellung bewußt sein: auch die Abstufung zwischen acht und neun Jahren ist ohne solche subjektiv gefärbte Beliebigkeit kaum zu denken, läßt sich aber als "tat- und schuldangemessen" und somit als objektiv begründbare Strafe darstellen. Weitere Differenzierungen nach Monaten würden diesen Anspruch eher gefährden als weiter verwirklichen: die Präzision bei der Gewichtung dessen, was man dann auf die Waage der Justitia legte, könnte eben dieser Präzision wegen als übertrieben erscheinen.

b)   Der 'halo' von Subsumtionen und die untere Grenze

Unabhängig vom Darstellungsproblem des Angemessenen läßt sich das Problem des 'halo' erkennen, der von Subsumtionen ausgeht. Die Subsumtion eines Sachverhalts unter einen Tatbestand bestimmt den zugrundezulegenden gesetzlichen Strafrahmen, kann dann aber gewissermaßen einen Schatten werfen, der innerhalb des gegebenen Strafrahmens die verhängte Strafe beeinflußt. Das gilt, soweit sich das vor dem Hintergrund dieser Stichprobe beurteilen läßt, vor allem dann, wenn das Gericht einen gravierenden Tatvorwurf rechtlich relativiert. So wird die Strafzumessung bei einem Rücktritt vom Versuch sichtlich auch von eben diesem Rücktritt bestimmt: was rechtlich übrigbleibt, die gefährliche Körperverletzung, wiegt bei vorangegangenen Tötungsversuchs wegen schwerer als eine Körperverletzung, die von Anfang an nur eine solche war, obgleich bei einem Rücktritt der Versuch für die Strafzumessung nicht in Betracht zu kommen hat. Einen ähnlichen Schatten wirft auch jegliche Subsumtion unter § 211 StGB: welche rechtlichen und vom *common sense* her gebotenen Milderungen auch vorliegen mögen, die Tat bleibt eine Mordtat, und das prägt die Nutzung des Strafrahmens.

Unter einem anderen Gesichtspunkt hat bereits Sessar (1980) einen solchen 'halo' beschrieben: wenn die Anklage auf Mord lautete, das Gericht jedoch auf Totschlag erkennt, liegen nach seinen Daten die Strafen vor allem bei vollendeten Tötungen wesentlich höher, als wenn auch schon die Anklage von Totschlag ausging. Er interpretiert das als den Versuch der Gerichte, die lebenslängliche Freiheitsstrafe zu umgehen, kompensatorisch jedoch eine hohe zeitige Strafe zu verhängen. Das läßt sich in dieser Stichprobe nicht sehen; die folgende Übersicht listet nur für Vollendungen das arithmetische Mittel der verhängten Strafen in Jahren auf:

Anklage → Urteil	Weibliche Angeklagte	Männliche Angeklagte
211 → 211	9,0 und 3× lebenslang	8,9 und 2× lebenslang
211 → 212 oder 213	7,0[1]	5,6
212 → 212 oder 213	3,1	8,1

Ungeachtet dieser sichtlichen Differenzierung läßt sich dennoch in manchen Fällen von einem 'halo' sprechen, den der Mordtatbestand ausübt. Zwar sind Mord und Totschlag unter dem Aspekt der Ausschöpfungsquote des Strafrahmens nicht so unterschiedlich; alleine der Blick auf diese Quoten versperrt allerdings den Blick auf die Differentialität der rechtlichen Konstruktion. Es ist ein wesentlicher Unterschied, ob man bei einer Strafe nach § 213 StGB auf 2 Jahre mit Bewährung erkennt statt auf die minimal möglichen sechs Monate oder bei einem Mord mit verminderter Schuldfähigkeit nicht auf die minimal möglichen drei Jahre, sondern auf fünf oder mehr. Ähnlich ist der Abstand bei Totschlag, dessen Untergrenze zwar bei fünf Jahren liegt, bei dem die Gerichte in dieser Stichprobe aber erst bei sieben beginnen. Die Gerichte zögern demnach sichtlich, den Strafrahmen nach unten auszuschöpfen, wobei sich nicht erkennen läßt, wie bewußt ihnen der Hinweis von Horn ist, daß das Strafleiden mit zunehmender Dauer überproportional ansteige und z.B. eine Strafe von zwei Jahren demnach mehr als doppelt soviel wie eine solche von einem Jahr bedeute.[2] Neben einer Phobie vor Extremen, die sich schon in der Notengebung juristischer Staatsexamina kundtut, spielt hier vor allem die Frage eine Rolle, welche Anforderungen an eine Tat zu stellen sind, damit sie mit der niedrigsten möglichen Strafe abgeurteilt wird.

Auf diese Mindeststrafe ist zwar nur dann zu erkennen, wenn die Schuld an der unteren Grenze der praktisch vorkommenden Fälle liegt[3]. Der BGH formuliert die Anforderungen jedoch noch etwas großzügiger: so kann auch bei Vorliegen mehrerer Erschwerungsgründe auf die Mindeststrafe erkannt werden[4], sofern die strafmildernden Umstände gegenüber den strafschärfenden deutlich überwiegen[5] (vgl. hierzu auch Kapitel 5.1). Daß die Instanzgerichte diese Auslegung konsequent anwenden, läßt sich

---

1   Lediglich ein Fall, von einem arithmetischen Mittel läßt sich somit nicht sprechen.

2   SK-Horn § 46 Rn. 87

3   Dreher/Tröndle § 46 Rn. 8

4   BGH NStZ 1984, S. 358 (358)

5   BGH NStZ 1984, S. 117; BGH NStZ 1988, S. 497 (497f.)

allerdings nicht sehen.

Es ist zwar logisch nicht möglich und deswegen ein sinnloses Unterfangen, mit den Gerichten über ihre Strafzumessung zu rechten. "Aussagen über die Schwere der Schuld beruhen grundsätzlich nicht auf beweisbaren naturwissenschaftlichen Erkenntnissen, sondern sind das Ergebnis einer auch im Recht verankerten Bewertung", stellt Theune (1985, S. 207) fest. Der *common sense* dieser Bewertung ist bereits dargestellt worden; dennoch fragt man sich manchmal, wie sich die verhängten Strafen rechtfertigen lassen. So befindet sich der Vater, der seinen Sohn tötet (vgl. Muster 4 in Kapitel 6.2), in einer subjektiv völlig ausweglosen Lage, und darüberhinaus ist auch kaum 'objektiv' zu sehen, welche Maßnahmen die Familie noch hätte treffen können, um den Waschzwang des Sohnes und die dadurch ausgelöste Dynamik zu bewältigen, nachdem psychiatrische Einrichtungen offenbar versagt haben. Ob das moralisch einen Mord rechtfertigen kann, ist eine nicht lösbare Frage; hier geht es auch nur darum, ob dies (folgt man der rechtlichen Einordnung des Gerichts) unbedingt mit einer Strafe von fünf Jahren geahndet werden muß, wenn der Strafrahmen als Untergrenze eine von drei Jahren zuläßt. Ganz ähnlich wirken manche Strafen, der niedrigen Ausschöpfungsquote ungeachtet, angesichts der gerichtlichen Rekonstruktion eher hoch; diese Taten, werden alleine durch die heimtückische Begehensweise so gefärbt, daß es sich zu verbieten scheint, den Strafrahmen tatsächlich nach unten auszuschöpfen. Wenn die Ausschöpfung eines solchen Rahmens erst bei gut 15 % anfängt, nach unten also anscheinend prinzipiell noch Spielraum bleibt, dann huldigen die Gerichte offenbar der Anschauung, denktheoretisch könne es einen noch 'leichteren' Fall geben, auch wenn sie ihn noch nie gesehen haben. Die Orientierung der Strafzumessung an *Regel*- oder *Durchschnittsfällen* (vgl. Kapitel 5.1) hat dabei offenbar den psychologischen Effekt, den Strafrahmen nach unten abzuschneiden: zwar gewährleistet diese Orientierung die eindeutige Einordnung in das untere Drittel des Rahmens, läßt aber immer die Fiktion zu, für Eventualitäten müsse nach unten noch Spielraum bleiben.

Bei den hier betrachteten Delikten ist die Vorschrift des § 60 StGB, wonach von Strafe abgesehen werden könne, "wenn die Folgen der Tat, die den Täter getroffen haben, so schwer sind, daß die Verhängung einer Strafe offensichtlich verfehlt wäre", nicht anwendbar, da sie nur für Freiheitsstrafen bis zu einem Jahr gilt. Trotzdem ließe sich dieser Grundgedanke übertragen und könnte dann immerhin bei manchen Fällen zu einer Ausschöpfung des Strafrahmens führen, die sich tatsächlich der Untergrenze annähert.

c)   *Die obere Grenze*

Die Stichprobe weist nur einen Fall mit hundertprozentiger Ausschöpfungsquote auf, was dadurch zustandekommt, daß der § 21 StGB nicht zur Strafminderung verwendet wird (M9). Insoweit gilt ebenfalls, daß man sich auch nach oben noch einen Spielraum läßt und damit signalisiert, ein 'schwererer' Fall sei vorstellbar. Die Stichprobe enthält jedoch insgesamt fünf Verhängungen lebenslänglicher Freiheitsstrafe, davon zwei mit zugeschriebener besonderer Schwere der Schuld (vgl. Kapitel 8.2). Daß die Gerichte vor der Verhängung der lebenslänglichen Freiheitsstrafe zurückschreckten, wie dies vielfach vermutet wird (so etwa von Sessar 1980), findet in dieser Stichprobe somit nur wenig Anhaltspunkte. Es dürfte sich im Gegenteil der Befund von Weber (1993) bestätigen, daß mit der Strafaussetzungsregelung des § 57a StGB,[6] die 1982 in Kraft gesetzt wurde, die lebenslängliche Freiheitsstrafe ihren Schrecken (für die Gerichte wohlgemerkt) verloren und die Hemmschwelle bei ihrer Verhängung gesenkt habe. 1982 stellt jedenfalls eine Zäsur dar, und seitdem steigt die Zahl der lebenslänglich Verurteilten an (Weber 1993, S. 31 f.). Durch die Prüfung einer Bewährungsaussetzung nach fünfzehn Jahren wird 'Lebenslänglich' gewissermaßen verzeitigt und verliert die Unübersehbarkeit, die vor allem seine Unverhältnismäßigkeit ausgemacht haben dürfte.

Sofern ein vertypter Milderungsgrund (Versuch oder verminderte Schuldfähigkeit) vorliegt, entfällt der Zwang zur absoluten Strafe sowieso; in den anderen Fällen zögern die Gerichte zwar lange, das dann unabdingbare 'Lebenslänglich' zu verhängen, scheuen jedoch keineswegs davor zurück. So geht das Gericht in einem Fall (F2) jedem Beweisantrag der Verteidigung nach und wartet merklich mit allen anderen Beteiligten darauf, daß ein Sachverständiger den § 21 StGB für möglich hält: dies geschieht jedoch nicht (bzw. nur unter Annahmen, die die Beweisaufnahme schwerlich hergibt). Auch die anderen lebenslänglichen Freiheitsstrafen, die in dieser Stichprobe verhängt werden, ergehen sichtlich erst nach langen gerichtlichen Überlegungen und nach Beweisaufnahmen, in denen sorgfältig nach Auswegen gesucht wird. Aber wenn sich ein solcher Ausweg in der Sachverhaltsrekonstruktion nicht findet, dann gibt es offensichtlich keinen: wenn die Annahme richtig wäre, daß Gerichte eine Umgehung des absoluten Strafzwangs suchen, ließe sich die Zuerkennung des § 21 StGB aus eigener Kompetenz erwarten. Derlei kommt in dieser Stichprobe jedoch nicht vor; allenfalls macht die Kammer gegenüber dem Sachverständigen deutlich, daß sie eine verminderte Schuldfähigkeit zuzuerkennen wünscht, worauf dieser zum erwarteten Ergebnis kommt (F5). Eher noch als sich in Widerspruch zu Sachverständigen zu setzen verzichtet man auf den üblichen Duktus des 'Feststellens', hält sich für 'letztlich nicht in der Lage', einen eindeutigen Sachverhalt festzustellen, und entrinnt auf diese Weise der

---

6   Danach ist nach fünfzehnjähriger Verbüßung eine Strafrestaussetzung zur Bewährung zu überprüfen, sofern nicht die "besondere Schwere der Schuld" weiteren Vollzug gebiete.

zwingenden Rechtsfolge (F18). Aber dies ist in dieser Stichprobe ein völliger Einzelfall, und die Disparität zwischen Biographie und Tat einerseits und einer lebenslänglichen Freiheitsstrafe andererseits erscheint hier besonders ausgeprägt. Einzig in diesem einen Falle 'siegt' der rekonstruierte moralische Charakter über die Subsumtion.

Scheerer (1987) hat nachdrücklich die Differenzen zwischen der Androhung und der Verhängung einerseits und der Verhängung und der Vollstreckung der lebenslänglichen Freiheitsstrafe andererseits hervorgehoben und aus dem beharrlichen Festhalten des Gesetzgebers an dieser Strafe und der verfassungsrichterlichen Ratifizierung solchen Festhaltens (was sich auch als eine Art der Beharrlichkeit verstehen läßt) auf deren latente Zwecke geschlossen, die eben in dieser Differenz bestehe; die absolute Strafandrohung und der selektive Verzicht auf ihre Verhängung bzw. Vollstreckung symbolisiere dann Gerechtigkeit und Milde und binde die Betroffenen in paternalistische Abhängigkeitsverhältnisse ein. Seine Feststellung, Mord werde "nach allen Regeln der Kunst" (1987, S. 126) in Totschlag umdefiniert, entspricht allerdings nicht völlig unserer Wahrnehmung. Die Gerichte sind vorsichtig und legen die Mordmerkmale mit dem BGH eher restriktiv aus, aber sie definieren seltener um, und die angesprochene Differenz wirkt empirisch geringer, als solche Bemerkungen nahelegen.

Auch Steinert und Treiber (1978) gehen davon aus, daß die disziplinierende Wirkung des Strafrechts nicht in seiner buchstäblichen Durchführung bestehe, sondern aus dem gemeinsamen Vorkommen von überzogener Drohung und einem Unterbau an Sanktionsverzicht. Strukturell gilt dies freilich nicht nur für hohe Strafen, sondern für niedrige Strafen mit mindestens gleicher Berechtigung.[7]

Insgesamt läßt sich das Problem der 'oberen Grenze' als ein gravierender Teilaspekt des Prozesses von 'Sozialdisziplinierung' verstehen (vgl. zusammenfassend Sack 1993). Die obere Grenze in ihrer jetzigen Form erscheint zwar zivilisierter als obere Grenzen früherer Rechtsanwendungen, gerade ihre offenbare Unverzichtbarkeit jedoch kennzeichnet sie als Symbol wie als reale Androhung gleichermaßen.

---

7   Als Indiz dafür läßt sich der Umgang mit der strukturellen Parallele betrachten, die Mord und Notwehr unter dem Gesichtspunkt der zwingenden Rechtsfolge aufweisen; ist im einen Falle die lebenslange Freiheitsstrafe vorgeschrieben, so im anderen ein Freispruch die Konsequenz. Ersteres wird gelegentlich, letzteres sehr selten für 'angemessen' gehalten, und das wirft seinen Schatten auf die Sachverhaltsrekonstruktion, die dann so erfolgen muß, daß die Kammer 'ihre' Strafe verhängen kann. Ein Freispruch wäre ja als Verzicht auf den Disziplinierungsanspruch zu sehen, der in der Symbolik einer Bewährungsstrafe aufrechterhalten wird.

11.2 Die rechtliche Fetischisierung der Tat

Vor allem hohe Strafen sind zusätzlich unter einem Gesichtspunkt zu sehen, der sich als 'rechtliche Fetischisierung der Tat' bezeichnen ließe. Dieser Ausdruck bezieht sich auf die schon angesprochenen Abspaltungen zwischen der Biographie und der Tat, wodurch die psychologischen Bezüge zwischen beiden rechtlich gesondert werden (vgl. Kapitel 8). Ersteres, die Biographie, geht in der Regel in den § 21 StGB ein und erlaubt damit zwar, einen verminderten Strafrahmen zugrundezulegen; innerhalb dieses verminderten Strafrahmens jedoch gebietet die Schwere der Tat dann eine hohe Ausschöpfungsquote.[8]

Das wird zum einen durch den § 46 StGB nahegelegt, der "die Gesinnung, die aus der Tat spricht", zum Argument der Strafbarkeit erhebt. Zum anderen jedoch ermöglichen die rechtlichen Konstruktionen in ganz unterschiedlicher Weise einfache bzw. doppelte Minderungen. Der § 213 StGB etwa legt in seinen beiden Alternativen situative oder permanente Verhältnisse zugrunde, die Angeklagte belastet haben; die verminderte Schuldfähigkeit läßt sich dann in allen Fällen, in denen sie als eine Persönlichkeitszuschreibung begründet wird, als zweite Minderung nutzen. So kommt zustande, daß einigen nach § 213 StGB entschiedenen Fällen ein zusätzlich geminderter Strafrahmen zugrundegelegt wird. Diesen schöpfen die Gerichte zwar nur sehr begrenzt nach unten aus, aber schon der Sonderstrafrahmen des § 213 StGB führt ja in Regionen, in der Bewährungsstrafen möglich sind. Ähnliches gibt es bei Mord nicht; seine Strafandrohung steht absolut da, und für den Einstieg in einen Strafrahmen wird der § 21 StGB dann 'verbraucht' und oft schon als Gnadenerweis betrachtet: wenn schon nicht lebenslänglich, dann aber eine lange Zeitstrafe.

Letztendlich wird die Strafzumessung in solchen Fällen vor allem durch die Tat und deren rekonstruktiv zugeschriebene kriminelle Energie dominiert.[9] Diese Tat überwölbt alles, und ihre Betrachtung zeichnet sich dadurch aus, daß sie nunmehr von jeglicher Biographisierung völlig losgelöst erscheint. Bei solchem Vorgehen geschieht regelmäßig eine logische Abspaltung zwischen Biographie und Tat: jene Persönlichkeit, die als vermindert schuldfähig gilt, hat auch jene Tat ausgeführt, deren besondere kriminelle Energie, Schwere etc. die Strafzumessung konkret bestimmt. Im geminderten

---

8   Dabei ist zudem zu berücksichtigen, daß verminderte und nicht verminderte Strafrahmen weite Überlappungen haben, es also auf den § 21 StGB, von Mord abgesehen, oft gar nicht 'ankommt'. Oder anders: auch bei Zuerkennung des § 21 StGB ist ein Gericht selten gehindert, eine Strafe gleicher Höhe wie auch bei voller Schuldfähigkeit zu verhängen.

9   Dieser Mechanismus trifft nicht ausschließlich, aber doch vor allem männliche Angeklagte. Unter diesem Gesichtspunkt haben wir die argumentative Struktur eingehender an anderer Stelle beschrieben; vgl. Legnaro und Aengenheister 1995c.

Strafrahmen herrscht also eine Art von psychologischer *tabula rasa*; da die Zuschreibungen von Pathologie als verbraucht gelten, ist die Tat von jemandem begangen worden, der als 'gesund' fingiert wird. Dieses Prinzip erlaubt eine rechtliche Fetischisierung der Tat, die zu hohen Strafrahmenausschöpfungen führt.

11.3 Dyadische Verurteilungen

Die Stichprobe enthält mehrere Fälle, bei denen eine Frau gemeinsam mit einem Mann oder zwei Männern angeklagt ist. Die Verurteilung erfolgt in solchen Fällen immer dyadisch; das heißt, die Strafe wird nicht nur individuell, sondern auch in Relation zu den Mitangeklagten verhängt. Zum Lehrstück für die Art und Weise, Strafzumessung zu begründen, geraten solche Verurteilungen dann, wenn sich an ihnen auch die relative Beliebigkeit der Argumentation und des Ausgangspunktes von Gewichtung enthüllt.

Das läßt sich gut ersehen am Fall jener beiden jungen Leute, die gemeinsam die Mutter der Angeklagten töten (vgl. bezogen auf seine Verurteilung Muster 14 in Kapitel 8.1). Sie wird als Erwachsene wegen heimtückischen, aus Habgier begangenen Mordes zu lebenslanger Freiheitsstrafe verurteilt, wobei die Kammer eine besondere Schwere der Schuld verneint, ihrer Jugend wegen (sie ist 24 Jahre alt) und weil der erste Anstoß zur Tat von ihm ausgegangen sei. Er, im Gegensatz zu ihr Jugendlicher, wird zu einer Jugendstrafe von achteinhalb Jahren verurteilt, und angesichts dieser Höhe der Strafe und der Tatsache, daß das Urteil ausschließlich Milderungsgründe anführt, muß man schließen, daß das Gericht sich auf diese Weise von der Höchststrafe herunterzuargumentieren sucht. Die Kammer nimmt ihn letztlich als den Verführten wahr, dessen emotionale Abhängigkeit von seiner Freundin diese ausnutzt und instrumentalisiert. Unabhängig davon, ob man diese Beurteilung teilt, ist an dieser Strafzumessungsbegründung von Interesse, daß kein Wort darüber verloren wird, von welchem Strafniveau aus die Kammer ausgeht. Die gesamte Struktur der Begründung macht jedoch deutlich, daß die zehnjährige Höchststrafe als Ausgangspunkt betrachtet wird, indem alle vorgebrachten Gründe der Minderung dienen und die Strafe von achteinhalb Jahren tragen sollen.

Das ist ein unübliches Vorgehen; üblicherweise macht ein Gericht deutlich, in welcher Hälfte des Strafrahmens es sich zu bewegen gedenkt, und wägt dann die mindernden und schärfenden Gründe ab. Hier aber läßt sich bei ihr (es handelt sich rechtlich eindeutig um einen heimtückischen Mord, und angesichts einer rational getönten Planung spricht kein Sachverständiger von verminderter Schuldfähigkeit) nur die eine zwingende Strafe verhängen, und seine Strafzumessung wird dadurch merklich von der ihren nach oben gezogen. Die Kammer müht sich sehr, die Absenkung von oben aus konsistent zu begründen; ganz widerspruchsfrei erscheint das im Gesamtkontext der empirischen Regelhaftigkeiten von Strafzumessung bei dem für ihn rekonstruierten moralischen Charakter nicht. Wäre er ebenfalls strafrechtlich erwachsen gewesen, so daß eine lebenslange Freiheitsstrafe hätte verhängt werden müssen, dann wäre mit großer Wahrscheinlichkeit sie wiederum mit der Zuschreibung einer besonderen Schwere der Schuld bedacht worden.

In dyadischen Verurteilungen, zu denen diese exemplarisch zählt, existiert so etwas wie ein Abstands- und Differenzierungsgebot, so daß die Strafzumessungen nicht unabhängig voneinander erfolgen, sondern immer mit einem Blick auf die anderen Beteiligten. Prekär erscheinende Folgen hat das aber immer dann, wenn die Differenzierungen innerhalb der lebenslangen Freiheitsstrafe vorgenommen werden sollen. Das gilt im Fall der Tötung eines tyrannischen Ehemannes durch seine Frau und ihren Geliebten. Beide werden zu lebenslanger Strafe verurteilt, ihm noch die besondere Schuldschwere attestiert (vgl. Muster 16 in Kapitel 8.2). Aus der rekonstruktiven Biographisierung ergibt sich das keineswegs, sondern einzig aus dem Wunsch der Kammer, zwischen beiden einen Abstand herzustellen. Da mehrere Sachverständige für beide den § 21 StGB ausschließen und das Gericht zudem bei ihr nicht auf die Rechtsfolgenlösung ausweichen kann, da es sich um die zweite Hauptverhandlung handelt und der BGH deren Anwendung zuvor aufgehoben hatte, bildet dies den letzten Versuch, ihr und den Schwierigkeiten ihres Leben eine Reverenz zu erweisen. Ihr Freund bezahlt das mit einer Zuschreibung von Schuldschwere, die mit großer Wahrscheinlichkeit unterblieben wäre, wenn sie eine zeitliche Strafe erhalten hätte.

11.4 Das hilflose Strafrecht

Warum Strafen als Sanktionsform gesellschaftlich für sinnvoll gehalten wird, warum diese Strafen auf die Art und Weise verhängt und vollzogen werden, wie dies heute geschieht, und ob solches Strafen, gemessen an seinen Intentionen, überhaupt seinen Zweck erfüllt: dies alles sind Fragen außerhalb unserer Fragestellung. Im Mittelpunkt steht hier das konkrete Funktionieren von Strafrecht in seiner gegenwärtigen Form; dennoch färben diese Fragen auch eine Betrachtung der Ausübung von Strafrecht.

Mittelnd steht das Strafrecht bei den Delikten dieser Stichprobe zwischen individuellen Konflikten, in denen sich die Strukturen von Gewaltverhältnissen abbilden, den Erwartungen von Opfern oder deren Angehörigen, die manchmal aus Rachewünschen, manchmal aus Schlichtungsansprüchen bestehen, und den Angeklagten mit ihrem Unverstehen über die eigene Tat, ihrer Reue oder ihrer Empfindung, in der Tat richtig gehandelt zu haben. Die Gerichte entprivatisieren, 'vergesellschaften' solche Konflikte und rationalisieren sie, indem sie sie zeremoniell 'verhandeln' und mit einer Entscheidung beschließen, um dies - Zeremonie, Ausgleich und Strafe - als Erfahrung an die Individuen zurückzugeben.

Solche Rationalisierung von Emotion durch Verfahren und die Umwandlung von Affektivität in rechtsförmiges Verhandeln sind sicherlich die wichtigsten Anstrengungen im Rahmen einer gerichtlichen Hauptverhandlung. Sie sucht Standards von Zivilität zu wahren und diese Standards sowohl retrospektiv bezogen auf die Tat zu bekräftigen wie auch an die Verarbeitung der Tat anzulegen. Dies kennzeichnet die Verhandlung insgesamt als einen Gruppenritus, in dem die gesellschaftliche Zentralgewalt das staatliche Gewaltmonopol immer wieder von neuem bestärkt und herstellt.

Dennoch läßt sich den von Hassemer (1993) aufgezählten Bildern eines 'bösen', 'sauberen', 'heilenden' und 'schützenden' Strafrechts das Bild eines 'hilflosen' Strafrechts hinzufügen. Das bezieht sich zum einen darauf, daß es im strengen Sinne vor allem bei den hier im Mittelpunkt stehenden Delikten keine Nicht-Betroffenen, sondern nur primär und sekundär Betroffene gibt. Taten dieser Art 'betreffen' jeden, der mit ihnen konfrontiert wird, und jegliche Position zur Tat ist bestimmt von eigenen Erfahrungen und Verhaltenspotentialitäten. In verkleinernder Distanzierung und auf rationalisierte Weise wiederholt sich die Tat im sekundären Erleben der Gerichte: was die Beteiligten der Tat erlebt haben könnten, wird ja sowohl rekonstruiert wie auch in dieser Rekonstruktion nacherlebt, und die dabei entstehenden Projektionen liefern die grundlegenden Maßstäbe von Bewertung. Solche Projektion ist die einzige Ressource von Verstehen, und in ihren Begrenzungen entfaltet sich die gerichtliche Entscheidung: hilflos immer dann, wenn das Nicht-Verstehen das Verstehen bei weitem überwogen hat. Die Projektionen der professionellen Verfahrensteilnehmer sind dabei nicht notwendig abgeklärter und bewußter als die der nicht professionellen Verfahrensteilnehmer; im Unterschied zu deren Projektionen passieren die ihren jedoch einen Filter. Wenn ein Vorsitzender in der Urteilsbegründung auf den Einwand des Verteidigers einräumt, es handele sich um eine schwache Form der Heimtücke, aber man müsse sauber subsumieren, so ist dieser Mechanismus des Filterns gemeint, der es erleichtert, die Vorstellung vom 'sauberen' Strafrecht aufrechtzuerhalten und sich in einer klinischen Position gegenüber der Tat zu wähnen.

Weit trägt die Fiktion einer klinischen Haltung jedoch nicht; was noch für die Subsumtion gelten kann, gilt für die Strafzumessung nicht mehr. Nimmt man mit Ehrenzweig (1973) an, die Haltung gegenüber Tötungsdelikten schwanke zwischen irrationalem Vergeltungsdrang und irrationaler mitleidiger Identifizierung, so gilt dies für alle Gesellschaftsmitglieder, auch wenn sie als Mitglieder eines Schwurgerichts agieren. Für beides, Vergeltungsdrang und Identifikation als jeweiliges Produkt von negativer oder positiver Identifizierung, liefern die beobachteten Verhandlungen eine Fülle von

Beispielen. Ob bei letzterer Identifikation Geschehnisse und Motivationen tatsächlich 'verstanden' werden, kann offen bleiben: jedenfalls büßen Angeklagte gerichtliches Verstehen bzw. Unverstehen in solchen Fällen nicht. Weder Vergeltungswünsche noch Identifikationen dürfen jedoch benannt werden, und beides wird in den Strafzumessungsgründen verhüllt und rationalisiert. So äußert sich die gerichtliche Hilflosigkeit bei der Bestimmung von Angemessenheit in immunisierend-rationaler Verkleidung. Zwar bildet die Rechtsförmigkeit der Entscheidung für Angeklagte einen gewissen Schutz gegen Willkür, aber sie bietet für die Rechtsprechenden auch einen gewissen Schutz gegen die Offenlegung ihrer Emotionen und affektiven Beteiligung. Das macht das Ergebnis gerichtlichen Verhandelns zu einer als solcher nicht benannten Projektionsleistung, zu einem "Griff ins Dunkle" (von Liszt 1905, zitiert nach Herzog 1993, S. 228).

Was aus diesem Dunkel herausgegriffen wird, ist - komplementär zur Begrenztheit eines jeden möglichen und zur Hilflosigkeit des tatsächlichen Verstehens - die Hilflosigkeit des Strafens. Das Verstehen einer Tat und ihrer motivationalen Kontextuierung ist ein wesentliches Kriterium von Strafhöhe, und so zeugen hohe Strafrahmenausschöpfungen, die einen hohen Schuldgehalt dokumentieren sollen, oft auch vom Nicht-Verstehen gegenüber dieser Tat, darauf aufbauender emotionaler Empörung und einer 'Entgrenzung' von Bestrafung. Fast ließe sich behaupten: je größer das Nicht-Verstehen, desto höher die Strafe, zumindest in den Fällen, in denen diese Höhe aus einer angenommenen, weiter bestehenden Gefährlichkeit der Angeklagten nicht zu begründen ist. Angesichts einer Rückfallquote von allenfalls 5 % bei Tötungsdelikten, von der man gemeinhin ausgeht (Rode und Scheld 1986; Haffke 1993) kann solche Gefährlichkeit nur in seltenen Fällen den Grund liefern; der Grund ist eher eine phantasierte Gefährlichkeit und die reale Verachtung von Taten, die nach Sühne zu schreien scheinen.

Solche Verachtung ist auf den ersten Blick hin legitim, und die Stichprobe weist einige Fälle auf, bei denen sich das gerichtliche Nicht-Verstehen gut verstehen läßt, weil auch wir keine anderen Ressourcen des Verstehens haben. Dennoch stößt das Strafrecht hier an seine systemimmanenten Grenzen: es spiegelt in seinem Gestus des Abwägens eine Zivilität des Entscheidens und Strafens vor, die ihre atavistischen Grundlagen, das Bedürfnis nach Rache und Vergeltung, nicht verleugnen kann, und strafrechtliche Entscheidungen rationalisieren das, ohne dabei notwendig rational zu sein. Zwar trägt jegliche Entscheidung auch in dem Sinne ein affektives *Et Cetera*[10] in sich, als sie nicht durchgängig rational zu begründen und in ihrem Zustandekommen zu erklären ist, sondern immer einen affektiven Überschuß enthält. Dennoch müßte auch

---

10   Dies in Anlehnung an die Überlegungen von Garfinkel (1967, Kapitel 2) zur *et cetera*-Klausel als dem flexiblen Anteil von Regeln.

für Gerichtsurteile gelten, daß seine *Es*-Anteile sich in *Ich*-Anteile verwandeln sollten.

Es ist das konstruktive Dilemma des Strafrechts, strukturell die Bändigung des Irrationalen vorzugeben, dennoch aber davon zehren zu müssen. Und da das konkrete Ausmaß des jeweiligen Strafens von Irrationalität nicht frei ist (nicht frei sein kann): ist Strafen überhaupt rational ? Oder nicht nur entstanden aus dem Schlaf der zivilisatorischen Vernunft, der Ungeheuer gebiert ?

Die Psychologie weist darauf hin, es gebe ein elementares Bedürfnis nach Wiederherstellung eines gestörten Gleichgewichts im Sinne einer Herstellung von *equity* (Oswald 1988, S. 162). Dies ist ein Bedürfnis, als dessen Symbol sich Justitia mit ihrer Waagschale auch verstehen ließe. In einem sozialen Prozeß weiterer Zivilisierung von Staats*gewalt* könnte das auf die Entwicklung des Strafrechts hin zu einem Konfliktschlichtungsrecht hinauslaufen (Scheerer 1993), in dem nicht das Strafen im Vordergrund steht, sondern der Ausgleich von Interessen. Als einen solchen Ausgleich versteht sich das Strafrecht freilich heute schon, doch vermag es ihn nur zu leisten als Zufügung von Strafübeln. Darin liegt seine Hilflosigkeit, und in den Grenzen des Strafens wie in dem höchst begrenzten edukativen Sinn dieses Strafens liegen auch die Grenzen des Strafrechts.

FALL-ABSTRACTS

Im folgenden sind die Fälle in Kurzform präsentiert, um einen Überblick oder auch ein Nachschlagen zu ermöglichen. Die rechtliche Einordnung und der rekonstruierte Sachverhalt werden gemäß der mündlichen Urteilsbegründung dargestellt.

a)   Verhandlungen mit Frauen als Angeklagten

F1
32-jährige Frau tötet ihren Freund, mit dem sie seit zehn Jahren zusammenlebt, als er sich von ihr trennen will. Er fühlte sich nicht mehr in der Lage, ihr Verhalten auszuhalten, das zu bereits einer psychiatrischen Behandlung geführt hatte. Zur Tatzeit hört sie Stimmen und sticht auf ihren Freund unter dem Einfluß der Stimmen ein, die ihr nahelegen, 'es' zu tun.
§§ 212, 20, 63 StGB; Unterbringung (LG Kleve).

F2 / M2
Verwitwete 35-jährige Türkin tötet im Beisein ihres 17-jährigen wegen Beihilfe angeklagten Sohnes ihren Verehrer, der sie seit längerer Zeit bedrängt, ihn zu heiraten. Sie betäubt ihn mithilfe einer schlafmittelversetzten Pizza und erschießt ihn im Schlaf. Als Motiv gibt sie an, ihr Verehrer habe ihr gedroht, ihren beiden Söhnen von ihrer einige Zeit zurückliegenden Beschäftigung in einer Bar zu erzählen. Das gelte nach türkischen Wertvorstellungen als ehrenrührig für eine Frau, und sie habe heftige Reaktionen ihrer Söhne befürchtet.
F2: § 211 StGB; lebenslängliche Freiheitsstrafe; **M2:** Freispruch (JK LG Essen).

F3 / M3
24-jährige verheiratete Frau und ihr 36-jähriger libanesischer Geliebter töten gemeinsam ihren arabischen Ehemann. Sie wollte sich von ihrem Ehemann trennen, da dieser sie mißhandelte und sie bei ihm nicht die Liebe und das Verständnis fand, das ihr der Geliebte gab. Beide erschießen den Ehemann hinterrücks im Auto. Dies ist die zweite Hauptverhandlung; der Tatbestand des § 211 StGB war bereits in einer ersten Hauptverhandlung rechtskräftig festgestellt worden, aufgehoben hatte der BGH jedoch bei ihm die Anwendung des § 21 StGB, bei ihr die Anwendung der Rechtsfolgenlösung.
F3: §§ 211, 25 II StGB; lebenslängliche Freiheitsstrafe; **M3:** §§ 211, 25 II StGB; lebenslängliche Freiheitsstrafe mit besonderer Schwere der Schuld (LG Bonn).

F4
49-jährige geschiedene Ungarin versucht, mit einem Messerstich einen Mann zu töten, mit dem sie seit einem halben Jahr zusammenlebt. Sie hatte ihn bei einem Deutschlandaufenthalt kennengelernt und sich in ihn verliebt, er ihr die Ehe versprochen. Im weiteren Verlauf der Beziehung nutzt er sie jedoch vor allem als Arbeiterin aus, distanziert sich von seinen Eheversprechungen und fordert sie schließlich auf, sein Haus sofort zu verlassen, obgleich sie krank ist. Sie betrinkt sich gegen ihre Gewohnheit vor Kummer, sticht ihn mit einem Messer in den Rücken und versucht in

einer zweiten Tathandlung, ihn in Gegenwart von Nachbarn zu erstechen. §§ 213, 21, 23, 223a, 49, 53, 56 StGB; zwei Jahre mit Bewährung (LG Stuttgart).

F5 / M7 / M8

41-jährige, seit elf Jahren verheiratete Frau stiftet ihren 19-jährigen Sohn (M8) an, ihren Ehemann, der sein Stiefvater ist, zu töten. Er erschlägt daraufhin gemeinsam mit einem 17-jährigen Freund (M7) den Schlafenden mit einem Beil. Zur Anstiftung bzw. Tat motiviert wurden die Frau und ihr Sohn, da sie unter langwährenden Gewalttätigkeiten des Opfers ihnen gegenüber und im Rahmen der Familie gelitten hatten. Der Freund des Sohnes war zur Tat bereit, da seine Freundin (Tochter von F5 und Schwester von M8) von ihm schwanger war und deswegen ebenfalls Gewalttätigkeiten des Opfers zu ertragen hatte.
F5: §§ 211, 26, 21, 49 StGB; acht Jahre; **M7:** §§ 211, 21, 49 StGB; 3 JGG; sechs Jahre sechs Monate; **M8:** §§ 211, 21, 49 StGB; 3, 105 JGG; sechs Jahre sechs Monate (JK LG Hannover).

F6

27-jährige Frau tötet mit sechs Messerstichen ihren Ehemann im Verlauf einer Auseinandersetzung. Sie heiratete ihn acht Monate vor der Tat im Rahmen einer 'Berberhochzeit', da sie, wenngleich aus bürgerlichem Elternhaus stammend, in den letzten Jahren im Obdachlosenmilieu lebte. Die Ehe ist von Anfang an sehr konfliktreich und gekennzeichnet durch den Drogenkonsum beider: das Opfer ist Alkoholiker, sie Polytoxikomanin. Zur Tat kommt es, als der Mann mit ihr schlafen will, sie sich weigert und er sie aggressiv verbal bedroht. Sie hat den Eindruck, er werde sie auch physisch bedrohen, und sticht in schneller Folge sechsmal zu. §§ 213, 21, 49 StGB; zwei Jahre sechs Monate (LG Kiel).

F7

Eine 17-jährige Schülerin versucht, in der Schule ihre Lehrerin mit einem Küchenmesser zu töten, da ihr dies von den zwei Außerirdischen Tom und John befohlen worden ist. Diese beiden waren zunächst nur Freunde, begannen aber dann, ihr Befehle zu erteilen: etwa von zuhause wegzulaufen oder ihre Sportlehrerin zu erwürgen, was sie auch versucht hat. Der letzte Befehl lautete, eine Lehrerin zu töten, anderenfalls würden ihre Eltern bei einem Unfall sterben. In der Schule schreibt sie auf einen Zettel, daß sie die Tat habe tun müssen, und sticht die - durch Schreie der Klasse gewarnte - Lehrerin von hinten in den Hals. §§ 223a, 20, 63 StGB; 3 JGG; Unterbringung (JK LG Essen).

F8 / M12 / M13

27-jährige Frau, ihr 25-jähriger Bruder (M12) und ihr 41-jähriger Freund (M13) töten gemeinsam den damaligen türkischen Freund der Frau, der diese und ihre Eltern über Jahre hinweg terrorisierte, nachdem sie sich von ihm trennen will. Die Beziehung verschlechterte sich dramatisch, nachdem ein gemeinsames Kind geboren worden ist: sie flieht mehrfach vor seinen Gewalttätigkeiten zu Bekannten und in Frauenhäuser, kommt aber jeweils zurück, als er ihre Eltern bedroht und diese zwingen will, ihm ihren Aufenthaltsort mitzuteilen. Als sie einen neuen Mann (M13) kennenlernt, beschließen beide, den türkischen Freund zu töten. Sie und ihr Bruder wollen ihn in eine Höhle

locken, wo er von ihrem dort wartenden Freund erschossen werden soll. Diesen ursprünglichen Tatplan läßt ihr Freund scheitern, indem er zu spät am Tatort erscheint. Sie und ihr Bruder betreten dennoch in Begleitung des Opfers die Höhle, und ihr Bruder erschießt das Opfer hinterrücks mit einer Pistole, die er zum Selbstschutz eingesteckt hatte. Es bleibt unklar, ob dieser erste Schuß bereits den Tod verursacht; etwa eine halbe Stunde später schießt der Bruder im Beisein des Freundes noch mehrfach auf das Opfer, da dieses zwischenzeitlich seine Lage verändert hatte.
F8 und M12 jeweils: §§ 211, 25 II, 49 StGB (Rechtsfolgenlösung); vierzehn Jahre; **M13:** §§ 211, 25 II, 23, 49 StGB; neun Jahre (LG Köln).

F9
27-jährige Frau tötet im Rahmen einer ehelichen Auseinandersetzung mit einem Messerstich ihren Mann, mit dem sie seit neun Jahren verheiratet ist. In den letzten Monaten vor der Tat hatten beide Trennungsabsichten miteinander erörtert, waren sich aber noch unschlüssig. Ihr Mann lernte einen Monat vor der Tat eine andere Frau kennen, die gemeinsam mit ihrem Ehemann am Tatabend eingeladen ist. Die beiden Männer würfeln um die Frauen, was sie sehr kränkt. Als die Gäste gegangen sind, macht sie ihm Vorhaltungen, worauf er aggressiv reagiert und in einer tätlichen Auseinandersetzung versucht, sie aus dem Wohn- und Schlafzimmer fernzuhalten. Sie versucht, ihr Anwesenheitsrecht durchzusetzen, holt aus der Küche ein Messer und kehrt mit diesem zurück. Sie und ihr Mann stoßen dabei aufeinander, wobei sie ihm in einer bewußten Abwehrreaktion einen Stich in den Bauch versetzt.
§§ 226 II, 56 StGB; zwei Jahre mit Bewährung (LG Hamburg).

F10
61-jährige, seit 15 Jahren verheiratete Frau versucht in der Situation eines häuslichen Streits, ihren Ehemann mit einem Messerstich zu töten. Der Tat gehen langjährige Konflikte vor allem wegen des Alkoholkonsums des Ehemannes voraus, der sie öfter mißhandelt, wenn er betrunken ist. Sie selbst trinkt in den letzten Jahren kaum noch Alkohol, und beide haben sich darauf geeinigt, daß er nur freitags trinkt. Am Tattag kommt er jedoch an einem Montag angetrunken nach Hause, verläßt die Wohnung nach einem Streit wieder und kehrt gegen Mitternacht angetrunken zurück. Sie hat sich in der Zwischenzeit selbst betrunken. Es entwickelt sich sofort eine Tätlichkeit zwischen beiden, in deren Verlauf er sie schlägt und als "Hure" und "Drecksau" beschimpft, sie sich bemüht, ihn in seinem Toben zu beruhigen, und ihn schließlich einmal mit einem Küchenmesser in den Rücken sticht.
§§ 213, 21, 23, 49, 56 StGB; ein Jahr zehn Monate mit Bewährung (LG Stuttgart).

F11 / M14
19-jähriger Mann tötet im Verlauf eines Streits seine Mutter, und seine 18-jährige Freundin greift in das Geschehen ein. Er und seine Mutter hatten schon immer ein sehr ambivalentes Verhältnis zueinander, und nach der Scheidung seiner Eltern lebt er nach seinem Wunsch bei seinem Vater. Dennoch besucht er seine Mutter manchmal, wobei es ihrerseits oft zu Beleidigungen kommt. Am Tattag wollen er und seine Freundin sich bei ihr entschuldigen, weil sie eine Einladung zu einem Geburtstagsessen nicht wahrgenommen haben. Er steckt vor dem Besuch, zu dem seine Großmutter sanft drängt, einen Gummiknüppel ein. Seine Mutter nimmt die Entschuldigung zwar an, beschimpft

ihn jedoch und bemerkt unter anderem, sie hätte ihn besser auch abgetrieben. Zudem versetzt sie ihm eine Ohrfeige. Daraufhin schlägt er mit dem Gummiknüppel auf sie ein und sticht mehrfach mit einem Messer zu. Seine Freundin, die sich im Nebenzimmer aufhält, hört unterdrückte Schreie und findet ihn auf seiner Mutter hockend, die in ihrem Blut daliegt. In einem ersten Impuls will sie weglaufen, ergreift dann jedoch eine volle Weinflasche und schlägt blind und ungezielt zwischen beide, um alles zu beenden. Dabei zerbricht die Flasche im Auftreffen auf den Boden, und die Scherbe des Flaschenhalses verletzt das noch lebende Opfer am Hals.
F11: §§ 213, 21, 23, 223a, 52, 56 StGB; 3, 105 JGG; ein Jahr sechs Monate mit Bewährung; **M14:** §§ 213, 21 StGB; 3, 105 JGG; drei Jahre drei Monate (JK LG Darmstadt).

F12
24-jährige US-Bürgerin tötet ihren Ehemann, mit dem sie seit vier Jahren verheiratet ist. Sie besucht ihn, als er, Soldat der Army, nach Deutschland versetzt wird, unter anderem deswegen, weil er die Alimente für ihr gemeinsames Kind nicht zahlt. Während dieses Aufenthalts wird sie erneut schwanger von ihm. Die Tat geschieht im Verlauf eines Streits, bei dem sich beide außereheliche Beziehungen vorwerfen und er sie als "bitch" beschimpft. Während dieser Auseinandersetzung werden beide tätlich gegeneinander, sie ergreift ein Messer und sticht einmal zu.
§§ 213, 21 StGB; zwei Jahre ohne Bewährung (LG Darmstadt).

F13
34-jährige Frau versucht im Verlauf einer tätlichen Auseinandersetzung, ihren Freund mit einem Küchenmesser zu töten. Beide hatten sich kennengelernt, als er eine miet-freie Wohnung gegen die Betreuung seiner Kinder anbietet und sie mit ihren beiden minderjährigen Kindern dort einzieht. Es entwickelt sich eine intime Beziehung, die etwa ein Jahr andauert und durch exzessiven gemeinsamen Alkoholkonsum und verbale und tätliche Streitigkeiten gekennzeichnet ist. Zur Tatzeit entsteht nach ge-meinsamem Alkoholkonsum eine tätliche Auseinandersetzung. Als er mit seinen Sachen das Haus verlassen will, sticht sie ihn mit einem zuvor in der Küche geholten Messer in den Rücken.
§§ 223a, 21, 49, 56 StGB; ein Jahr sechs Monate mit Bewährung (LG Kempten/ Allgäu).

F14
26-jährige Frau tötet das kleine Kind ihres Partners. Sie lebt nach einer gescheiterten Ehe, aus der zwei noch kleine Kinder stammen, mit einem ebenfalls geschiedenen Mann zusammen, der das Sorgerecht für zwei Kinder im gleichen Alter hat. Sie versorgt alle vier Kinder nahezu alleine und fühlt sich davon überfordert. Vor allem der 22 Monate alte Sohn ihres Freundes lehnt sie ab, verweigert öfter das Essen und fühlt sich vor allem dann wohl, wenn seine Oma ihn betreut. Trotz verschiedener Appelle um Hilfe bei der Kinderbetreuung an den Freund und dessen Mutter wird sie weitge-hend alleine gelassen, und auch ihr Vorschlag, das Kind ganz an die Oma zu geben, bleibt unbeachtet. Als es wieder einmal nicht essen will, schlägt sie mit der Hand so heftig zu, daß das Kind gegen den Bettpfosten stößt und gravierende innerliche Verlet-zungen davonträgt, von denen sie jedoch nichts weiß. Am Tag darauf will das Kind

weiterhin nichts essen, worauf sie es zuerst wieder mit der Hand schlägt, dann die Holzauflage des Kinderstuhles ergreift und mit dieser zweimal auf den Kopf des Kindes schlägt.

§§ 226, 21, 49 StGB; vier Jahre sechs Monate (LG Koblenz).

F15

44-jährige Frau erschlägt nach 21-jähriger Ehe ihren schlafenden Ehemann mit einem Hammer. Ein halbes Jahr vor der Tat hatte sie erfahren, daß ihr Mann seit fünf Jahren eine Beziehung zu einer anderen Frau unterhielt. In den folgenden Monaten kann oder will er sich nicht zwischen beiden Frauen entscheiden, während sie versucht an der Ehe festzuhalten. Sie erlebt diese Zeit als ein Wechselbad und als ein dauerndes Hin und Her und fühlt sich gleichzeitig gedemütigt durch die sexuellen Wünsche ihres Mannes und die Tatsache, daß er ihr seine Geliebte als Beispiel hinstellt. Am Vorabend der Tat teilt er ihr mit, er wolle mit seiner Geliebten eine gemeinsame Wohnung beziehen. Sie sieht sich daraufhin vor den Trümmern ihrer Familie und ihrer Ehe, holt nach nächtlichem innerem Brodeln einen Hammer und erschlägt den Schlafenden.

§§ 211, 21, 49 StGB; sechs Jahre (LG Aachen).

F16

28-jährige deutschstämmige Polin kommt 1990 in die BRD und lernt hier ihren ebenfalls polnischen Ehemann kennen. Im August 1991 wird ihr gemeinsamer Sohn geboren. Bereits während des Krankenhausaufenthalts zeigt sie Symptome einer Schwangerschaftspsychose, die eine psychiatrische Behandlung zur Folge hat. In der Tatnacht schlägt sie den zweieinhalb Monate alten Säugling heftig gegen einen flachen Gegenstand, vermutlich die Wand. Er stirbt kurz darauf. Die Angeklagte kann sich an irgendeine Tat nicht erinnern und gibt eine Darstellung des Geschehens, wonach sie von einem Aufschrei des Kindes in der Nacht geweckt wurde und es bereits mit seinen Verletzungen vorfindet. Das Gericht geht davon aus, daß sie im Zustand einer psychotischen Episode gehandelt habe. Eine Wiederholungsgefahr wird verneint, da sie ihrem zweiten Kind eine liebevolle Mutter sei.

§§ 226, 230, 53, 20 StGB; Ablehnung einer Unterbringung gemäß § 63 StGB (LG Koblenz).

F17

46-jährige Polin ersticht ihren Ehemann, nachdem dieser sie in Anwesenheit eines Bekannten beleidigt und körperlich angegriffen hat. Im Verlauf der zweijährigen Ehe war es schon öfter zu physischen Angriffen seinerseits gekommen. Zur Tatzeit sind beide erheblich alkoholisiert; sie hat rückgerechnet 3,06 Promille, so daß eine aufgehobene Schuldfähigkeit nicht ausgeschlossen wird. Sie habe sich jedoch fahrlässig in einen Vollrausch versetzt.

§§ 212, 20, 323a, 56 StGB; zwei Jahre mit Bewährung (LG Braunschweig).

F18

39-jährige verheiratete Frau tötet im Streit um Geld und aus Angst vor ihrem Ehemann eine 70-jährige Nachbarin. Die Angeklagte lebte als Älteste von 12 Geschwistern in desolatem sozialem Milieu und wurde vom Vater sexuell mißbraucht. Aus dem Leben bei den Eltern errettete sie ihr gegenwärtiger Ehemann, mit dem sie sieben Kinder hat.

Dieser entwickelte sich jedoch bald zu einem ähnlichen Tyrannen wie ihr Vater und schlägt sie häufig. Da die Familie nicht viel Geld zur Verfügung hat, leiht sie sich gelegentlich kleinere Summen bei einer Nachbarin. Als diese durch das Schreiben einer Rechtsanwältin die Rückzahlung fordert, geht sie hinüber zur Nachbarin, um sie zu bitten, davon nichts ihrem Mann zu erzählen, der sie ansonsten wieder schlagen werde. Als die Nachbarin jedoch auf ihrer Absicht, alles dem Ehemann zu berichten beharrt, wirft sie dieser einen Schal um den Hals. In dem folgenden Gerangel gerät die Nachbarin zu Fall, die Angeklagte vermutet, sie schwer verletzt zu haben, erdrosselt sie mit dem Schal und gibt in polizeilichen Vernehmungen als Motiv die Angst vor einer Strafanzeige an. Das Gericht geht zu ihren Gunsten davon aus, daß es nicht eindeutig zu klären sei, wann sie den Tötungsvorsatz gefaßt habe: ob sie einen solchen schon bei Beginn des Gesprächs gehabt, ihn erst während der Auseinandersetzung entwickelt oder erst im Sinne einer Verdeckungsabsicht gefaßt habe, als die Nachbarin auf dem Boden liegt.
§ 212 StGB; sieben Jahre (LG Bonn).

F19

50-jährige Frau heiratet einen 79-jährigen vermögenden Mann, wobei für beide Versorgungsgesichtspunkte im Vordergrund stehen. Einerseits verhält dieser Mann sich großzügig und übergibt ihr 250.000 DM zur Anlage, andererseits zeigt er sich in vielen Details kleinlich und will sie vertraglich mit einer Konventionalstrafe belegen, wenn sie ihn verläßt. Schon bald nach der Eheschließung haben beide viele Streitigkeiten miteinander, und er verhält sich eifersüchtig gegenüber ihren Kindern. Ein dreiviertel Jahr nach der Heirat erwägt sie zum ersten Mal Pläne, ihren Mann töten zu lassen. Sie bespricht diese Pläne mit einem Bekannten: sie will den Hausschlüssel für ihn verstecken, er soll während ihrer Abwesenheit unbemerkt das Haus betreten, dann klingeln, und ihren Mann, wenn er zur Haustüre kommt, hinterrücks die Kellertreppe hinunterwerfen. Der Bekannte äußert sich dazu zuerst nicht eindeutig, meldet aber die Planung der Polizei, als sie ihm die Wohnung zeigt und Einzelheiten der Tatausführung bespricht.
§§ 211, 30, 49 StGB; acht Jahre (LG Koblenz).

F20 / M25

36-jährige Frau und 39-jähriger Mann töten durch Schlagen und Treten einen Freund. Während einer Feierlichkeit in der Obdachlosensiedlung, in der alle wohnen, erzählt dieser Freund dem Angeklagten, die Angeklagte habe ihm zehn Dosen Bier gestohlen. Am späten Nachmittag suchen daraufhin beide den Freund in seinem Zimmer auf, um die Sache zu klären: sie fühlt sich falsch angeschuldigt, weil sie kein Bier gestohlen hat, er fühlt sich von seinem Freund belogen. Sie versetzt ihm eine Ohrfeige, er schlägt und tritt ihn eine Zeitlang. Nach einer Pause, in der sich das Opfer das Blut abwischt, setzt er die Mißhandlungen fort, sie tritt einmal mit ihrem Stiefelabsatz auf den am Boden Liegenden ein, der sich nicht wehrt. Das Opfer erleidet dabei erhebliche innere Verletzungen. Als es nicht ansprechbar und regungslos daliegt, holt sie einen Krankenwagen. Beide gehen nicht davon aus, der Freund könne sterben; er erliegt seinen Verletzungen jedoch in der gleichen Nacht.
F20: § 223a StGB; zwei Jahre sechs Monate; **M25:** §§ 212, 21, 49 StGB; sechs Jahre (LG Braunschweig).

F21
23-jährige Frau verletzt ihren Freund mit einem Messerstich so, daß er sofort verstirbt. Am Abend zuvor haben beide einen anderen Mann, den sie gerade kennengelernt hatten, mit einer Freundin von ihr bekannt gemacht. Zu viert trinkt man in einer Gaststätte, wobei ihr Freund sie gegen 10.000 DM an den anderen Mann 'verkauft'. In der Wohnung gehen alle zu Bett, und zwar vertauscht derart, daß ihre Freundin mit ihrem Freund in einem Bett übernachtet, sie selbst mit diesem anderen Mann. Diese beiden haben miteinander Geschlechtsverkehr, und danach weckt sie ihren Freund, um zu hören, was bei ihm abgelaufen sei. Ihr Freund wird sofort aggressiv, schlägt ihr ein blaues Auge und prügelt auf den anderen Mann ein. Dabei beschimpft er sie als Schlampe und als Hure und fordert sie auf, die Wohnung zu verlassen. Sie packt daraufhin wahllos Sachen ein und findet in der Küche ein Messer. Mit diesem Messer geht sie ins Bad, wo der andere Mann seine Wunden kühlt, und sagt zu ihm, wenn ihr Freund sie noch einmal anfasse, werde sie zustechen. Mit dem verdeckt gehaltenen Messer begibt sie sich wieder zurück. Ihr Freund schubst sie weg, zieht sie dann aber zu sich. Aus der Drehung heraus sticht sie zu und trifft direkt ins Herz.
§§ 226 II, 21 StGB; zwei Jahre sechs Monate (LG Braunschweig).

F22
23-jährige Frau übergießt ihren schlafenden Freund mit Benzin und zündet ihn an. Er verbrennt, mit ihm die gesamte Wohnung, aus der sie über das Dach zu einem Nachbarn flüchtet. Am Vorabend der Tat hatten beide in einem Lokal einen jungen Mann kennengelernt, den sie noch zu sich nach Hause einladen. Während ihr Freund wegfährt, um Bier zu holen, schläft sie mit dem neuen Bekannten. Nach der Rückkehr ihres Freundes trinken alle drei miteinander Bier, und sie erzählt ihrem Freund, sie habe gerade mit dem Bekannten Geschlechtsverkehr gehabt. Ihr Freund reagiert daraufhin gar nicht, was sie als Abwertung empfindet und wütend macht. Während der Bekannte die Wohnung verlässt und ihr Freund einschläft, wird sie immer unruhiger und fühlt sich immer aggressiver. In einem Telefonat mit einer Freundin versucht sie, diese zum Kommen zu überreden, was diese jedoch ablehnt. Darauf geschieht die Tat. Da sie gutachterlich als borderline-Persönlichkeit mit der Wiederholungsgefahr gefährlicher Straftaten bezeichnet wird, wird Unterbringung angeordnet.
§§ 211, 21, 49, 63 StGB; acht Jahre, Unterbringung (LG Bielefeld).

F23
20-jährige Frau versucht, ihren ehemaligen Freund zu töten. Zwischen beiden bestand eine mehrjährige, als ambivalent beschriebene Beziehung, in deren Verlauf sie von ihm Gewalt und sexuellen Mißbrauch erlebte. Das wiederholt Ereignisse ihrer Kindheit, und ihre Hoffnung, gerade diesen Lebensverhältnissen zu entgehen, wird enttäuscht. Als sie sich schließlich von ihm trennt, verfolgt er sie öfter und vergewaltigt sie auch. Zur Tat kommt es, als sie ihn aufsucht, um in einem Gespräch die Situation zu klären. Als sie sieht, daß Gespräche keine Lösung erbringen werden, löst sie Schlafmittel in seinem Kaffee auf. Er schläft ein, sie zögert eine längere Zeit und schlägt ihm mit einer Flasche auf den Kopf. Anschließend sticht sie ihn zweimal mit einem Messer in den Rücken, worauf er reflexartig erwacht und vom Hochbett rollt, auf dem sich beide befinden. Dann verliert er in einem black-out kurzfristig wieder das Bewußtsein, und sie sticht nicht nochmals zu, obgleich sie dazu die Gelegenheit gehabt hätte. Im An-

schluß badet er in der Badewanne und provoziert sie mit Bemerkungen, sie schaffe es doch nicht, ihn umzubringen. Daraufhin wirft sie einen angeschlossenen Fön in die Wanne; ihm gelingt es aber herauszuspringen.
§§ 213, 23, 223a, 49, 53 StGB; 105 JGG; zwei Jahre sechs Monate (JK LG Köln).

F24
36-jährige Frau versucht, mit einem Messerstich ihren Lebensgefährten zu töten. Beide kannten sich seit zwei Jahren und lebten seit einem halben Jahr miteinander in einer Wohnung. Nahezu von Beginn dieser Beziehung an gibt es heftige Auseinandersetzungen zwischen beiden um finanzielle Probleme und ihren Wunsch, ökonomisch selbständiger zu leben. Diese Auseinandersetzungen eskalieren mit der Zeit, und er mißhandelt und schlägt sie dabei öfter. Am Tattag entwickelt sich ein Streit, weil sie in einem Bistro als Bedienung arbeiten möchte, während er strikt dagegen ist. Im Verlauf der heftigen Auseinandersetzung schlägt er sie so, daß sie von einer Eckbank fällt, und greift ihr an den Hals. Dann läßt er von ihr ab und stellt sich laut schimpfend ans Fenster. Sie ergreift ein Messer und sticht es ihm von hinten in den Rücken.
§§ 213, 21, 23, 49, 56 StGB; zwei Jahre mit Bewährung (LG Mainz).

F25 / M27
24-jährige Frau und ihr 20-jähriger Freund töten gemeinsam ihre Mutter. Die Mutter hat sich immer gegen diese Beziehung ausgesprochen, ihre Tochter deswegen überwacht und sich öfter mit ihr darüber gestritten. Aus diesem Grunde ebenso wie aus dem Motiv, an die Erbschaft aus Haus und Grund zu gelangen, denkt sie daran, ihre Mutter zu beseitigen. Mit dem Satz "Wenn es meine Mutter nicht gäbe, dann gäbe es auch das Problem nicht", den sie ihrem Freund gegenüber äußert, gibt sie den ersten Anstoß zur Tatplanung. Ihr Freund wiederum ist motiviert durch die Liebe zu seiner Freundin und sein Bestreben, sie nicht zu verlieren. Er hört sich unter Freunden um, ob jemand für drei- bis viertausend Mark und den Schmuck des Opfers zur Tat bereit wäre, findet aber niemanden. Darauf beschließen die beiden, die Tat gemeinsam durchzuführen und alles wie einen Raubmord aussehen zu lassen. Sie treffen sich am Haus, klingeln, und als ihre Mutter die Türe öffnet, fällt er mit einem Messer über sie her und sticht insgesamt sechzehnmal zu. Dann kniet er auf dem Opfer, und sie bringt ein Kabel herbei, mit dem sie ihre Mutter stranguliert.
F25: §§ 211, 25 II; lebenslängliche Freiheitsstrafe; M27: §§ 211, 25 II; 105 JGG; acht Jahre sechs Monate (JK LG Bonn).

F26
37-jährige Frau ersticht ihren schlafenden Ehemann. Seit nahezu zehn Jahren leidet sie gelegentlich an schizophrenen Schüben und wurde mehrfach stationär behandelt. Einen Monat vor der Tat fühlt sie sich so gut, daß auf ihre Anregung der behandelnde Neurologe die Medikation mit einer Depotspritze absetzt. Am Tag vor der Tat steigert sich jedoch ihre Unruhe, so daß sie sich eine neue Spritze verabreichen läßt. Sie erwacht in der Nacht und versucht, ihre Schwester anzurufen, um dieser mitzuteilen, sie wolle Patin über deren neugeborenes Kind werden. Da sich niemand meldet, bildet sie sich ein, ihre Schwester und deren Kind seien gestorben, und dafür müsse jetzt jemand büßen. Sie holt aus der Küche ein Messer und sticht es ihrem Mann in den Rücken. Danach ruft sie selbst die Polizei an und teilt dieser mit, sie habe den lieben

Gott umgebracht.
§§ 212, 20, 63 StGB; Unterbringung (LG Bonn).

F27

Verheiratete 42-jährige Frau versucht, ihren ebenfalls verheirateten Liebhaber zu erschießen. Er gibt ihr immer wieder Anlaß zu glauben, er werde sich von seiner Familie trennen. Da sie die Verschwiegenheit der Beziehung jedoch nicht aushält, berichtet sie schließlich nach zweieinhalb Jahren ihrem Ehemann davon, wodurch ihr Liebhaber gezwungen wird, seine Ehefrau ebenfalls zu informieren. Es schließt sich ein weiteres Jahr an, in dem er sich nicht zwischen ihr und seiner Familie entscheiden kann. Sie trennt sich in dieser Zeit aus ihrer Ehe und hegt weiterhin die Hoffnung, mit ihm zusammenleben zu können. Angesichts der ungeklärten Situation gerät sie in immer ausgeprägtere depressive Verstimmungen und erstattet schließlich Anzeige gegen ihn, da er sein Haus in Brand gesteckt haben soll (was objektiv falsch ist). Dieses Verhalten soll aus ihrer Sicht einen Schlußstrich setzen und tut das auch, hat aber daneben zur Folge, daß sie im Kreis der Nachbarschaft eines kleinen Dorfes völlig isoliert wird. Diese Situation verstärkt ihre Depressionen derartig, daß sie mit Suicidgedanken umgeht und sich nach längerem Bemühen eine Pistole verschafft. Am Tattag trifft sie ihn in seinem Hausflur an; die Pistole hält sie entsichert in ihrer Jackentasche verborgen. Beide sprechen länger miteinander, und als er sie zur Türe hinausschieben will, schießt sie ihn an.
§§ 211, 23, 21, 49, 52 StGB, Verstoß Waffengesetz; drei Jahre sechs Monate (LK Köln).

F28

55-jährige Frau tötet im Rahmen einer Auseinandersetzung ihren 81-jährigen Lebenspartner. Beide lernen sich drei Jahre vor der Tat durch eine Bekanntschaftsanzeige kennen. Seine erwachsenen Söhne und Töchter sehen es nicht sonderlich gerne, daß ihr Vater wieder mit einer Frau zusammenlebt, da sie meinen, die notwendige Versorgung selbst leisten zu können. Wenngleich es keine Auseinandersetzungen zwischen ihnen und der Angeklagten gibt, hat diese dennoch das Gefühl, man wolle sie wieder heraushaben. Dieses Gefühl verstärkt sich, als sie glaubt, aus dem Kreis der Familie beim Arbeitsamt wegen Schwarzarbeit angezeigt worden zu sein. Dieses (objektiv nicht nachweisbare) Ereignis sechs Monate vor der Tat läßt sie seitdem nicht mehr los. Inwieweit das die Beziehung zu ihrem Lebenspartner beeinflußt, ist nicht zu klären. In der Tatnacht fordert dieser sie jedenfalls eher abrupt auf, das Haus zu verlassen, und versucht, einen Koffer mit ihren Sachen aus dem Fenster zu werfen. Es entwickelt sich eine handgreifliche Auseinandersetzung, in deren Verlauf er sie mit der Glasglocke einer Nachttischlampe bedroht. Es gelingt ihr, ihn am Schlagen zu hindern, und als beide in einem Geschubse und Gerangel in die Küche kommen, ergreift sie ein Messer und sticht ihn nieder. Nach der Tat versucht sie, Spuren zu verwischen und entwendet aus einer Jacke 1.100 DM.
§§ 212, 21, 49, 53, 246 StGB; fünf Jahre neun Monate (LG Köln).

b)   Verhandlungen mit Männern als Angeklagten

M1
43-jähriger verheirateter Mann tötet seine Geliebte nach halbjähriger Beziehung mit Messerstichen, als diese sich von ihm trennen will, weil er sich nicht von seiner Familie trennen will. Der Tat gehen mehrwöchige Bedrohungen voraus. Er sucht sie am Tattag mit allgemeinen aggressiven Absichten auf und sticht zu. Danach versucht er, sich selbst zu töten.
§§ 212, 21, 49 StGB; neun Jahre (LG Düsseldorf).

M2 → F2

M3 → F3

M4
58-jähriger Mann tötet seine Ehefrau nach mehr als zehnjähriger Ehe, als sie sich von ihm trennen will. Der Trennungsabsicht voraus gehen längere Konflikte über seinen Alkoholkonsum, seine Impotenz und ihren Verdacht, er gehe fremd. Zur Tat kommt es nach einem Streit, da die Ehefrau ihren Auszug aus der Wohnung vorbereitet. Er erstickt die Schlafende in ihrem Bett.
§§ 212, 21, 49, 64 StGB; neun Jahre, Unterbringung (LG Mainz).

M5
54-jähriger Mann tötet seine Ehefrau nach 18-jähriger Ehe durch zwei Schüsse. Vorangegangen war der Tat ein mehrstündiger verbaler Streit über die jeweiligen außerehelichen Verhältnisse und das Vorhaben der Ehefrau, den Ehemann mit dem gemeinsamen Sohn zu verlassen. Während dieses Streits geht er in den Keller, holt seine Pistole und erschießt die Ehefrau, wobei ihm aufgrund der affektiven Erregung und Alkoholisierung ein Ausnutzungsbewußtsein nicht nachzuweisen sei.
§§ 212, 21, 49 StGB; acht Jahre (LG Bad Kreuznach).

M6
22-jähriger Mann tötet seine Großmutter, mit der er zusammen wohnt. Dieser mißfällt vieles an seinem Leben, und sie versucht, ihn zu erziehen, woraus jahrelange Streitigkeiten resultieren. Zur Tat kommt es, als er auszuziehen beabsichtigt und sie diesem Plan keinen Widerstand entgegensetzt. Sie sagt ihm deutlich, was sie von ihm hält, und droht, seiner Freundin von seinen Schulden zu erzählen. Während dieses Streits hält er einen Hammer in der Hand und schlägt auf die gebückte Großmutter ein, schlägt danach noch mit einem zweiten Hammer auf sie ein und sticht mit einem Messer zu.
§§ 211, 21, 49 StGB; dreizehn Jahre (LG Ravensburg).

M7 → F5

M8 → F5

M9

37-jähriger Mann tötet die siebenjährige Tochter einer befreundeten Familie zur Verdeckung eines Versuchs des sexuellen Mißbrauchs. Am Tattag wollte er mit der Mutter des Kindes sexuell verkehren, als überraschend deren Mann zurückkommt. In einem Zustand sexueller Erregung geht er dann mit dem Kind zu einem Spielplatz und anschließend in ein nahegelegenes Wäldchen. Dort beginnt er, die Beine des Kindes zu streicheln; dieses versucht wegzulaufen und zu schreien. Da gleichzeitig ein Reiter in einer Entfernung von 15 m vorbeikommt, würgt er das Kind.
§§ 211, 21 StGB; lebenslängliche Freiheitsstrafe mit besonderer Schwere der Schuld (LG Aachen).

M10

51-jähriger, aus Süditalien stammender Mann versucht, seine Ehefrau zu töten, da diese nach 27-jähriger Ehe ein Verhältnis mit einem Nachbarn begonnen und schließlich die Ehescheidung eingeleitet hat. Er bewegt sie unter einem Vorwand, ihn mit in ihre neue Wohnung zu nehmen, und sticht sie mit mehreren Messerstichen nieder. 6 1/2 Stunden lang sticht er immer wieder auf sie ein, wenn sie Lebenszeichen von sich gibt, schluckt selbst alle Tabletten, die sich in der Wohnung finden, und bringt sich ebenfalls eine Vielzahl von Messerstichen bei.
§§ 212, 21, 23, 49 StGB; fünf Jahre (LG Duisburg).

M11

27-jähriger, seit fünf Jahren verheirateter Mann tötet seine Ehefrau, als diese ihm ankündigt, sie werde ihn verlassen und die gemeinsame Tochter mitnehmen. In der letzten Zeit verhielt sie sich öfter abweisend gegen ihn und wollte nicht darüber sprechen, was eigentlich los sei. Zur Tat kommt es, als er sie nachts weckt und eine Aussprache sucht, sie ihn verbal und mit Ohrfeigen abwehrt, ihn als 'Null' beschimpft und ihm - für ihn völlig unvermittelt - ankündigt, sich mit dem Kind von ihm trennen zu wollen. Daraufhin drückt er ihr ein Kissen gegen das Gesicht und erdrosselt sie mit einem Elektrokabel, das er vorher bei unruhigem Hin- und Herlaufen durch die Wohnung eingesteckt hat. Um einen Suicid vorzutäuschen, hängt er sie danach im Treppenhaus auf,
§ 213 StGB; vier Jahre sechs Monate (LG Düsseldorf).

M12 → F8

M13 → F8

M14 → F11

M15

42-jähriger Mann tötet seine Ehefrau im Verlauf eines Streits. Beide lebten seit zehn Jahren zusammen und hatten vor vier Jahren geheiratet. Sie drängte ihn, sich als Koch mit einer Gaststätte selbständig zu machen, und er versucht das auch insgesamt dreimal. Nach gutem Beginn scheitern diese Versuche immer daran, daß sie mit den Gästen verbalen und auch tätlichen Streit anfängt und Besucher öfter des Lokals verweist. Auf diese Weise enden alle diese Versuche in Schulden. Die Schulden werden noch dadurch vergrößert, daß sie sehr oft weite Reisen unternimmt und für ihren persönlichen Bedarf an Kleidung etc. große Summen verbraucht, die immer er aufbringen muß. Am Tatabend fordert sie wiederum Geld von ihm für eine Türkei-Reise, welches er verweigert. Nachts steht sie noch einmal auf, verlangt lauthals schimpfend Geld von ihm und ergreift ein Bügeleisen, als er sich weigert. Sie versucht, mit dem Bügeleisen auf ihn einzuschlagen, er wehrt den Schlag ab. Als daraufhin das Bügeleisen zu Boden fällt, wirft er sie auf das Bett und würgt sie. Die nächsten Tage arbeitet er wie immer und beschließt dann, die Leiche zu zerstückeln, um sie aus dem Haus schaffen zu können. Das tut er auch und vergräbt die Teile in einem Wäldchen, wo sie zwei Jahre später von spielenden Kindern gefunden werden. §§ 226 II, 21 StGB; drei Jahre (LG Köln).

M16

36-jähriger Mann fährt mit einem Auto eine Frau an, die er seit längerem mit einer Haßliebe verfolgt. Er glaubt Ansprüche an sie zu haben, und schon längere Zeit stellt er ihr auf tätliche Weise nach. Bei einer Gelegenheit warf er eine mit Benzin gefüllte Flasche auf sie, wobei sie Brandverletzungen davontrug. Für diese Tat wurde er rechtskräftig zu einer Freiheitsstrafe von zwei Jahren und sechs Monaten verurteilt, die er als Zweidrittelstrafe verbüßte. Nach seiner Entlassung aus der JVA verfolgt und belästigt er sie über Monate und liegt gleichzeitig in straf- wie zivilrechtlichen Auseinandersetzungen mit ihr. Zur jetzt angeklagten Tat kommt es ein halbes Jahr nach der Entlassung, als sie ihm ein Handzeichen macht, das er als 'Arschloch' versteht. Er fährt auf die Fußgängerin zu, sie kommt zu Fall und liegt unter dem Auto. Als sie versucht, darunter hervorzukriechen, setzt er zurück, wobei er ihr Splitterbrüche am Fuß beibringt. Als sie es gerade geschafft hat aufzustehen, fährt er ein zweites Mal auf sie zu; sie gerät wieder unter das Auto, bleibt jedoch unverletzt und kann sich in einen Hauseingang retten. §§ 223a, 315b, 21, 49, 56, 63, 67b; zwei Jahre mit Bewährung, Unterbringung mit Bewährung (LG Essen).

M17

45-jähriger, aus der Türkei stammender Mann tötet einige Monate nach der Trennung seiner Frau seine 18-jährige Tochter. Er war mit 23 Jahren zum Studium in die BRD gekommen und heiratet eine türkische Lehrerin, die ihm aus der Türkei in die BRD folgt und hier als Fabrikarbeiterin die Familie ernährt. Er geht anfänglich dem Studium nach, verbringt dann aber seine Zeit in Spielhallen und läßt den Unterhalt der Familie von seiner Ehefrau erwirtschaften. Mit der Zeit verstärken sich seine Aggressionen gegen Ehefrau wie Tochter, und er schlägt und mißhandelt beide. Daraufhin trennt sich seine Frau von ihm und nimmt die Kinder mit. Einige Monate lang kennt er ihre Adresse nicht, erfährt diese aber schließlich durch einen Zufall. Er bittet befreundete Ehepaare um Vermittlungs- und Versöhnungsversuche gegenüber seiner Frau, die diese jedoch ablehnt. Seitdem lauert er Frau und Tochter auf, belästigt sie und äußert gegenüber Dritten Todesdrohungen. Am Tattag führt er ein größeres Messer bei sich und wartet wieder in der Nähe ihrer Wohnung auf die Frau; zu seiner Überraschung fährt jedoch die Tochter im Auto vor. Er spricht mit ihr durch das einen Spalt geöff-nete Autofenster von seinem Wunsch, mit in die Wohnung kommen zu dürfen und

über alles zu reden. Das lehnt die Tochter ab, worauf er mit dem Messer dreizehnmal auf sie einsticht.
§ 212 StGB; zwölf Jahre (LG Hannover).

M18
45-jähriger, zweimal geschiedener Mann lernt während der Haft durch eine Annonce eine ebenfalls geschiedene Frau kennen. Sie heiraten einige Monate nach seiner Haftentlassung. Sehr bald beginnen jedoch Streitigkeiten, und etwa anderthalb Jahre nach der Eheschließung lernt er in eine nahezu zwanzig Jahre jüngere Frau kennen. Nach kurzer Zeit zieht er zu ihr, ohne seiner Ehefrau eine Mitteilung zu machen. Diese erfährt schließlich seinen Aufenthaltsort und sucht ihn von da ab nahezu täglich auf, um ihn dazu zu überreden, zu ihr zurückzukommen, und Kosten- und Unterhaltsfragen im Falle einer Scheidung zu besprechen, die er unbedingt will, sie jedoch nicht. Am Tatmorgen fährt er gegen sieben Uhr zu ihr und will ihr endgültig klarmachen, daß alles keinen Zweck mehr habe und er ihr nicht zu ihr zurückkehren werde. Auf ihren Vorschlag hin schlafen dann beide miteinander. Danach beschimpft sie ihn als 'Schlappschwanz', zieht sich an und besteht darauf, mit ihm zusammen zum Arbeitsamt zu gehen und sich Klarheit über seine Behauptung zu verschaffen, er sei für den Bezug von Arbeitslosengeld gesperrt. Daraufhin gerät er in Wut, wirft sie auf eine Couch und würgt sie längere Zeit, ohne sie dabei anzublicken. Als er dies tut, ist sie blau angelaufen; da er nicht weiß, ob sie schon tot ist, und befürchtet, sie könnte ihn anzeigen, holt er ein Elektrokabel, schlingt ihr das Kabel zweimal um den Hals, verknotet es und zieht es zu. Danach versteckt er die Leiche in einem Kleiderschrank der Wohnung, verbringt die nächsten Tage zusammen mit seiner nichtsahnenden Freundin in dieser Wohnung und feiert mit einigen Gästen auch Silvester hier. Als er eine Vermißtenanzeige aufgibt, verwickelt er sich schnell in Widersprüche und legt dann ein Geständnis ab.
§§ 212, 21, 211, 23, 49, 52 StGB; zwölf Jahre (LG Frankenthal).

M19
43-jähriger verheirateter Mann beginnt eine Liebesbeziehung mit einer Arbeitskollegin. Diese Beziehung hat einen Monat lang gedauert, als beide abends ihre beste Freundin besuchen. Im Verlauf des Abends, bei dem man sich unterhält und Alkohol trinkt, küsst er diese Freundin bei zwei Gelegenheiten. Beim zweitenmal kommt seine Kollegin hinzu und ist über dieses Verhalten verärgert. Beide fahren gemeinsam in ihrem Wagen, den sie steuert, nach Hause. Unterwegs entwickelt sich ein Streitgespräch über sein Verhalten gegenüber der Freundin und der Absicht der Kollegin, das Verhältnis mit ihm zu beenden. Sie sagt ihm, es sei Schluß zwischen ihnen, worauf er mit der Bemerkung: 'Dann ist eben Schluß' sich zu ihr hinüberbeugt und ihr ins Lenkrad greift. Sie verliert dadurch die Gewalt über den Wagen, der von der Straße abgerät und erst in einer Böschung zum Stehen kommt. Er trägt dabei erhebliche Verletzungen davon; sie ist ebenfalls, wenn auch leichter, verletzt.
§§ 213, 21, 23, 315b, 49, 52, 56 StGB; zwei Jahre mit Bewährung (LG Münster).

M20
42-jähriger verheirateter Mann versucht seine Ehefrau mit fünf bis sechs Messerstichen

zu töten. Beide hatten nach zehnjährigem Zusammenleben vier Jahre vor der Tat geheiratet. Seit der Heirat kam es vermehrt zu Streitigkeiten, vor allem, wenn beide Alkohol getrunken hatten. Er wird dann vor allem verbal aggressiv, hat aber auch schon einmal versucht, seine Frau aus dem Fenster zu werfen. Bei diesen Auseinandersetzungen, die keinen besonderen Anlaß brauchen, hält sie stand und beschimpft ihn ebenfalls. Zur Tat kommt es, als seine Frau ihm mitteilt, sie habe einen Liebhaber, und im Rahmen eines Streites hierüber ankündigt, sie werde nun zu diesem fahren und mit ihm bumsen. Daraufhin sticht er wahllos und mehrfach auf sie ein; sie flüchtet die Treppe des Hauses hinunter, um Hilfe rufend, er legt das Messer ab und eilt hinter ihr her, um ihr zu helfen.
§§ 223a, 21, 49 StGB; zwei Jahre sechs Monate (LG Köln).

M21

48-jähriger Mann erschlägt mit einem Beil seinen im Bett schlafenden 23-jährigen Sohn. Schon in seiner Kindheit zeigte der Sohn einige neurotische Auffälligkeiten. Nachdem 1983 seine beiden jüngeren Geschwister bei einem Autounfall ums Leben kommen, verstärken sich diese Auffälligkeiten zu einem ausgeprägten Waschzwang. Über zehn Jahre hinweg muß ihn seine Mutter täglich stundenlang in hochritualisierter Weise am ganzen Körper waschen. Sofern seine Eltern seinem Willen nicht gehorchen, bedroht er sie und wird auch handgreiflich. Die Situation spitzt sich zwei Wochen vor der Tat zu, als er Zyankali von ihnen verlangt, damit droht, sie ebenfalls zu töten, und seiner Verzweiflung darüber Ausdruck gibt, nie mehr sauber werden zu können. Die Eltern veranlassen die Einweisung in eine psychiatrische Klinik, in der er sich jedoch außerordentlich unwohl fühlt, weil er alles für verseucht hält und sich deswegen nicht waschen kann. Seinem Flehen geben die Eltern daraufhin nach und holen ihn für das Wochenende nach Hause. Von Samstag mittag bis Sonntag abend schließt sich eine nur von kurzen Pausen unterbrochene Waschung an, wodurch die Eltern sich physisch und psychisch völlig erschöpft fühlen. Nach kurzer Nachtruhe steht der Mann morgens auf, überdenkt die Ereignisse, vergegenwärtigt sich, daß das alles nicht mehr auszuhalten sei, und faßt den Tatentschluß. Er holt aus dem Schuppen ein Beil und schlägt mehrfach kräftig auf den Kopf des schlafenden Sohnes, der an den Folgen seiner Verletzungen drei Tage später stirbt.
§§ 211, 21, 49 StGB; fünf Jahre (LG Coburg).

M22

56-jähriger Türke versucht, mit zwei Messerstichen seine Ehefrau zu töten. Als er nach einem Besuch in der Türkei nach Hause zurückkehrt, erfährt er von seiner Frau, daß sie zwischenzeitlich mit einem Freund zusammengelebt hat und sich von ihm zu trennen beabsichtigt. Aufgrund seiner traditionellen türkischen Wertvorstellungen gibt es für ihn nur die Alternative, daß sie entweder zu ihm zurückkehrt oder er sie tötet. Er wendet sich zwar um Vermittlung noch an Dritte, hat dabei jedoch keine großen Hoffnungen. Zur Auseinandersetzung kommt es, als seine Frau beabsichtigt, die gemeinsamen Kinder mitzunehmen. Um sich für den Ehrverlust zu revanchieren, stößt er ihr, die gerade mit den Kindern das Haus verlassen will, ein mitgeführtes Messer in Rücken und Bauch. An weiteren Stichen wird er durch herbeigeeilte Passanten gehindert.
§§ 213, 21, 23, 49 StGB; drei Jahre (LG Düsseldorf).

M23

28-jähriger Türke versucht, nach einer Auseinandersetzung mit seiner 22-jährigen Schwester, in deren Verlauf sie ihn möglicherweise beleidigt, diese mit einem Taschenmesser zu erstechen, indem er ihr einen Stich in den Rücken versetzt. Sie läuft daraufhin vor ihm weg, er hinter ihr her. Zu seinen Gunsten nimmt man an, er habe ihr nun noch zwei Stiche am Arm beigebracht. Zwar habe er den ersten Stich mit bedingtem Tötungsvorsatz geführt, sei dann jedoch vom Versuch freiwillig zurückgetreten. Hintergrund der Tat seien möglicherweise Familienstreitigkeiten über das Verhalten der jungen Frau, die jedoch nicht zu klären seien.

§§ 223a, 21, 49, 56 StGB; ein Jahr acht Monate mit Bewährung (LG Limburg).

M24

35-jähriger Mann tötet im Verlauf einer Auseinandersetzung den Ex-Ehemann seiner Frau. Auf der Suche nach seiner Ehefrau, die ihn, wie schon mehrfach, verlassen hatte, besucht er diesen, um eventuell den Aufenthaltsort seiner Frau zu erfahren. Beide trinken beträchtliche Mengen Bier miteinander und geraten dann aus nicht zu klärendem Anlaß in Streit. Nicht auszuschließen sei, daß das Opfer den Angeklagten im Verlauf dieses Streites tätlich angreift und dieser sich zur Wehr setzt. Nehme man dies zu seinen Gunsten an, so sei weiter zu seinen Gunsten anzunehmen, daß die tödlichen Verletzungen im Rahmen dieser Notwehrhandlung zustande gekommen seien. Danach und nicht mehr durch Notwehr gedeckt habe er jedoch mit den Schuhen auf dem Opfer herumgetrampelt. Da diese Tat wie einige Vorstrafen unter Alkoholeinfluß zustande gekommen seien, sei eine Entziehungsbehandlung anzuordnen.

§§ 223a, 21, 49, 64 StGB; Gesamtstrafe von einem Jahr vier Monaten, Unterbringung (LG Bonn).

M25 → **F20**

M26

48-jähriger Mann schießt aus einer Entfernung von fünf cm seiner Frau mit einem Schuß in den Rücken. Zu dieser Tat kommt es, weil sie vor einigen Jahren eine Beziehung zu einem seiner Kollegen begonnen hat, von der er schließlich erfährt. Beide leben auch in der Folgezeit miteinander, wobei er ihre Besuche bei ihrem Freund immer bemerkt und schließlich in Depressionen deswegen verfällt. Seiner Frau wie Bekannten gegenüber kündigt er mehrmals an, sich selbst töten zu wollen. Zehn Tage vor der Tat kauft er eine Pistole; es bleibt unklar, zu welchem Zweck, aber im Zweifel wird unterstellt, er habe sie in Suicidabsicht erstanden. Als seine Frau nach einer mehrtägigen Trennung, die sie zum Nachdenken benutzen wollte, nach Hause zurückkehrt, gibt er von hinten den Schuß auf sie ab, während sie Wäsche einsortiert. Da die Pistole noch weitere Schüsse enthält, handele es sich um einen unbeendeten Versuch; anderenfalls lasse sich auch ein freiwilliger Rücktritt vom Versuch annehmen, da er nach dem Schuß sofort zum Telefon eilt und die Feuerwehr verständigt.

§§ 223a, 21, 49, 52 StGB, Verstoß WaffenG; drei Jahre (LG Mönchengladbach).

M27 → **F25**

M28

43-jähriger Mann mißhandelt und verprügelt seine Lebensgefährtin mehrfach. Alle Taten geschehen unter erheblichem Alkoholeinfluß. Zuletzt bedroht er sie auch mit einem Messer, das er ihr an die Kehle setzt. Dabei äußert er, "Dich mach ich kalt, das tust Du mir nie mehr". Gemeint ist damit nach der Auffassung des Gerichts, daß sie nie mehr die Polizei holen werde, wie sie es nach einer Auseinandersetzung am Nachmittag des gleichen Tages getan hatte. Es wird ihm eine erhebliche Brutalität bescheinigt, und strafschärfend kommt hinzu, daß er vor 14 Jahren rechtskräftig verurteilt worden ist, das Kind seiner Lebensgefährtin getötet zu haben.

§§ 213, 23, 223, 223a (zweifach), 21, 53, 64; drei Jahre sechs Monate, Unterbringung (LG Wuppertal).

LITERATURVERZEICHNIS

Albrecht, Hans-Jörg, Gleichmäßigkeit und Ungleichmäßigkeit in der Strafzumessung. In: Kerner et al. (1983), S. 1297-1332

ders., Strafzumessung im Vergleich Deutschland und Österreich. In: Pfeiffer und Oswald (1989), S. 59-70

ders., Strafzumessung bei schwerer Kriminalität im Vergleich, Zeitschrift für die gesamte Strafrechtswissenschaft 102, 1990, S. 596-626

Alvarez, Rodolfo, Kenneth Lutterman et al. (Hrsg.), Discrimination in Organizations. San Francisco-Washington-London 1979

Anderson, Etta, The 'Chivalrous' Treatment of the Female Offender in the Arms of the Criminal Justice System: A Review of the Literature. Social Problems Vol. 23, 1976, S. 350-357

Andriessen, Margo und Caren Japenga, Die großen Männer der Kriminologie und ihr Frauenbild. Monatsschrift für Kriminologie und Strafrechtsreform 6, 1985, S. 313-325

Barton, Stephan, Zur Effizienz der Strafverteidigung, Monatsschrift für Kriminologie und Strafrechtsreform 2, 1988, S. 93-105

ders., Mindeststandards der Strafverteidigung. Die strafprozessuale Fremdkontrolle der Verteidigung und weitere Aspekte der Gewährleistung von Verteidigungsqualität, Baden-Baden 1994

Beck-Gernsheim, Elisabeth, Vom "Dasein für andere" zum Anspruch auf ein Stück "eigenes Leben": Individualisierungsprozesse im weiblichen Lebenszusammenhang, Soziale Welt 3, 1983, S. 307-340

Becker, Günter und Manfred Groß, Mord- und Totschlagsdelikte in Berlin (West) 1967 bis 1976. Berliner Statistik, 34. Jahrgang, Heft 8, 1980, S. 168-175

Bendix, Ludwig, Zur Psychologie der Urteilstätigkeit des Berufsrichters und andere Schriften, Neuwied-Berlin 1968

Beradt, Martin, Der deutsche Richter, Frankfurt/M. 1930, Reprint Königstein/Ts. 1979

Blankenburg, Erhard, Klaus Sessar und Wiebke Steffen, Die Staatsanwaltschaft im Prozeß strafrechtlicher Sozialkontrolle, Berlin 1978

Blumstein, Alfred, Jacqueline Cohen, Susan Martin und Michael Tonry (Hrsg.), Research on Sentencing: The Search for Reform. Washington 1983

Bockelmann, Paul, Arthur Kaufmann und Ulrich Klug (Hrsg.), Festschrift für Karl Engisch, Frankfurt/M. 1969

Böhnisch, Lothar und Reinhard Winter, Männliche Sozialisation. Bewältigungsprobleme männlicher Geschlechtsidentität im Lebenslauf, Weinheim-München 1993

Böllinger, Lorenz, Schuldfeststellung im Strafverfahren als psychosoziale (Re)Konstruktion, Monatsschrift für Kriminologie und Strafrechtsreform 1, 1993, S. 3-16

ders. und Rüdiger Lautmann (Hrsg.), Vom Guten, das noch stets das Böse schafft. Kriminalwissenschaftliche Essays zu Ehren von Herbert Jäger, Frankfurt/M. 1993

Böttger, Andreas, Die Biographie des Beschuldigten im Schwurgerichtsverfahren. Eine empirische Untersuchung zur Rekonstruktion der Lebensgeschichte bei der Schuldfähigkeitsbeurteilung, Frankfurt/M. 1992

Bohne, Gotthold, Zur Psychologie der richterlichen Überzeugungsbildung, Köln 1948

Boswell, James, Dr. Samuel Johnson. Leben und Meinungen, Zürich 1981

Boy, Peter und Rüdiger Lautmann, Die forensische Kommunikationssituation - soziologische Probleme. In: Wassermann (1979), S. 41-67

Boy, Peter, Etikettierungstheoretische Analyse des Strafverfahrens - empirisch fundierte Theorie oder plausible Fiktion ? In: Kerner et al. (1983), S. 1380-1413

Bruns, Hans-Jürgen, Grundprobleme der Strafzumessung, Zeitschrift für die gesamte Strafrechtswissenschaft 1980, S. 111-126

ders., Das Recht der Strafzumessung, Köln-Berlin-Bonn-München 1985[2]

ders., Zum Revisionsgrund der - ohne sonstige Rechtsfehler - "ungerecht bemessenen" Strafe. In: Bockelmann et al. (1969), S. 708-723

Cameron, Deborah und Elizabeth Frazer, Lust am Töten. Eine feministische Analyse von Sexualmorden, Frankfurt/M. 1993

Carlen, Pat und Anne Worrall (Hrsg.), Gender, Crime and Justice. Milton Keynes-Philadelphia 1987

Carroll, John, Zuschreibung von Verantwortung und Rekonstruktion von Sachverhalten in der Strafzumessung. In: Pfeiffer und Oswald (1989), S. 231-247

Chesney-Lind, Meda, Female Offenders: Paternalism Reexamined. In : Crites und Hepperle (1987), S. 114-139

Conze, Werner (Hrsg.), Sozialgeschichte der Familie in der Neuzeit Europas, Stuttgart 1976

Crites, Laura und Winifred Hepperle (Hrsg.), Women, the Courts, and Equality. Newbury Park-Beverly Hills-London-New Delhi 1987

Daly, Kathleen, Discrimination in the Criminal Courts: Family, Gender and the Problem of Equal Treatment. Social Forces Vol. 66, Nr. 1, 1987, S. 152-175

dies., Neither Conflict Nor Labeling Nor Paternalism Will Suffice: Intersections of Race, Ethnicity, Gender, and Family in Criminal Court Decisions. Crime and Delinquency Vol. 35, Nr. 1, 1989, S. 136-168

Datesman, Susan und Frank Scarpitti (Hrsg.), Women, Crime, and Justice. New York 1980

Dobberthien, Marliese, Inhaltsanalytische Untersuchung weiblicher Rollenaskriptionen im Ehe- und Familienrecht, dargestellt am Beispiel von höchstrichterlichen Entscheidungen, Lehrbüchern und Kommentaren, phil.Diss. Hamburg 1978

Döblin, Alfred, Die beiden Freundinnen und ihr Giftmord, Reinbek 1978

Dreher, Eduard, Rationalere Strafzumessung ? Heft 3 der Schriftenreihe des Instituts für Konfliktforschung, Köln 1977

ders., Das schlechte Gewissen des Strafrichters. In: Kaufmann et al. (1979), S. 45-65

Dreher, Eduard und Herbert Tröndle, Kommentar zum Strafgesetzbuch und Nebengesetzen, München 1993[46]

Drewniak, Regine, Strafrichterinnen als Hoffnungsträgerinnen ? Eine vergleichende Analyse strafrechtlicher Orientierungen von Richterinnen und Richtern, Stuttgart 1994

Eaton, Mary, The Question of Bail: Magistrates' Responses to Applications for Bail on Behalf of Men and Women Defendants. In: Carlen und Worrall (1987), S. 95-107

Eckert, Roland (Hrsg.), Geschlechtsrollen und Arbeitsteilung. Mann und Frau in soziologischer Sicht, München 1979

Ehrenzweig, Albert, Psychoanalytische Rechtswissenschaft. Schriftenreihe zur Rechtssoziologie und Rechtstatsachenforschung Bd. 29, Berlin 1973

Farrington, David P. und Allison Morris, Sex, sentencing and reconvictions, British Journal of Criminology 23, 1983, S. 229-248

Feinman, Clarice, Women in the Criminal Justice System. New York 1980

Frehsee, Detlev, Gabi Löschper und Karl F. Schumann (Hrsg.), Strafrecht, soziale Kontrolle, soziale Disziplinierung (Jahrbuch für Rechtssoziologie und Rechtstheorie XV), Opladen 1993

Frisch, Wolfgang, Revisionsrechtliche Probleme der Strafzumessung, Köln-Berlin-Bonn-München 1971

Frommel, Monika, Die Rechtsfolgenlösung des BGH bei Mord, Strafverteidiger

1981, S. 533-539

dies., Mordmerkmal der Heimtücke - Urteilsanmerkung, Strafverteidiger 1987, S. 292-295

Garfinkel, Harold, Studies in Ethnomethodology, Englewood Cliffs 1967

Geilen, Gerd, Provokation als Privilegierungsgrund der Tötung? - Kritische Betrachtungen zu § 213 StGB. In: Jescheck und Lüttger (1977), S. 357-388

Geißler, Rainer und Norbert Marißen, Junge Frauen und Männer vor Gericht. Geschlechtsspezifische Kriminalität und Kriminalisierung. Kölner Zeitschrift für Soziologie und Sozialpsychologie 40, 1988, S. 505-526

dies., Anmerkungen zur Analyse und Bewertung von Frauenkriminalität. Kölner Zeitschrift für Soziologie und Sozialpsychologie 42, 1990, S. 144-148

dies., Milde für junge Frauen bei der Strafverfolgung. Der Frauenbonus oder das Paradox der geschlechtsspezifischen Gleichbehandlung. Kölner Zeitschrift für Soziologie und Sozialpsychologie 44, 1992, S. 549-558

Gelsthorpe, Loraine, Geschlecht und soziale Kontrolle. In: Frehsee/Löschper/Schumann (1993), S. 46-63

Gerhard, Ute und Jutta Limbach (Hrsg.), Rechtsalltag von Frauen, Frankfurt/M. 1988

Giehring, Heinz, Ungleichheiten in der Strafzumessungspraxis und die Strafzumessungslehre - Versuch einer Analyse aus der Sicht eines Strafrechtswissenschaftlers. In: Pfeiffer und Oswald (1989), S. 77-125

Goffman, Erving, Asylums. Essays on the social situation of mental patients and other inmates, Garden City, N. Y., 1961

Gransee, Carmen und Ulla Stammermann, Kriminalität als Konstruktion von Wirklichkeit und die Kategorie Geschlecht. Versuch einer feministischen Perspektive, Pfaffenweiler 1992

Grasnick, Walter, Über Schuld, Strafe und Sprache. Systematische Studien zu den Grundlagen der Punktstrafen- und Spielraumtheorie, Tübingen 1987

Grünwald, Gerald, Tatrichterliches Ermessen bei der Strafzumessung ? (Teil II), Monatsschrift für Deutsches Recht 1959, S. 808-811

Haffke, Bernhard, Strafrechtsdogmatik und Tiefenpsychologie. In: Jäger (1980), S. 133-172

ders., Die "guten Gründe" der lebenslangen Freiheitsstrafe - und was davon übrig bleibt. In: Komitee für Grundrechte (1993), S. 143-166

Hagan, John, Extra-Legal Attributes and Criminal Sentencing: An Assessment of a Sociological Viewpoint. Law and Society Review 8, 1974, S. 857-884 ders., Strafzumessungsforschung in Nord-Amerika. In: Pfeiffer und Oswald (1989), S. 147-182

Hagemann-White, Carol, Sozialisation: Weiblich - männlich ?, Opladen 1984

dies., Gleiches Recht auf körperliche Unversehrtheit ? Zum Problem adäquater Hilfe für mißhandelte Frauen. In: Gerhard und Limbach (1988), S. 91-102

Hamilton, V. Lee, Who Is Responsible ? Toward a Social Psychology of Responsibility Attribution. Social Psychology Vol. 41, Nr. 4, 1978, S. 316-328

Hamm, Rainer, »Täter-Opfer-Ausgleich« im Strafrecht, Strafverteidiger, 1995, S. 491-496

Hart-Hönig, Kai, Gerechte und zweckmäßige Strafzumessung, Berlin 1992

Hassemer, Winfried, Bilder vom Strafrecht. In: Böllinger und Lautmann (1993), S. 235-246

Hausen, Karin, Die Polarisierung der "Geschlechtscharaktere" - Eine Spiegelung der Dissoziation von Erwerbs- und Familienleben. In: Conze (1976), S. 363-393

Heiland, Hans-Günther und Christian Lüdemann, Machtdifferentiale in Figurationen einfacher und höherer Komplexität. Eine Anwendung der Machttheorie von Norbert Elias auf Aushandlungen in Strafverfahren, Kölner Zeitschrift für Soziologie und Sozialpsychologie 1, 1992, S. 35-54

Heinz, Wolfgang, Strafzumessungspraxis im Spiegel der empirischen Strafzumessungsforschung. In: Jehle (1992), S. 85-134

Henkel, Heinrich, Die "richtige Strafe", Tübingen 1969

Herzog, Felix, Lebenslänglich verhängen. In: Böllinger und Lautmann (1993), S. 228-232

Hillenkamp, Thomas, Vorsatztat und Opferverhalten, Göttingen 1981

Hirsch, Andrew von und Nils Jareborg, Strafmaß und Strafgerechtigkeit. Die deutsche Strafzumessungslehre und das Prinzip der Tatproportionalität, Bonn 1991

Hirsch, Hans-Joachim, Günther Kaiser und Helmut Marquardt (Hrsg.), Gedächtnisschrift für Hilde Kaufmann, Berlin-New York 1986

Hoffman-Bustamante, Dale, The Nature of Female Criminality. Issues in Criminology Vol. 8, Nr. 2, 1973, S. 117-136

Horstkotte, Hartmuth, Gleichmäßigkeit und Schuldangemessenheit der Strafzumessung. In: Jehle (1992), S. 151-180

Jäger, Herbert, Kriminologie im Strafprozeß. Zur Bedeutung psychologischer, soziologischer und kriminologischer Erkenntnisse für die Strafrechtspraxis, Frankfurt/M. 1980

Jakobs, Günther, Strafrecht - Allgemeiner Teil, Berlin-New York 1991[2]

Jehle, Jörg-Martin (Hrsg.), Individualprävention und Strafzumessung. Schriftenreihe der Kriminologischen Zentralstelle e.V. Bd. 7, Wiesbaden 1992

Jescheck, Hans-Heinrich und Hans Lüttger (Hrsg.), Festschrift für Eduard Dreher, Berlin 1977

Junger, Ilka, Geschlechtsspezifische Rechtsprechung beim Mordmerkmal Heimtücke, Streit 2, 1984, S. 35-42

Kaiser, Günther, Helmut Kury und Hans-Jörg Albrecht (Hrsg.), Kriminologische Forschung in den 80er Jahren. Projektberichte aus der Bundesrepublik Deutschland, Freiburg 1988

Kaiser, Günther, Helmut Kury und Hans-Jörg Albrecht (Hrsg.), Victims and Criminal Justice, 3 Bd., Freiburg 1991

Kaufmann, Arthur, Günter Bemmann, Detlef Krauss, Klaus Volk (Hrsg.), Festschrift für Paul Bockelmann, München 1979

Kaupen, Wolfgang, Die Hüter von Recht und Ordnung, Neuwied 1969

ders. und Theo Rasehorn, Die Justiz zwischen Obrigkeitsstaat und Demokratie, Neuwied 1971

Kerner, Hans-Jürgen, Helmut Kury und Klaus Sessar (Hrsg.), Deutsche Forschungen zur Kriminalitätsentstehung und Kriminalitätskontrolle. Köln-Berlin-Bonn-München 1983

Kirchhoff, Gerd F. und Klaus Sessar (Hrsg.), Das Verbrechensopfer. Ein Reader zur Viktimologie, Bochum 1979

Körner, Burkhard, Das soziale Machtgefälle zwischen Mann und Frau als gesellschaftlicher Hintergrund der Kriminalisierung, München 1992

Komitee für Grundrechte und Demokratie (Hrsg.), Lebenslange Freiheitsstrafe: Ihr geltendes Konzept, ihre Praxis, ihre Begründung, Dokumentation einer öffentlichen Anhörung, Köln 1993

Krauß, Detlef, Das Prinzip der materiellen Wahrheit im Strafprozeß. In: Jäger (1980), S. 65-91

Kruttschnitt, Candace, Sex and Criminal Court Dispositions: The Unresolved Controversy. Research in Crime and Delinquency Vol. 21, Nr. 3, 1984, S. 213-232

Langer, Wolfgang, Staatsanwälte und Richter. Justitielles Entscheidungsverhalten zwischen Sachzwang und lokaler Justizkultur, Stuttgart 1994

Lautmann, Rüdiger, Justiz - die stille Gewalt. Teilnehmende Beobachtung und entscheidungssoziologische Analyse, Frankfurt/M. 1972

Legnaro, Aldo und Gerda Zill, Aspekte geschlechtsspezifisch differentieller Thematisierungsstrukturen und Verfahrensentscheidungen in der gerichtlichen

Hauptverhandlung. Endbericht an die Deutsche Forschungsgemeinschaft, Juni 1989

Legnaro, Aldo und Astrid Aengenheister (1995a), Geschlecht und Gerechtigkeit - Aspekte der Aburteilung von Tötungskriminalität, Kritische Justiz 2, 1995, S. 188-202

dies. (1995b), An der Notwehr vorbei - Aspekte der rechtlichen Verarbeitung von weiblicher Tötungskriminalität, Monatsschrift für Kriminologie und Strafrechtsreform 4/5, 1995, S. 203-211

dies. (1995c), "Die besondere Abscheulichkeit der Tat" - Aspekte der rechtlichen Verarbeitung von männlicher Tötungskriminalität, Monatsschrift für Kriminologie und Strafrechtsreform 4/5, 1995, S. 212-218

dies. (1995d), "Erzählen Sie mal" - Zur Phänomenologie biographischer Rekonstruktionen in der Hauptverhandlung des Strafverfahrens, Kriminologisches Journal 1, 1995, S. 18-36

dies., Die Aufführung von Strafrecht - Kleine Ethnographie des gerichtlichen Verhandelns, erscheint demnächst

Löschper, Gabi, Psychologische Theorien der Rechtsanwendung. In: Frehsee/ Löschper/ Schumann 1993, S. 167-180

Ludwig-Mayerhofer, Wolfgang und Dorothea Rzepka, Noch einmal: Geschlechtsspezifische Kriminalisierung im Jugendstrafrecht ? Kölner Zeitschrift für Soziologie und Sozialpsychologie 43, 1991, S. 542-557

dies., Vom Denken, vom Rechnen und davon, wie beide vielleicht doch miteinander zusammenhängen. Anmerkungen zu Geißler und Marißen, Kölner Zeitschrift für Soziologie und Sozialpsychologie 44, 1992, S. 559-561

Maeck, Manfred, Die Bedeutung des Opfers für die richterliche Strafzumessung, jur. Diss., München 1982

Maisch, Herbert, Vorurteilsbildungen in der richterlichen Tätigkeit aus sozialpsychologischer und forensisch-psychologischer Sicht, Neue Juristische Wochenschrift 13, 1975, S. 566-570

Marth, Dörte, Das Opfer, Kriminologisches Journal 3, 1989, S. 194-208

Mauz, Gerhard, Die Justiz vor Gericht. Macht und Ohnmacht der Richter, München 1990

Mösl, Albert, Tendenzen der Strafzumessung in der Rechtsprechung des Bundesgerichtshofs, Deutsche Richterzeitung 1979, S. 165 - 169

ders., Zum Strafzumessungsrecht, Neue Zeitschrift für Strafrecht 1982, S. 148-152

Moulds, Elizabeth, Chivalry and Paternalism: Disparities of Treatment in the Criminal Justice System. In : Datesman et al. (1980), S. 277-299

Müller-Dietz, Heinz, Probleme der Strafzumessung - Sanktionsauswahl, -bemessung, Prognose -. In: Wadle (1982), S. 43-76

Müssig, Bernd, Schutz abstrakter Rechtsgüter und abstrakter Rechtsgüterschutz, Frankfurt/M. 1994

Nagel, Ilene und John Hagan, Gender and Crime: Offense Patterns and Criminal Court Sanctions. In : Tonry und Morris (1983), S. 91-144

Nagel Bernstein, Ilene, John Cardascia und Catherine Ross, Defendant's Sex and Criminal Court Decisions. In: Alvarez et al. (1979), S. 329-354

Nagel Bernstein, Ilene, Edward Kick, Jan Leung und Barbara Schulz, Charge Reduction: An Intermediary Stage in the Process of Labelling Criminal Defendants, Social Forces Vol. 56, Heft 2, 1977, S. 363-384

Nagel, Ilene H. und Barry L. Johnson, The Role of Gender in a Structured Sentencing System: Equal Treatment, Policy Choices, and the Sentencing of Female Offenders under the United States Sentencing Guidelines, Journal of Criminal Law and Criminology Vol. 85, Nr. 1, 1994, S. 181-221

Naucke, Wolfgang, Die Stilisierung von Sachverhaltsschilderungen durch materielles Strafrecht und Strafprozeßrecht. In: Schönert et al. (1991), S. 59-72

Neuendorff-Bub, Brigitte, Stereotype und geschlechtstypisches Verhalten. In: Eckert (1979), S. 78-96

Neumann, Ulrich und Ulrich Schroth, Neuere Theorien von Kriminalität und Strafe, Darmstadt 1980

Oberlies, Dagmar, Geschlechtsspezifische Aspekte der Tötungskriminalität. Eine empirische Untersuchung auf der Grundlage von Gerichtsurteilen. Diskussionspapier 1989-8 des Hamburger Instituts für Sozialforschung, Hamburg 1989a

dies., Auf der Suche nach dem Frauenbonus. Benachteiligungen von Frauen bei der Verurteilung wegen eines Tötungsdeliktes, Streit 4, 1989b, S. 135-143

dies., Geschlechtsspezifische Kriminalität und Kriminalisierung oder: Wie sich Frauenkriminalität errechnen läßt. Kölner Zeitschrift für Soziologie und Sozialpsychologie 42, 1990a, S. 129-143

dies., Der Versuch, das Ungleiche zu vergleichen. Tötungsdelikte zwischen Männern und Frauen und die rechtliche Reaktion, Kritische Justiz, 1990b, S. 318-331

dies., Tötungsdelikte zwischen Männern und Frauen. Eine Untersuchung geschlechtsspezifischer Unterschiede aus dem Blickwinkel gerichtlicher Rekonstruktion, Pfaffenweiler 1995

Oswald, Margit, Was wird gemessen bei der Strafzumessung ? Goltdammers Archiv für Strafrecht 1988, S. 147-163

dies. und Wolfgang Langer, Versuch eines integrierten Modells zur Strafzumes-

203

sungsforschung: Richterliche Urteilsprozesse und ihre Kontextbedingungen. In: Pfeiffer und Oswald (1989), S. 197-228

dies. und Wolfgang Bilsky, Subjektive Theorien über Kriminalitätsursachen und richterliche Schuldzuschreibung, Monatsschrift für Kriminologie und Strafrechtsreform 3, 1991, S. 129-145

Parisi, Nicolette, Are Females Treated Differently ? A Review of the Theories and Evidence on Sentencing and Parole Decisions. In: Rafter et al. (1982), S. 205-220

Pennington, Nancy und Reid Hastie, Evidence Evaluation in Complex Decision Making. Journal of Personality and Social Psychology 51, 1986, S. 242-258

Peters, Dorothee, Richter im Dienst der Macht. Zur gesellschaftlichen Verteilung der Kriminalität, Stuttgart 1973

Pfeiffer, Christian und Margit Oswald (Hrsg.), Strafzumessung. Empirische Forschung und Strafrechtsdogmatik im Dialog, Stuttgart 1989

Pohl, Günter, Praxis des Strafrichters, Heidelberg 1987

Pollak, Otto, The Criminality of Women. Philadelphia 1950

Pracejus, Michael, Mord- und Totschlagsstatistik der im Jahre 1980 in Nordrhein-Westfalen Verurteilten. Neue Zeitschrift für Strafrecht 1, 1986, S. 22-24

Rafter, Nichole und Elizabeth Stanko (Hrsg.), Judge, Lawyer, Victim, Thief: Women, Gender Roles, and Criminal Justice. Boston 1982

Rasch, Wilfried, Tötung des Intimpartners, Stuttgart 1964

ders. und Stefan Hinz, Für den Tatbestand ermitteln ... Der Einfluß der gesetzlichen Mordmerkmale auf kriminalpolizeiliche Erstvernehmungen bei Tötungsdelikten, Kriminalistik 9, 1980, S. 377-382

Reichertz, Jo, Aufklärungsarbeit. Kriminalpolizisten und Feldforscher bei der Arbeit. Stuttgart 1991

Rengier, Rudolf, Der große Senat für Strafsachen auf dem Prüfstand, Neue Zeitschrift für Strafrecht 1982, S. 225 ff.

Rode, Irmgard und Siegfried Scheld, Sozialprognose bei Tötungsdelikten. Eine empirische Studie. Berlin-Heidelberg-New York 1986

Roxin, Claus, Zur jüngsten Diskussion über Schuld, Prävention und Verantwortlichkeit im Strafrecht. In: Kaufmann et al. (1979), S. 279-309

ders., Strafverfahrensrecht, München 1991[22]

Sack, Fritz, Strafrechtliche Kontrolle und Sozialdisziplinierung. In: Frehsee et al. (1993), S. 16-45

Sarstedt, Werner, Die Revision in Strafsachen, Essen 1962[4]

Savelsberg, Joachim, Sentencing Guidelines: Eine Begegnung von Strafrechtsdog-
ma mit gesellschaftlicher Wirklichkeit und die Folgen. In: Kaiser et al.
(1988), S. 281-298

ders., Sentencing Guidelines: Über die Grenzen einer neo-klassischen Reaktion auf
Disparitäten der Strafzumessung. In: Pfeiffer und Oswald (1989), S. 290-
296

Schäfer, Gerhard, Praxis der Strafzumessung, München 1990

Scheerer, Sebastian, Lebenslang - Urteil und Differenz. In: Weber et al. (1987),
S. 124-144

ders., Strafe muß sein ! Muß Strafrecht sein ? In: Böllinger und Lautmann (1993),
S. 69-78

Schöch, Heinz, Strafzumessungspraxis und Verkehrsdelinquenz, Stuttgart 1973

Schönert, Jörg in Zusammenarbeit mit Konstantin Imm und Joachim Linder
(Hrsg.), Erzählte Kriminalität. Zur Typologie und Funktion von narrativen
Darstellungen in Strafrechtspflege, Publizistik und Literatur zwischen 1770
und 1920, Tübingen 1991

Schönke, Adolf, Horst Schröder, Walter Stree et al., Kommentar zum Strafgesetzbuch, München 1991[24]

Schünemann, Bernd, Die deutschsprachige Strafrechtswissenschaft nach der Strafrechtsreform im Spiegel des Leipziger Kommentars und des Wiener Kommentars - 2. Teil: Schuld und Kriminalpolitik, Goltdammers Archiv 1986,
S. 293 - 352

Sessar, Klaus, Über die verschiedenen Aussichten, Opfer einer gewaltsamen
Tötung zu werden. In: Kirchhoff/Sessar (1979), S. 301-320

ders., Die Umgehung der lebenslangen Freiheitsstrafe, Monatsschrift für Kriminologie und Strafrechtsreform 4, 1980, S. 193-206

ders., Rechtliche und soziale Prozesse einer Definition der Tötungskriminalität,
Freiburg 1981

ders., Über das Opfer. Eine viktimologische Zwischenbilanz. In: Vogler (1985),
S. 1137-1157

Smaus, Gerlinda, Das Strafrecht und die Frauenkriminalität, Kriminologisches
Journal 4, 1990, S. 266-283

dies., Soziale Kontrolle und das Geschlechterverhältnis. In: Frehsee/Löschper/
Schumann 1993, S. 122-137

Steffen, Wiebke, Staatsanwaltschaft und Gericht: Anklageerhebung und gerichtliche Entscheidung. In : Blankenburg/Sessar/Steffen (1978), S. 244-260

Steffensmeier, Darrell, Assessing the Impact of the Women's Movement on Sex-
Based Differences in the Handling of Adult Criminal Defendants. Crime

and Delinquency 26, 1980, S. 344-357

Steinert, Heinz und Hubert Treiber, Versuch, die These von der strafrechtlichen Ausrottungspolitik im Spätmittelalter "auszurotten". Eine Kritik an Rusche/ Kirchheimer und dem Ökonomismus in der Theorie der Strafrechtsentwicklung, Kriminologisches Journal 10, 1978, S. 81-106

Stein-Hilbers, Marlene, Zur Frage der geschlechtsspezifisch unterschiedlichen Strafverfolgung. Kriminologisches Journal 1978, S. 281-291

Streng, Franz, 'Außerrechtliche' Determinanten von Strafzumessungsentscheidungen - Ein Arbeitsbericht. In: Kerner et al. (1983), S. 1288-1295

ders., Strafzumessung und relative Gerechtigkeit. Eine Untersuchung zu rechtlichen, psychologischen und soziologischen Aspekten ungleicher Strafzumessung, Heidelberg 1984

ders., Strafrechtliche Sanktionen. Grundlagen und Anwendung, Stuttgart-Berlin-Köln 1991

Systematischer Kommentar zum StGB, Band I AT §§ 1-79b. Hrsg.: Hans-Joachim Rudolphi, Eckhard Horn und Erich Samson; Stand September 1993, Neuwied-Kriftel-Berlin 1993[6]

Theune, Werner, Grundsätze und Einzelfragen der Strafzumessung; aus der Rechtsprechung des Bundesgerichtshofs, Strafverteidiger 4 und 5, 1985, S. 162-168; S. 205-210

Thomson, Randall und Matthew Zingraff, Detecting Sentencing Disparity: Some Problems and Evidence. American Journal of Sociology Vol. 86, Nr. 4, 1981, S. 869-880

Timpe, Gerhard, Strafmilderungen des Allgemeinen Teils des StGB und das Doppelverwertungsverbot, Berlin 1983

Tonry, Michael und Norval Morris, Crime and Justice. An Annual Review of Research. Chicago und London 1983

Tucholsky, Kurt, Politische Justiz, Reinbek 1970

Vogler, Theo (Hrsg.), Festschrift für Hans-Heinrich Jescheck zum 70. Geburtstag, 2 Bd., Berlin 1985

Wadle, Elmar (Hrsg.), Recht und Gesetz im Dialog, Köln-Berlin-Bonn-München 1982

Walter, Michael, Die Bestimmung der Tatschuld und Bemessung der Strafe nach der vom Täter entwickelten "kriminellen Energie". Ein Beitrag zur Entfernung pseudo-kriminologischer Begrifflichkeit aus dem Strafrecht. In: Hirsch (1986), S. 493-511

Wassermann, Rudolf (Hrsg.), Menschen vor Gericht: Eduard Reifferscheid zum 80. Geburtstag, Neuwied-Darmstadt 1979

Weber, Hartmut und Projektgruppe Fulda (Hrsg.), Lebenslang - wie lang ? Argumente zur Abschaffung der lebenslangen Freiheitsstrafe, Weinheim 1987

Weber, Hartmut-Michael, Die lebenslange Freiheitsstrafe in der Bundesrepublik - Problemaufriß und Aktualität der Abschaffungsforderung -. In: Komitee für Grundrechte und Demokratie (1993), S. 21-56

Werle, Raymund, Justizorganisation und Selbstverständnis der Richter, Königstein 1977

Zipf, Heinz, Die Strafzumessung. Eine systematische Darstellung für Strafrechtspraxis und Ausbildung, Heidelberg-Karlsruhe 1977

MIX
Papier aus verantwortungsvollen Quellen
Paper from responsible sources
FSC® C105338

If you have any concerns about our products,
you can contact us on
ProductSafety@springernature.com

In case Publisher is established outside the EU,
the EU authorized representative is:
**Springer Nature Customer Service Center GmbH
Europaplatz 3, 69115 Heidelberg, Germany**

Printed by Libri Plureos GmbH
in Hamburg, Germany